思想语文

魏新磊 著

上海大学出版社

图书在版编目(CIP)数据

思想语文/魏新磊著.—上海：上海大学出版社，2016.1

ISBN 978-7-5671-2043-3

Ⅰ.①思… Ⅱ.①魏… Ⅲ.①中学语文课—教学研究 Ⅳ.①G633.302

中国版本图书馆 CIP 数据核字(2015)第 284146 号

责任编辑 傅玉芳

封面设计 柯国富

思 想 语 文

魏新磊 著

上海大学出版社出版发行

（上海市上大路 99 号 邮政编码 200444）

（http://www.press.shu.edu.cn 发行热线 021—66135112）

出版人：郭纯生

*

南京展望文化发展有限公司排版

叶大印务发展有限公司印刷 各地新华书店经销

开本 890×1240 1/32 印张 12.75 字数 297 千

2016 年 1 月第 1 版 2016 年 1 月第 1 次印刷

ISBN 978-7-5671-2043-3/G·2070 定价：42.00 元

目 录
Contents

品文有悟

教学有法

考试有道

省思有获

读书有得

写在后面

品文有悟

关于《我的叔叔于勒》的三个不能回避的问题

《我的叔叔于勒》①是莫泊桑的名作之一。对这篇文章的解读，从大学到中学，从名家到普通教师，都有过不少见解，尤其是钱理群、孙绍振、王富仁三位大家也参与其中，直接发表了对该文的独到见解和新鲜发现，更让人觉得该文"资源"已尽②。但经典作品的魅力就在于能让人常读常新，《我的叔叔于勒》就是这样的经典。下面就这篇课文中的三个不能回避的问题再探究一下。

一、于勒到底是怎样一个人？

传统的解读（准确地讲，是我们中国人的传统解读）对于勒的理解，基本就是和"我"父母一样的理解：从前是家中的一个祸害，品行不好，吃喝玩乐，挥霍掉家中的一些钱财，是一个坏蛋、一个无赖、一个大逆不道的人。

但有一点我们必须警惕，外国著名作家笔下的人物往往不是

---

① 沪教版语文教材八年级第一学期（试用本）第29课。李青崖译。人教版使用的不是此版本。

② 王富仁《怎样感受人？怎样感受人与人之间的关系？》、钱理群《略说〈我的叔叔于勒〉》、孙绍振《〈我的叔叔于勒〉中的人称视觉》，载《解读语文》，海峡出版发行集团、福建人民出版社2010年版。

简单的好与坏的二元对立关系。所谓的坏人，也未必就是十恶不赦，比如《悲惨世界》中的沙威；所谓好人，也一定不是完美无缺的，比如《悲惨世界》中的冉阿让。那么莫泊桑笔下的于勒就是一个一无是处、十恶不赦的恶棍吗？

年轻时的于勒的确劣迹斑斑，活得不光彩，被家人送上开往纽约的轮船，到美洲去了。我们全家对于勒在美洲情况的了解有两个渠道。

第一个渠道是于勒的来信，于勒共来了两封信。到美洲后，于勒做上了不知什么生意，很快来了第一封信，说已赚了一点儿钱，希望能够补偿他对"我"父亲造成的损失；两年之后，于勒来了第二封信，说自己买卖做得不坏，一旦发了财，一定回勒阿弗尔，并相信将来一定能和家人舒舒服服一块儿生活。

第二个渠道是一位船长，他告诉我们，说于勒已租下一个很大的店铺，正从事一桩重要的买卖。另外，当我们全家去泽西岛旅行，为了求证卖牡蛎的穷老头是不是于勒，"我"父亲去向船长打听，这一位船长也提到"听说他在美洲时还阔绰过"。

平心而论，第一个渠道得到的信息并不十分可靠，毕竟于勒不是一个值得信赖的人，但两位船长的话证明于勒没有说谎。那么，于勒想补偿给家里造成的损失、想和家人一起幸福生活的话也不是虚言。可惜人算不如天算，于勒破产了。"我"的家人接到于勒第二封信后，文中说"后来的十年里于勒叔叔的音信杳然"。也就是说，十年过去了。在这十年中，于勒到底什么时候沦为乞丐的，文中没有交代。第二位船长在美洲发现他，把他带回国，但于勒没有回家。

于勒为什么不回家？

于勒不是一个十恶不赦的无赖吗？既然是一个无赖，那就干脆无赖到底,再回到家里,继续无赖下去,何况已经从遥远的美洲回到了勒阿弗尔,家近在咫尺。但于勒没有回家,宁愿在船上做一个靠卖牡蛎为生的乞丐。为什么?那位船长解开了谜底:“他好像在勒阿弗尔还有亲属,但他不愿回到他们身边去,因为他还欠他们的钱。”从文章结尾作者说“从此,我再也没有再见过我父亲的兄弟!”可以看出,于勒最终没有回家。

再回到前面的问题上来:于勒到底是怎样一个人?我们无法一下说清楚,但他是一个真实的人、立体的人、可恨又可怜的人——曾经游手好闲,但从他宁愿当乞丐流浪四方,也不愿再连累家人的做法来看,他也有愧疚之意、也有自尊之心。

二、“我”的父母是怎样的人?

一直到今天,在解读“我”的父母时,听到的仍是多年未变的无情无义,势利冷酷,自私贪婪,体现了资本主义社会人与人之间赤裸裸的金钱关系;作者表达了对他们的讽刺和批判。但仍如前文所言,外国著名作家笔下的人物往往不是简单的好与坏的二元对立关系。

在这里,首先要弄清楚一点,“我”的父母是两个人,这一点似乎是废话,但事实并非如此,因为很多老师在分析人物形象时是把“我”的父母作为一个整体来分析的。这样的捆绑式解读,至少忽略了一点:文中所有咒骂于勒的话都出自母亲之口,父亲从头到尾没有骂过于勒一句话。这一点在文中很明显,但却一直为人所忽略。也就是说,对待于勒,父亲的态度和心理很微妙。

父母最让人不能接受的有两点:一是当听说于勒发财时,把于勒奉若神明,极尽夸赞之能事;二是当确知于勒破产、热望落空时,悄然离开,遗弃无家可归、沦为乞丐的亲兄弟于勒。

我们在断言“我”的父母“无情无义，势利冷酷，自私贪婪”的时候，不能不考虑当时“我”家的状况——“只能勉强糊口而已”。文章对“我”家的状况从吃到穿进行了详尽的交代。家中处处省吃俭用，因怕回请不敢接受邀请去吃一次饭；“日常生活必需用品也都是买那些减价的、商店里的落脚货”；为十五生丁的饰带要为价钱讨论老半天；我丢了纽扣或撕破裤子，准得挨一场痛骂。还有，父亲每次出去的必备功课——用汽油擦掉礼服上的污斑；父亲买牡蛎时，母亲为了省钱，居然说以不宠坏“我”为理由不给“我”买，等等。

作者用了大量笔墨来写这些（人教版对此有删节），很多人在解读时一言以蔽之：“我”家极其贫穷。谬矣！生活拮据并不等于家庭贫困，文章交代的很清楚——“我”家“是一个并不富有的人家，只能勉强糊口而已”。这一点很重要。如果“我”家一贫如洗，穷得连饭都吃不上，那么所谓的面子问题也就不存在了，毕竟要命比要面子更重要。恰恰是“我”这样的家庭，能解决温饱问题，比上远远不足，比下又略略有余，“面子”问题就会凸显出来。“我”的父母就是这样的人，他们爱面子，但又没有足够的财力去撑起面子，只能竭尽所能勉强维持自己的面子。每个星期日全家都要“穿戴齐整”地去散步，父亲要穿礼服，戴大礼帽，手上套着手套，母亲也打扮得“五彩缤纷”。每次出发时都会在父亲的礼服上发现“污斑”，母亲就不得不戴上近视眼镜，脱掉手套，用旧布头蘸上汽油把它擦掉，“忙得不可开交”。而后全家才“庄严隆重”地上路。作者在文中特别提道：“我还记得我可怜的父母在这些星期日散步中的那种故作庄重的神态，他们正颜厉色，不苟言笑，走起路来腰杆和两腿都挺得笔直，好像一举手一投足都关系着一桩极其重大的事情一样。”他们的表现既可笑又可怜。

还有更不能忽视却往往为人忽视的一点:"我"还有两个姐姐,一个二十六岁,一个二十八岁。这两个姐姐在文中的作用不可小觑,是作者莫泊桑的绝妙安排。

首先是结构上的:没有这两个姐姐,就没有女婿的出现;没有女婿出现,就没有泽西岛之行,没有泽西岛之行,就没有偶遇于勒的情节。

其次是内容上的:我们必须先了解两个小事实:一是在当时的欧洲,男女十五岁左右就可以谈婚论嫁了。苏霍姆林斯基《致女儿的信》(人教版、沪教版教材中均有)中有这样一句话:"今天你整整十四岁了,你正跨越一个界限,越过它你就是一名成年女性了。"莎翁笔下罗密欧是十六岁,朱丽叶是十四岁。二是在当时的欧洲,家庭贫穷,拿不出像样的嫁妆,是女子嫁不出去或嫁的不如意的重要原因,《项链》中玛蒂尔德就是这样。知道了这两个事实之后,我们就会明白,为什么两个姐姐的婚姻问题会成为父母的心病,同时也会明白,为什么那个公务员看了于勒叔叔的信之后会下定决心和"我"的二姐结婚。

也许有人会说,即便如此,只需一个姐姐即可,何必出现两个?这恰又是莫泊桑的过人之处。两个姐姐,两个"剩女",无疑加倍地加重了父母的心病,正如文中所言:"她们还没有结婚,这成为我们全家的大心事。"更耐人寻味的是,看了于勒的信后,好不容易嫁出去的还是二十六岁的二姐,那么,二十八岁的大姐无疑使父母更加焦虑。正如作者所写:"(在去泽西岛的时候)我母亲忧心忡忡地挽着我那还没有结婚的大姐姐的膀臂——自从我的二姐嫁出去之后,我的大姐姐就有点丧魂失魄似的,如同鸡窝中剩下的唯一一只小鸡。"(这一段话在人教版教材中被删去了)如果不细心揣摩,作者的匠心真是白费了。

全家苦苦期盼于勒整整十年，“父亲的希望却随着时间的增长越来越大”。“对他的归来，大家拟定了上千个方案”，可以断定的是，在这上千个方案中，没有一种方案是建立在于勒破产的基础之上的。

品味至此，我们不妨反躬自问：如果我们是文中的父母，我们会把沦为乞丐的于勒带回家吗？甚至我们可以设想把于勒接回家的直接后果：这个爱面子又只能勉强维持面子的艰难家庭还能继续维持吗？那个年轻人“之所以不再犹豫，下定决心求婚，是由于一天晚上我们给他看了于勒叔叔的信的缘故”，那么，如果沦为乞丐的于勒回到家里，二姐的这桩婚姻还能维持吗？

“我”的父母只是平常生活中的小人物，他们的确不高尚，但也不卑劣。我们在看到他们无情的时候，也应该看到他们的无奈；在看到他们冷酷的时候，也应该看到他们的辛酸；在看到他们可恨的时候，也应该看到他们的可怜。《论语》有语：“见贤思齐焉，见不贤而内自省焉。”何谓“内自省”？就是设身处地地反躬自问：如果是我又能怎样？我们不应该只是一味地站在道德高地上去苛求这些可怜的小人物去做他们根本不可能做到的事情——这不公平。

三、原作的开头和结尾可否删去？

之所以说是“原作”的开头和结尾，是因为不少人读到的版本都是不完整的，被掐头去尾了(目前人教版初中教材中的该文仍是被掐头去尾的)。于是一个话题就出来了：到底是掐头去尾好还是保持原貌好？

一个不争的事实是，莫泊桑是世界著名的短篇小说大师。我们可以回想一下莫泊桑的短篇小说作品，比如《项链》，或者想想其他大师如契诃夫、欧亨利的作品，我们就会发现，这些大师们在构思作品的时候，开头和结尾着力很多，用心良苦。岂能轻易删去？

当然，这样的说理不足以服人。我们还是回到文本来探讨为什么保留原作的开头和结尾好。有必要先把原作的开头和结尾列在下面：

开头：

一个白胡子穷老头儿向我们乞求施舍，我的同伴约瑟夫·达弗朗舍竟给了他一个五法郎的银币。我觉得有点惊奇。他于是对我说：

这个可怜的人使我想起一段往事，这段往事我一直念念不能忘怀。下面我就来讲给您听。

事情是这样的：

结尾：

今后您可能还会看到我有时候要拿一个五法郎的银币给这些流浪汉，其原因就在于此。

需要说明的是，现在沪教版中的《我的叔叔于勒》就保留了以上的开头和结尾。课后练习中还专门设计一道练习题来探讨上述话题。但对于这一话题，教材的编写者并没有提供有说服力的解释，不少老师的解说停留在前后照应、使文章结构完整的层次上。这一点也没说服力，因为没有证据表明，前后照应就是最好的结构模式。

那么原作的开头和结尾到底好在哪里呢？

首先，原作的开头结尾交代了一个事实，约瑟夫·达弗朗舍给了一个白胡子乞丐五法郎的银币作为施舍，并且说这个可怜的人使他想起了一段往事，即他的叔叔于勒的故事。

五法郎到底有多少，可能我们都没概念。但是有必要回到文本来看一下原文中关于“钱”的几处语句。主要有以下两处：

一是姐姐们为一条十五生丁的饰带,也要为价钱讨论老半天。

二是“我”去付牡蛎钱的时候,母亲给了我五法郎。牡蛎价格是两个半法郎,而后“我”付款之后,给了于勒半个法郎做小费,这半个法郎的小费让两个姐姐因为“我”的慷慨“惊得有点呆住了”,当“我”把剩下的两个法郎交还父亲时,母亲“诧异起来,问道”:

“吃了三个法郎?……这不可能。”

当“我”用坚定的语气说给了于勒半个法郎的小费时,母亲“吓了一跳”,说“我”疯了。

一法郎等于20铜子,100生丁。从以上两处,我们可以看出,十五生丁对这个家庭很重要;父亲在女婿面前好不容易奢侈一次,花钱也不过两个半法郎,加上小费共三法郎,已经使母亲吃惊,直呼“这是不可能的”,可见半个法郎也是一笔不小的数目。

不厌其烦地这番比对,只想揭示一个事实:五法郎的施舍实在过于慷慨。无怪乎“我”(姑且把这里的“我”当作作者)在旁边觉得有点“惊奇”。

约瑟夫为什么这么慷慨?毫无疑问,因为于勒!

于勒在哪里?“我”不知道。但可以肯定的是,如果于勒还活着(是生是死作为侄子的“我”也不知道),他会和那个白胡子穷老头一样是个乞丐。“我”用这五法郎,用帮助和自己的叔叔一样的乞丐的方式赎罪,来表达内心无法言说的期盼。赎罪,为父母赎罪,也为自己赎罪。因为在当年遗弃于勒的行动中,“我”也是同谋。我们不能忽视文中“我”拿着五法郎去付款时的一个细节:姐姐们看到“我”来付款,问父亲为什么迟迟不来,“我”脱口而出,告诉她们说“妈妈有点晕船”(这一情节在人教版教材中被删去了)。这句谎言不是父亲或母亲教给“我”的,是“我”自己的随机应变。所以,说“我”是同谋当不过分。那么,“我”期盼什么呢?期盼自己的叔叔在他乡行乞时，也能有人像自己一样慷慨施舍。

原作的开头和结尾还传达出一个重要信息。“我”，约瑟夫·达弗朗舍，已经长大成人。作为读者，我们欣慰地看到，长大成人的“我”没有变成像“我”父母一样的人，这是莫泊桑带给我们的最温暖的力量、最动人的亮色，这是莫泊桑的心声和期待。如果去掉了原作的开头和结尾，这样的心声和期待将向何处寻呢？

不止是母爱

——读史铁生《秋天的怀念》

《秋天的怀念》是史铁生散文中并不起眼的一篇，篇幅也不长，不到 800 字。很多人读这篇文章时只看到史铁生在歌颂母爱，笔者觉得这实在是辜负了史铁生的心血和坦诚。笔者以为，这篇文章的水准，不亚于史铁生的《我与地坛》《合欢树》等散文名篇。关键在于能否读出以下几点。

一、关于“望着望着”和“听着听着”

文章开篇有这样一句话：“望着望着天上北归的雁阵，我会突然把面前的玻璃砸碎；听着听着李谷一甜美的歌声，我会猛地把手边的东西摔向四周的墙壁。”作者为什么连用两个“望着”和“听着”？有意思的是，沪版教材在刚选入这篇文章的时候，对原文这里做了改动，只用了一个“望着”和“听着”，后来教材修订时，又恢复了原作的两个连用。那么史铁生为什么要连用呢？

史铁生“望”的是天上“北归的雁阵”，“听”的是李谷一甜美的歌声。蓝天映衬，大雁归来，意味着冬去春来、万物复苏，是难得一见的世间美景；李谷一，中国流行乐坛的开创人物和传奇人物，1983 年央视第一届春晚，李谷一连唱七首歌的“伟业”注定成为后人无法企及的纪录,听她的演唱该是多么惬意和舒畅。作者当时刚刚瘫痪,21 岁,正值风华正茂、年少轻狂之时,突然瘫痪,对谁都是沉重的打击。史铁生的痛苦难受可想而知。人在痛苦难受时,都会想办法解脱。史铁生望天上的雁阵、听李谷一的歌声,无疑是为了摆脱痛苦,哪怕只是暂时的摆脱。也就是说,史铁生“望”雁阵的目的,不是为了砸玻璃,“听”歌曲也不是为了摔东西。但“望”和“听”的结果却是“砸”和“摔”,这恰是对文章第一句话中“暴怒无常”的最好诠释。需要指出的是,“暴怒无常”的语意重点在“无常”而不在“暴怒”。何谓无常？无规律,不正常。正常情况“望着北归的雁阵”和“听着李谷一甜美的歌声”,会心情舒畅,精神愉悦,而“我”则相反。

在以上分析的基础上,我们再回到原作为什么连用两个“望着”和“听着”而不是只用一个。只用一个“望着”和“听着”,表示的是一种状态,给人的感觉就是“我”望雁阵、听歌曲是为了砸玻璃、摔东西,而且这种情况经常发生。我们不怀疑类似的情况经常发生,但同样的情况应该不会经常发生,比如“雁阵”,不是想看就能看得到的,一年能看到一次就很难得,即便是李谷一的歌声,有了一次摔东西的经历之后,估计再听的频率也不会高。作者是用两次“极端”的情况来说明自己当时“暴怒无常”的状态。此处连用两个“望着”和“听着”,表明了两次“极端”的经过——“我”刚看到天上雁阵的时候,初听到李谷一歌声的时候,心情应该是舒畅的,但也许是触景生情,轮椅上的“我”由雁的自由想到自己的双腿瘫痪,由别人的欢乐想到自己的悲惨,感情失控,进而“暴怒”,做出了“砸”和“摔”的“无常”行为。连用两个“望着”和“听着”,写出“我”起初享受美景和音乐,最终却突然摔东西砸玻璃的过程,真实真切地反映出“我”当时“暴怒无常”的状况。

二、关于母亲劝"我"去看花的两句话

文中母亲两次劝"我"去看花。母亲的原话是这样的：

"听说北海的花儿都开了，我推着你去走走。"

"北海的菊花开了，我推着你去看看吧。"

这两句话，几乎所有人在解读时都没有给予足够的关注。《秋天的怀念》是一篇纪实性的散文，与一般散文不可同等阅读。纪实性散文的显著特点是真实。我们坚信不疑的是，当史铁生瘫痪后，母亲让儿子去看花的话绝不止这两次，但作者只摘取了两次。第一次是什么时候说的，我们已经无从知晓。但最后一次我们很清楚，是母亲去世前不久说的。从史铁生瘫痪到母亲去世，中间有四年左右的时间。文中母亲两次劝史铁生去看花，这中间到底间隔多长时间我们同样无从知晓。但从这两句话中，我们可以捕捉到一些信息。

第一次，母亲说的是"北海的花儿都开了"，第二次说的是"北海的菊花开了"。北京是一个四季分明的城市，在温室还远没有普及的 20 世纪六七十年代，花儿都开的季节毫无疑问是春天，而菊花开的时候当然是秋天。也就是说，母亲这两次"劝"，即便是在同一年，中间也至少隔着一个夏天！那么，我们可以断定，母亲的这两次劝说至少隔着 3—6 个月时间。母亲的愿望奢侈吗？母亲的愿望苛刻吗？那么，就这么的一点小小心愿，"我"居然一直没能满足，不是不能，是不愿。"我"沉浸在自己的痛苦中，根本不去体会、更不会体谅母亲的心情。

三、母亲的两"进"两"出"

文中写到了母亲的两"进"两"出"，如下：

——("我"砸玻璃、摔东西时)母亲就悄悄地躲出去……

——当一切恢复沉寂,她又悄悄地进来……

——(我看树叶飘落时)母亲进来了,挡在窗前……

——(母亲说错话时)她又悄悄地出去了。

耐人寻味的有两点:其一,为什么"我"砸玻璃、摔东西的时候母亲躲出去,而"我"安静的时候,她却走进来?其二,两"进"两"出"中有三次母亲都是"悄悄地",为什么"我"看树叶飘落那次,母亲进来不是"悄悄地"?

寻找答案并不难,难在发现问题、提出问题。

先说第一点。按照常理,当孩子在屋里砸玻璃、摔东西的时候,大人会赶紧冲进来阻止,而孩子安安静静的时候,大人可以放心地出去干自己的事儿,而本文则正好相反。这正是文中母亲与其他母亲的不同之处。因为"我"的母亲面对的是瘫痪的暴怒无常的儿子。当"我"砸玻璃、摔东西的时候,她给"我"发泄的空间,让"我"尽情地发泄、毫无顾忌地发泄,所以她悄悄地出去了。但母亲并没走远,而是躲在外面,在"我看不见的地方偷偷地听着我的动静",从后文"眼边红红的",我们不难想象母亲站在外面是怎样的心如刀绞。当一切恢复沉寂后,母亲进来,当然是收拾"我"制造的"残局"。

再说第二点。"我"瘫痪后,母亲一直小心翼翼,无论说话做事都谨慎有加。作者在文中说,"对于'跑'和'踩'一类的字眼儿,她比我还敏感"。母亲劝我去看花的两句话,前面所说是"去走走",后面母亲所说就是"去看看"。可以看出母亲的小心和敏感。所以,母亲进出基本都是"悄悄地"。而"我"看落叶那次,之所以作者没用"悄悄地",是因为母亲那次进来确实动作很大,不是悄悄地。母亲进来的目的性很强,就是"挡在窗前",不让我看"窗外的树叶

‘唰唰啦啦’地飘落”。母亲是一个有一定文化的人，史铁生在《合欢树》中曾提到母亲说“说她小时候的作文做得还要好，老师甚至不相信那么好的文章会是她写的”，她知道瘫痪在家的儿子多愁善感，暴怒无常，面对树叶飘零唯恐勾起儿子内心的忧伤和悲哀，进而做出不理智的行为。所以她应该是急忙地快步走进屋里，挡住儿子的视线，并尽快转移儿子的注意力，所以就有了第二次劝儿子去北海看菊花的提议。

四、文中母子的对话该怎么读

文章第二段史铁生母子有一段对话。上课的时候，老师总是要求学生有感情朗读，或分角色有感情朗读。这样的安排很有必要。古人云“言为心声”，通过对人物语言的反复诵读、反复揣摩，我们可以走近人物，甚至走进人物的内心世界。与此相对，如果我们一直不能走近人物、不能走进人物的内心世界，无论诵读多少遍，可能效果都不会好。“读”和“悟”相辅相成。

我们不妨先还原母子的对话：

> 母亲进来了，挡在窗前：“北海的菊花开了，我推着你去看看吧。”她憔悴的脸上现出央求般的神色。
>
> “什么时候？”
>
> “你要是愿意，就明天？”她说。我的回答已经让她喜出望外了。
>
> “好吧，就明天。”我说。
>
> 她高兴得一会坐下，一会站起：“那就赶紧准备准备。”
>
> “唉呀，烦不烦？几步路，有什么好准备的！”
>
> 她也笑了，坐在我身边，絮絮叨叨地说着：“看完菊花，咱们就去‘仿膳’，你小时候最爱吃那儿的豌豆黄儿。还记得那

回我带你去北海吗？你偏说那杨树花是毛毛虫，跑着，一脚踩扁一个……”她忽然不说了。

学生和老师在处理母亲的语气语调上应该没有大问题。正如前文所讲，母亲进来挡在窗前，并且提议去看菊花，本是为了转移儿子的注意力，她也许根本没想儿子会不会同意，而今天儿子居然同意了。母亲的喜出望外乃至不知所措可想而知。课堂上不少学生和老师对母亲心理的把握还是很到位的，读得也比较好。

但对“我”的话处理上有很大问题，只有一句话处理比较好，那就是“唉呀，烦不烦？几步路，有什么好准备的！”因为这句话语气强烈，学生易于把握。但对“我”的前两句话把握得不正确。不少老师和学生潜意识中就认为，有感情地读课文，就是要声音洪亮，感情充沛。但是，按照这样的语气语调读“什么时候？”和“好吧，就明天”的时候，给人的感觉就是，母亲的提议正是“我”所期盼的，所以听到母亲的话后很兴奋。但事实不是这样。我们根据上下文可看出，“我”的答应其实是一种敷衍，母亲虽然喜出望外，而“我”却无动于衷，语气应是懒懒的、淡淡的，读得越平淡越没感情可能越切近当时“我”的心境和态度。“有感情”的朗读是语文课上经常运用的一种方法，但千万别忘了，“没感情”也是一种感情。

五、母亲病情那么重，为什么我不知道

本文是回忆性文章，在基本按照时间顺序的同时，也穿插了一些情不自禁的抒情语句。最典型的是第一段的最后两句话：

可我却一直都不知道，她的病已经到了那步田地。后来妹妹告诉我，她常常肝疼得整宿整宿翻来覆去地睡不了觉。

母亲去世时，史铁生的妹妹史岚13岁。史岚在《我和哥哥史铁生》一文中说："我们兄妹年龄相差12岁多。我刚开始记事儿，他就已经是个大人了。"①由此可知，史铁生当时是25岁左右。

这两句话值得推敲。首先，"我""一直"都不知道的是"她的病已经到了那步田地"，表明母亲身体有病"我"是知道的，但不知道病的严重程度。其次，母亲因为肝疼"睡不了觉"是"常常"的，而且是"整宿整宿"的。值得品味的是，作者用的是"睡不了觉"而不是"睡不着觉"，此两者区别大矣。"睡不了"是想睡，却疼得无法入睡，连安静地躺在床上都做不到，"翻来覆去"。"睡不着"，是可以安静地躺着，但也许是因为激动、兴奋等其他非病痛原因而无法入睡。

为什么"我"对母亲的病情根本没有察觉呢？我们可以想象20世纪70年代的北京，像史铁生这样的普通家庭，所住房屋的面积不会太大，隔音效果不会太好，但是在狭小的房屋内，与母亲朝夕相处史铁生居然对母亲的病情一直不知道。他的母亲可是"肝疼得整宿整宿翻来覆去地睡不了觉"的啊！原因是什么？我想有两点：

一是母亲掩饰得好。母亲在儿子面前装得若无其事，即便是整宿整宿翻来覆去睡不了觉的时候，她也是咬紧牙关不发出声音的！我们常说伤心得肝疼，为什么呢？因为肝疼往往是剧痛，往往难以忍受。母亲需要多大的毅力才能忍受住这一次次的剧痛而一声不吭？并且，我们也可以很容易推知，母亲必定对13岁的妹妹"约法三章"，让她对"我"守口如瓶。看来，妹妹史岚的保密工作做

① 史岚：《我和哥哥史铁生》，载《北京青年报》2011年11月30日。

得很出色。母亲把一切的艰难痛苦扛在自己的肩上,生怕再给瘫痪的儿子增添痛苦。

二是"我"的无知和愚钝。

"我"与母亲朝夕相处,尤其是"我"瘫痪后,母亲几乎与"我"形影不离。如果"我"能稍微关心一下母亲,稍微体贴一下母亲,母亲怎么能隐瞒过去呢?但"我"的眼里只有自己的痛苦,"我"砸玻璃、摔东西,对母亲的状况熟视无睹,对母亲的请求听而不闻。如果说病痛是身体之苦的话,那么面对一个高位截瘫、暴怒无常,嚷着"我活着有什么劲"的儿子的时候,这个母亲内心注定更加痛苦。这位母亲更苦的是,她的苦无处倾诉,不能说,不能喊,不能叫,不能哭,只能忍。而"我",却对母亲没有一丝一毫的体谅,母亲的一个小小要求都不能答应;终于答应了,母亲来不及去实现就撒手人寰。我们可以想象,如果母亲生前能推着"我"去看一次花,那么,她离开人世的时候至少会带着一点欣慰、少一点挂牵。然而,我却没有给母亲这样的机会。史铁生写作本文,固然歌颂了母亲博大无私的爱,但更多的是他在无情解剖自己的无知,鞭挞自己的愚钝,无限的内疚和忏悔流动在字里行间。多年后史铁生意识到,"儿子的不幸在母亲那儿总是要加倍的"(《我与地坛》)。可惜悟到这一点时候,母亲已经不在人间,这成了史铁生永远的心痛。

六、前后语言风格的迥异

文章最后一段不仅在时间上跨度很大,更重要的是在语言风格上与前文截然不同。前文的语言沉闷压抑,如怨如诉,朴实中饱含深情,深情中透着冷峻。而最后一段,妹妹推"我"去看了菊花,尤其是描写菊花的那几句,一扫前文的沉闷压抑,语言舒展晓畅,色彩鲜艳繁复。最后一句,虽依旧朴实,但一字一顿,铿锵有力。因为这次看菊花,对作者而言,是一个庄重的仪式,对母亲而言,这是一个未了的心愿。作者是在发表自己的人生宣言,非这样的语言不足以告慰天堂中的母亲。

雁是否只有死路一条？[①]

——兼论不能因为美好的主观愿望而曲解课文

《雁》是上海八年级语文教材中一篇课文，作者是当代作家石钟山。这篇小说讲述了一对大雁夫妻的凄婉故事。也许出于对这篇文章的偏爱吧，很多老师上公开课都爱上这篇文章。所以，这篇课文我听了好多遍。看得出，学生也很喜欢这篇文章。应该说，老师们上这篇文章上得都很精彩，虽然在不同的学校，不同的班级听课，但我发现，每一次学生们都会被深深感染。

但有一个环节，我觉得有话要说，不吐不快。

不少老师在课堂上都会抛出一个问题：两只大雁是否只有死路一条？而且最后的结论基本都是大雁可以活下去，不该自杀。

我们来看老师们给出的大雁的活路：一是母雁虽然不能飞了，公雁可以来到母雁身边，与鹅为伍，虽不能自由翱翔蓝天，但也可以长相厮守，活着比尊严更重要；二是也许人们会被他们感动，良心发现，放他们一条生路。

笔者在这里不是为了探讨活着和尊严孰更重要的问题，我们姑且认为活着比尊严更重要。那么，公雁来到母雁身边，与"呆鹅"为伍，他们能苟且偷生、长相厮守吗？

---

① 原载《语文教学通讯》2010年第26期。

答案是否定的。

细心的读者会发现，文章中实际上也提到了公雁来到母雁身边：

张家的男人说："这只大雁说不定会把天上的那只招下来呢。"

女人说："那样的话，真是太好了，咱们不仅能吃大雁蛋，还能吃大雁肉了。"

这段对话被很多老师忽略了。就是这段对话，把所有良好的愿望都撕得粉碎。如果公雁来到母雁身边，下场只有一个：成为张家的盘中餐。因为公雁不会下蛋。这个时候我们会豁然明白母雁能活下来的原因：会下蛋。正如前文所言：

张家的男人和女人已经商量过了，要把她留下来，当成鹅来养，让她下蛋。有多少人吃过大雁蛋呢？她下的蛋一定能卖一个好价钱。

在张家男人和女人的眼里，只有利益。他们绝不会白白地养着一只不会下蛋的公雁。而两只视爱情和自由高于生命的不会变通的大雁只能绝望地自杀了。

那么包括张家的男人和女人在内的"人们"是否有可能忽然良心发现放大雁一条生路呢？

我们来看大雁面对的是怎样的"人们"。

当张家白白捡了一只大雁的时候：

有人说："养起来吧，瞧她多漂亮。"

又有人说："是只母大雁，她下蛋一定比鹅蛋大。"

人们议论着，新奇而又兴奋。

当母雁因羽毛被剪，想飞却跌落下来、悲伤鸣叫的时候：

人们看到了这一幕，都笑着说："瞧，她要飞呢。"

当母雁彻底绝望不再做徒劳的努力悲伤地冲着丈夫哀鸣的时候:

这样的景象又引来了人们的围观,人们议论着,嬉笑着,后来就散去了。

"人们"目睹了大雁挣扎的整个过程。但母雁的挣扎,母雁的眼泪,得到的只是"人们"的讥笑,增添的只是"人们"的谈资。"人们"是带着微笑在制造悲剧,并带着微笑在欣赏这一出自己导演的悲剧。

"人们"是作者在文中精心打造的一个"群体",看不出时代,看不出地点。也许作者是想告诉读者,这样的"人们",在任何时间、任何地方都能看到,这样的事情在任何时间、任何地方都会发生。

与大雁的高贵相比,人们应该低下自以为高贵的头颅。我们来看一下作者在文中所用的称谓:称那对人类夫妻——张家的男人和女人;称那对大雁夫妻——丈夫和她。作者在不动声色中已经作了辛辣的评判。夫妻不应仅仅是不同性别的结合,还要有高贵的爱情,更要懂得高贵的爱情。

两只高贵的大雁自杀了:头颈相交,死死地缠在一起。没有人为他们垒起雁丘①,因为"人们"直到他们死去也理解不了他们的梦想。鲁迅先生在《呐喊自序》中说自己"不恤用了曲笔,在《药》的瑜儿的坟上凭空添上一个花环,在《明天》里也不叙单四嫂子竟没有做到看见儿子的梦"。但本文作者比鲁迅先生还冷峻,甚至有点残忍,连一丝希望一点亮色都没给读者留下——两只大雁只有死路一条。这是无可避免的悲剧。鲁迅先生说:悲剧将人生的有

① 元好问《〈雁丘词〉序》:"泰和五年乙丑岁,赴试并州,道逢捕雁者云:'今旦获一雁,杀之矣。其脱网者悲鸣不能去,竟自投于地而死。'予因买得之,葬之汾水之上,累石为识,号曰雁丘。"

价值的东西毁灭给人看。作者在文中把美好有价值的东西彻底毁灭给读者看，读者应该体会到，作者借此想表达的心声是希望有价值的东西不要再被毁灭。

也许是出于老师们自己的善良，抑或是面对青少年自杀时有发生的现状，老师们想告诉学生在任何时候都不要轻易结束自己的生命。这些原本都没错，善良的愿望应该得到尊重和理解。但善良的愿望不能改变残酷的现实，或者说，善良的愿望在该文中根本没有一线实现的希望。这恰恰是该文最动人心魄、最发人深省的地方。我们不能因为美好的主观愿望而曲解课文。

不可不细品的几处语句[①]

——读《爸爸的花儿落了》

课文《爸爸的花儿落了》[②]是林海音女士《城南旧事》的最后一章。其中有段文字写“我”挨打。这段文字，似乎在全文乃至全书中都显得不是很协调。因为爸爸对“我”一直疼爱有加，温情款款。这里的爸爸却是“凶相”毕露：

——一把把我从床上拖起来。

——左看右看，结果从桌上抄起鸡毛掸子倒转来拿，藤鞭子在空中一抡，就发出咻咻的声音，我挨打了！

——把我从床头打到床角，从床上打到床下。

——(我)撩起裤脚来检查我的伤痕。那一条条鼓起来的鞭痕，是红的，而且发着热。

正因为“不协调”，所以就很能引起注意。尤其是小孩子，对这一段文字也是过目不忘。所以老师在讲解课文的时候，这一段文字是绕不过去的。说来也巧，很多老师都对这篇课文情有独钟，上公开课经常听到老师讲这篇文章。几乎无一例外的是，老师们在带领学生品评爸爸形象时都只停留在了“严厉”的层面。有一次听

---

① 原载《当代学生》2014 年 Z3 期。

② 沪版语文教材七年级(下)，第 9 课。

课,老师问学生怎样评价文中的爸爸,一学生说“狠毒”,旁边的一个学生说:“他狠毒?我爸比他还狠毒呢。”老师只泛泛地点评说“‘狠毒’没有‘严厉’好”。于是爸爸的形象就分析完了。我们经常说“情感、态度、价值观”这一维目标,那么这里对学生“情感、态度、价值观”会产生什么影响呢?至少在个别学生那里,是对文中爸爸的恼怒乃至仇恨,甚至唤起了那个说“我爸比他还狠毒呢”的学生对自己爸爸的仇恨。这样的影响是值得忧虑的。如果说原文中爸爸真的是“狠毒”,也算事出有因,情有可原。但这样的解读明显是错误的。即便把爸爸定位为“严厉”,也是片面的。

爸爸的确有“严厉”的一面,这一点只要识字的人都看得出来,根本无需多讲。老师的责任更在于能引导学生品出他们读不出来的韵味。我们不能只看到“爸爸”打“我”,还应看到“我”挨打之后发生的事情:“爸爸”来到了学校,给“我”送来了花夹袄。这一点似乎没什么了不起,但如果把文中的信息组合起来,就会有新的发现。

首先,爸爸递给我花夹袄,并且“又拿出两个铜板来给我”的时候,自始至终“没说什么”,说明爸爸除了送夹袄没有别的事情,那两个铜板也不是必须要送来的。

其次,这件事情发生在夏天。文中说:“我上学不但要晚了,而且要被妈妈打扮得穿上肥大的夹袄(是在夏天!)”作者特别用小括号指出“是在夏天”,并且加了“!”。“我”不愿去上学的原因之一就是不想“被妈妈打扮得穿上肥大的夹袄”。也就是说,天气并不冷,何况按照“惯例”妈妈已经给“我”穿上“肥大的夹袄”。那么,爸爸给“我”送花夹袄有必要吗?

再次,那天下着大雨,爸爸有必要冒着大雨来送一件并不必要的夹袄吗?

最后，那天“我”迟到了，老师让我们静默五分钟再读书。就在静默当中，爸爸来到了学校。换句话说，“我”到校不到五分钟，爸爸就跟着到了学校。那么，应该是“我”前脚刚出门，爸爸就后脚跟着出了门。“我”是第一次花钱坐洋车去学校的，按照速度推算，爸爸也应该是花钱坐洋车到学校的。

那么，爸爸有必要紧跟着冒着大雨花钱坐洋车去给“我”送一件并不必要的花夹袄吗？

毫无疑问，所有的回答都应该指向“不必要”。但爸爸却来送了。由此可以看出，爸爸来送花夹袄只不过是一个借口，甚至可以说是一个笨拙的借口。他痛打了女儿后，后悔了，心疼了，最终还是放心不下了，于是冒着大雨花钱坐洋车赶来看望女儿了，还拿出两个铜板抚慰女儿。虽然爸爸没有问候，更没有道歉，表面上仍维持着作为爸爸，尤其是作为一个男人的自尊和矜持。但我们可以想象，爸爸在雨中赶往学校的途中，以及看到女儿时，他的内心世界肯定不平静，肯定翻江倒海，五味杂陈。甚至我们能想象出爸爸在学校看到女儿的时候，眼中流露出的疼爱、内疚和后悔。只有读到这个层面，才能真正读懂一个父亲复杂而又丰富的内心世界，怎是一个“严厉”能够说尽的？也只有读到这个层面，才可以看出，这段文字和全文浑然一体，自然和谐。

原文中还有两处也是老师们平常教学中容易忽略掉的，这里顺便简单提及。

一处是“我”劝躺在病床上的爸爸起来参加毕业典礼：

爸爸哑着嗓子，拉起我的手笑笑说：“我怎么能够去？”

但是我说：“爸爸，你不去，我很害怕。你在台底下，我上台说话就不发慌了。”

“英子，不要怕，无论什么困难的事，只要硬着头皮去做，就闯过去了。”

“那么爸爸不也可以硬着头皮从床上起来到我们学校去吗?”

爸爸看着我,摇摇头,不说话了。他把脸转向墙那边,举起他的手,看那上面的指甲。然后,他又转过脸来叮嘱我:

“明天要早起,收拾好就到学校去,这是你在小学的最后一天了,可不能迟到!”

我们需要关注画横线的句子。当不懂事的“我”狡猾地用爸爸自己的话(“硬着头皮”)“回击”爸爸的时候,爸爸“看着我,摇摇头,不说话了”。爸爸为什么要把脸转向“墙那边”?而且举起手看指甲,指甲有什么可看的?而且是在正和女儿交谈的时候?我们由此可以体悟到,爸爸流泪了——最大的女儿尚不谙世事,而自己已病入膏肓,怎不让身为父亲的伤心落泪?但爸爸又不想让孩子看到自己落泪,他怕吓着孩子,也怕影响“明天”就要参加毕业典礼、代表全体同学领取毕业证书并致谢辞的“我”的心情。所以,他把脸转向了“墙那边”。但突然转向墙那边,又怕女儿生疑,看出什么,于是抬起手,去看那根本没必要看的指甲,来掩饰自己的情感,来遮盖自己突然转向墙那边的反常举动。我们坚信不疑的是,父亲借抬手看指甲、转移女儿注意力的时候,顺手就把眼泪擦干了。然后才转过脸叮嘱“我”。并且,转换了话题。爸爸是“狡猾”的,是伤心的,是无奈的,其复杂的内心世界,是无法用语言直接形容的,而画线语句留下的想象空间足以填补语言此时的苍白。

另一处是结尾部分。当“我”从厨子老高欲言又止的话语中明白是什么事情的时候,文章突然中止了“我”与老高的对话,宕开一笔写了下面的文字:

瘦鸡妹妹还在抢燕燕的小玩意儿,弟弟把沙土灌进玻璃瓶里。是的，这里就数我大了，我是小小的大人。

然后才接着写：

我对老高说：

“老高，我知道是什么事了，我就去医院。”我从来没有过这样的镇定，这样的安静。

一般来说，在得知父亲去世的消息时，应该写一些悲伤、压抑的情景才合适。但这里，作者却宕开笔墨，写弟弟、妹妹玩得正开心。有人会说，这是“以乐景衬哀情”，这当然没错。作为旁观者，我们确实感觉到了这个家庭今后的艰难。作为当事人，不谙世事的幼小弟妹们的这种不和谐的欢乐场景，让“我”明白自己肩上担子的沉重，责任的重大，真实，自然，感人，令人唏嘘。

令人忧虑的选择性失明

——读《沉船之前》

《沉船之前》选自电影小说《泰坦尼克》。因为电影《泰坦尼克》影响很大，有关泰坦尼克的资料相对较多，所以，课文《泰坦尼克》也成了不少老师喜欢的文章。这篇文章语言直白，内容集中，结构清晰，解读颇为集中、一致，似乎没有值得再深挖的地方，针对本文的探讨往往也只限于内容如何呈现的问题。但是笔者认为，关于本文，有值得探讨的地方。

我们还是先来看原文中的一个场景——

老爵士班杰明·古咸由侍从陪同着，从楼上拾级而下。他头戴着礼帽，拄着手杖，身穿晚礼服，颈上挂着一条洁白的丝巾，脚上的皮鞋擦得油光锃亮。……

一名侍者走向他，将一件救生衣递到他的面前，十分恭敬地说道："古咸先生，这是您的救生衣，请您穿上。"

他站在楼梯上，平静地对那名侍者说："我是一个绅士，任何时候都应该衣着整齐。我想喝点白兰地，请帮我拿来，好吗？"

那名侍者知道无法劝说他，也只好任由他了。

侍从见旁边有一处比其他地方都高，就建议他站到上面去。

古咸爵士神态安详地走了过去。

侍者为他端来了一杯白兰地。他接过来，彬彬有礼地说道："谢谢你。"

这一场景，形象鲜明，感人至深。我们从老爵士班杰明·古咸身上看到了人类面对灾难时的坦然淡定，彰显了人类的高贵和人性的光辉。尤其是近些年，各种灾难层出不穷，学习本文能给人带来激励和鼓舞。应该说，对文本的解读笔者并无异议。只是，我们的眼睛出了问题。因为，在这个场景中，共有三个人：班杰明·古咸，侍从和侍者。当然，老爵士是有名有姓的，因为他是爵士。另外两个是用各自的职业来称谓的。有一个问题必须要问：为什么我们在解读文本时只看到了老爵士班杰明·古咸，而没有看不见"侍从"和"侍者"？当灾难来临的时候，老爵士没有惊慌失措，依然保持着绅士风度，戴礼帽，拄手杖，颈上挂着洁白的丝巾，脚上穿着油光锃亮的皮鞋，平静安详，彬彬有礼，的确令人肃然起敬。侍从和侍者与老爵士在同一艘船上，他们和老爵士一样面临着灭顶之灾，他们惊慌失措了吗？侍从是老爵士的仆人，用自己的忠诚和辛劳换取老爵士给予的工资。侍者是船上地位最低的工作人员，用自己的周到服务去赢得酬劳。但船将要倾覆，所有人的命运都危在旦夕。老爵士还能给侍从发工资吗？侍者还能得到酬劳吗？但他们没有逃跑，也没有惊慌失措，依然平静地坚守在自己的工作岗位上，尽心尽力，尽职尽责。侍从和侍者，不是绅士，不是爵士，但他们面对灾难的气度不逊绅士，不输爵士。然而，为什么所有老师在解读时都只看到老爵士班杰明·古咸？因为侍从和侍者地位低下甚至卑贱。于是我们视而不见，于是我们选择性失明。但他们身上同样彰显出人性光辉，展示出人类的高贵。

不妨来说一件事情，这件事情发生 2010 年 3 月，北京六环路发生车祸，央视女记者刘薇被困车内，农民工曾庆香路过，救出刘薇。然后两人联手再去救人，被后来的车撞飞，医治无效，两人死亡。事情发生后，令人不解的是，起初大小媒体关注的都是央视女记者刘薇，对曾庆香无一例外都是顺带提及。"这种反差激起不少网友的热议，比如有人在微博上发帖称：一起救人被撞死，一个是央视女记者，一个是普通人，前者葬八宝山开追悼会被表扬，后者只是顺带提及。还有人称：普通老百姓连救人牺牲后都被如此忽视，人命有贵贱？凭什么挂个央视名号，连死了都有 VIP！"①这些言语虽然带有情绪化色彩，但也绝非无理取闹。同样是手提电脑丢了，失主是院士，几天警察就破案了，普通百姓只能自认倒霉；同样是自行车丢了，失主是日本人，某城市几乎全市总动员，几天就物归原主了，普通百姓谁能有这种荣幸？周国平说："我们降生到世上，有谁是带着名字来的？又有谁是带着头衔、职位、身份、财产等等来的？可是，随着我们长大，越来越深地沉溺于俗务琐事，已经很少有人能记起这个最单纯的事实了。我们彼此以名字相见，名字又与头衔、身份、财产之类相连，结果，在这些寄生物的缠绕之下，生命本身隐匿了，甚至萎缩了。"②在课堂上结合《沉船之前》的解读，引导学生更深层次地思考人生、思考现实，拓展延伸，叩问心灵，那么对学生"情感、态度和价值观"的冲击，对学生心灵的洗涤就会起到不可估量的作用。这是语文课应该担当的责任。

以上解读在一次教研活动中遇到了挑战。一位老师质疑说，《泰坦尼克》的作者舒特斯曼也许也没注意到侍从和侍者，所以他们无名无姓，着墨很少。不尊重作者原意的解读不应提倡。这是

---

① 王石川：《像关注央视女记者一样关注曾庆香》，《中国青年报》2010 年 3 月 18 日。

② 周国平：《守望的距离》，东方出版社 1996 年版。

一个值得探讨的问题。某省高考题选了某作家的一篇文章作阅读材料。该作家很认真地把题目看了之后,说,命题人的解读不是自己所要表达的,引起网民关注,让命题人遭遇不少批评甚至谩骂。让笔者自豪的是,在那次教研活动中,遭遇挑战的时候,我搬出了一个人物——德国美学大师姚斯,引用了他的观点,说服了发起挑战的老师。当时引用了姚斯的如下两句话①:

——一篇文章一经完成,由文本生产领域交付流通领域,它便像商品一样获得了独立于作者之外的生命,此后进行的解读就只是读者自身的事,而与作者无关。

——作为平等主体,读者不承担对作者的忠诚义务,读者的阅读走向远非作者所能控制和所应控制:一些作者想传达的信息流失了,而作者未曾意识到的隐性信息却被读者激活了。

---

① [德]姚斯、[美]霍拉勃著,周宁等译:《接受美学与接受理论》,辽宁人民出版社 1987 年版。

关于《“诺曼底”号遇难记》的几点补充①

听了不同学校的多位老师讲了《“诺曼底”号遇难记》。

听后觉得对课文的解读还有如下几个方面需要做点补充：

一、人物语言的描写

老师们在讲课时都很关注文中哈尔威船长和洛克机械师、奥克勒福大副的这段对话：

“洛克机械师在哪儿？”

“船长叫我吗？”

“炉子怎么样了？”

“海水淹了。”

“火呢？”

“灭了。”

“机器怎样？”

“停了。”

船长喊了一声：

“奥克勒福大副！”

大副回答：

① 原载《上海中学生报》2012 年 3 月 16 日。

“到！”

船长问道：

“还有多少分钟？”

“二十分钟。”

“够了，”船长说，“让每个人都到小艇上去。奥克勒福大副，你的手枪在吗？”

“在，船长。”

“哪个男人胆敢在女人前面，你就开枪打死他。”

这段语言描写，在课堂上，老师通过各种形式进行诵读。然后归纳出哈尔威船长在灾难来临时镇定自若、指挥若定的大智大勇。

这段对话在平时看来很简短，但在“死在临头”的分秒必争的关键时刻，这段话未免显得冗长。而且前文哈尔威船长已经把该做的全安排好了：

哈尔威船长站在指挥台上，大声吼喝：“全体安静，注意听命令！把救生艇放下去。妇女先走，其他乘客跟上，船员断后。必须把六十人救出去。”

从这段话可以看出，哈尔威船长已经下达了命令，而且已经告诉大家应该怎么做，话虽简短，但具体明确，细致周到，斩钉截铁。如果哈尔威船长的这番话得到贯彻，那么后文与机械师和大副的对话就没有必要了。

但事实并非如此。

在突如其来的灾难面前，“大家一窝蜂拥了上去，这股你推我搡的势头，险些儿把小艇都弄翻了。奥克勒福大副和三名二副拼命想维持秩序，但整个人群因为猝然而至的变故简直都像疯了似的，乱得不可开交”。

面对混乱的甚至已经丧失理智的人群，必须采取果断的措施，否则后果不堪设想。哈尔威船长看似没有采取措施，实际上却采取了最有效的措施：与机械师和大副对话。在对话中，哈尔威船长看似句句在问，实际上都是无疑而问。哈尔威船长是一个有多年航海经验、尽职尽责的老船长，他对船上的情况必然了如指掌，比如"枪"在谁手里。在"玛丽"号和"诺曼底"号相撞之后，根据他的经验，他已经知道事情糟糕到什么地步。也就是说，这番对话是说给混乱的人群听的。对话传达出这样的信息：

形势十万火急。

时间来得及。

所有人必须听从指挥，否则开枪让他死得更快。

为什么说此时此刻哈尔威船长采用对话是最为有效的措施呢？

虽然说同在一条船上，但是，船上的人天然分为两个"阵营"：工作人员和乘客。船长直接向乘客喊话说明情况、下命令不是不可以，但乘客心中会自然产生怀疑甚至抵触，这从船长第一次喊话的结果就可以看出来。哈尔威船长故意把乘客置之不顾，大声向自己的下属喊话，一下子吸引了所有人的注意力：因为对方"阵营"内部的对话更可信。尤其是关于"枪"对话，效果更为显著。正如前文所说，哈尔威船长明明知道大副有枪，仍然问"你的手枪在吗？"，实际上不仅是为了让混乱的人群知道他要采取的非常措施，更重要的是，船长要让人群知道这样"粗暴"的措施没有讨价还价的余地，因为除船长和大副外，所有人都是局外人，他们没有发言权，他们只能接受。

事实也如所料，黑暗中这简短有力的对话，极具穿透力和震慑力，"压倒了一切呼号和嘈杂"，"大家立时不出声了。没有一个人违抗他的意志，人们感到有一个伟大的灵魂出现在他们的上空"。

对话唤醒了人们的理智，人们也从对话中感受到了哈尔威船长的镇定和自信。这镇定和自信给慌乱混乱的人群带来了信心，于是“救援工作进行得井然有序，几乎没有发生什么争执或殴斗”。

回头再看哈尔威船长，我们才能真正体会到什么是镇定自若，什么是指挥若定。这里体现的不仅是哈尔威船长的勇敢，更重要的是他的冷静和智慧。

二、文章结尾

结尾是这样一段文字：

> 哈尔威船长，他屹立在舰桥上，一个手势也没有做，一句话也没有说，犹如铁铸，纹丝不动，随着轮船一起沉入了深渊。人们透过阴惨惨的薄雾，凝视着这尊黑色的雕像徐徐沉进大海。

老师们在带领学生品味这段文字的时候，往往只品出了哈尔威船长死的悲壮，却忽视了作者是怎样表现悲壮以及悲壮到什么程度，只是贴上“悲壮”的标签了事。这很可惜。

一个人面临死亡之时往往都会本能地挣扎，但哈尔威船长，在生命的最后时刻，没有任何挣扎：“屹立”在自己的岗位上，“一个手势也没有做，一句话也没有说，犹如铁铸，纹丝不动”。船是“徐徐沉进大海”的，哈尔威船长也像一尊“黑色的雕像徐徐沉进大海”，他完全有能力有条件有可能逃生，但他自己根本没有做任何逃生的准备，而且从一开始就考虑好了自己的归宿——与船同沉。

作者在前文有两处暗示：

> 实际上一共六十一人，但是他把自己给忘了——从结尾可以明白看出，他没有忘了自己。

> 他把每件事和每个人都考虑到了——他把自己的后事也

考虑到了。

到此我们才明白哈尔威船长是抱着自己必死的决心来挽救其他所有人。他不是不珍视生命，恰恰相反，他比谁都珍视生命——一个能把别人的生命放在第一位的人，一个舍己救人的人，谁还能说他不珍视生命、不懂得活着的珍贵？至于哈尔威船长是否应该选择与船同沉，我们姑且不论，但我们可以知道，哈尔威船长尽到了自己作为一名船长的责任。

由此我们可以想象，当人们，尤其是获救的人们，“透过阴惨惨的薄雾”，“凝视着这尊黑色的雕像徐徐沉进大海”的时候，是怎样的捶胸顿足、哭天号地？作者到此戛然而止，留下多少感伤多少悲叹让人唏嘘，又留下多少壮美多少赞叹让人景仰。风云因而含悲，沧海为之变色。

只有品味到这里，“悲壮”才不是标签，才能真正打动学生的心灵，震撼学生的心灵。

三、关于“题记”

这篇文章有一个“题记”——真正的强者是那种具有自制力的人。

但在听课中，居然没有一个老师提到这个“题记”。这让我很意外。在课后的交流中，我意识到老师们没有从文中捕捉到“自制力”的体现，所以避而不谈。

但“题记”是无论如何不能回避的，因为“题记”往往是作者倾力突出的重点。

那么哈尔威船长的“自制力”体现在哪里呢？是译者在翻译时措辞不当吗？当然不是。

我们再回到灾难的现场。先来体会文中的一处细节描写：

过了一会儿，他喊道：“把克莱芒救出去！”

克莱芒是见习水手，还不过是个孩子。

在船已开始下沉的关键时刻，在自己死亡即将来临的最后时刻，哈尔威船长还没有忘记还是孩子的见习水手克莱芒，哈尔威船长的无私无畏、大智大勇、大慈大爱在这里得到彰显。

我们不要忘了，哈尔威船长实际上也只是一个普通的船长，并非生来就是一个无所不能无所畏惧的强者。他也是普通人，面对突如其来的灾难，他内心当中不可能没有惊慌和恐惧。但他不同常人的地方在于，他知道自己是“诺曼底”号的船长，面对灾难，面对混乱的失去理智的人群，他必须站出来，而且不能表现出任何的慌乱和恐惧，因为他的哪怕一丝一毫的慌乱和恐惧都会在别人哪里无限量地放大，最终会使局面失去控制，进而带来灭顶之灾。

他做到了，他自始至终没有表现出丝毫的慌乱和恐惧。

于是，我们看到了指挥若定的哈尔威船长，看到了利用对话巧妙控制局势的哈尔威船长，看到了早已决定与船同沉却沉着面对死亡的哈尔威船长。

于是“诺曼底”号上所有的人得救了，除了他自己。

哈尔威船长令人叹服的杰出表现来自哪里？来自他超人的“自制力”！

正文中“自制力”虽然没有直接出现，但在哈尔威船长应对灾难的一言一行中都闪现着他的“自制力”。

所以作者才会在“题记”说：真正的强者是那种具有自制力的人。

关于《生命之线》的进一步解读①

《生命之线》是英国登山家乔·辛普森的一篇文章。文章比较长,对初一的学生来说有一定的难度。老师们在解读文章时,都着重突出了生命之线的象征意义——精神力量,进而得出在危难时应该同甘共苦,生死与共的主旨。这当然没错,但总觉意犹未尽。

文章的结尾是这样一段文字:

> "我永远不会忘怀这段朦胧、却又仿佛发生在昨天的记忆,不会忘怀那种与天地合而为一的感觉,不会忘怀那个至今仍萦绕在我梦中的不可捉摸的世界。这种感觉的获得源于行动的实践。它存在于航行在波涛中的汽笛声中,呈现于飞机起飞时喷射气流的轰鸣声中,它隐匿于火车起程时隆隆的长鸣声中,它们将越过海洋,飞过高山,驶向未知世界广袤的天地。"

这一段抒情和议论是文章的难点,也是重点。

但在课堂上,老师们几乎都把这段文字略去不讲。因为这段文字粗看似乎与前文关系不大,显得多余累赘,甚至莫名其妙。但认真品味的话,这段话是全文不可或缺的组成部分,甚至可以说是画龙点睛,卒章显志。

---

① 原载《上海中学生报》2009 年 9 月 29 日。

这段文字写出作者对“山登绝顶我为峰”时那种“天人合而为一”的感觉的赞美和向往，而且告诉我们，想获得这种感觉、达到这种境界，必须用行动来实践。

这不仅是作者对登山的理解，更是他对人生的理解。这种理解正是作者 1985 年在秘鲁与死神擦肩而过之后，又在 1992 年再次去登山的动力所在。也就是说，老师和学生都应该思考一个问题：为什么 1985 年作者因为登山差点丧命，但七年后还要去登山？

有了这样的问题，我们会豁然开朗：生命是宝贵的，但还有比生命更宝贵的，那就是生命的价值。匈牙利诗人裴多菲说：“生命诚可贵，爱情价更高。若为自由故，二者皆可抛。”裴多菲和辛普森在用不同的方式告诉我们，人生应该有所追求，不应该只为保全性命而无所事事，碌碌无为。

需要说明的是，1985 年，辛普森在秘鲁侥幸捡回一条命后，留下了严重的后遗症，再也不能也没有去登过山。也就是说，在《生命之线》这篇文章中，1985 年的事情是事实，而 1992 年的事情是虚构。换句话说，作者虽然被称为“纪实作品大师”，但《生命之线》一文不是纪实作品，而是文学创作。

既然是文学创作，那么作品就必然带有作者强烈的主观感情倾向。《生命之线》的主观倾向除了作者赞美患难与共、生死相守的精神品质之外，也表达了作者对生命价值的思考，结尾就是这种思考的集中体现。

引导学生体悟到作者对生命价值的思考，这篇课文的价值才可以说得到了比较充分的体现。但是还有缺憾。

文章中写到两件事，涉及两个重要人物：西蒙和马尔。一个在危难之时砍断绳索，独自逃生；一个在危难之时患难与共，不离不弃。这样,学生脑海中会形成一个强烈的印象,西蒙是一个抛弃朋友、独自逃生的小人,马尔是一个可以共生死、同患难的英雄。马尔是一个令人敬仰的英雄毋庸置疑,但把西蒙当作一个令人唾弃的小人却有违文章原意,也有违作者本意。

作者是这样记叙的:

……那时,下面的西蒙正忍受着冰冻之苦和极度的疲惫,在暴风雪中冒险下行。但是那根把我俩拴在一起的绳索,却死死地拽着他,使他寸步难行。急迫中他砍断了绳索,生命线另一头的我,一下子栽入40米深的冰隙里。

第二天早晨,西蒙没有找到我的踪迹,他只身一个回到基地帐篷中,内疚之情深深折磨着他……

"西蒙正忍受着冰冻之苦和极度的疲惫",绳索"死死地拽着他,使他寸步难行","急迫中他砍断了绳索",西蒙没有找到我才回去,"内疚之情深深折磨着他",细细品味作者的这些话,我们应该感受到作者对西蒙当时选择的深深理解和真诚体谅,这是作者能设身处地替别人考虑的宽容和大度。事实也证明,西蒙当时的选择是唯一正确的选择,也正是这个选择使两人都得以生存下来。

如果未能读出作者的体谅和理解,武断地得出西蒙令人不齿的结论,那不仅是对西蒙的不公,也是对作者的误解甚至贬低。

《小巷深处》的一点补充理解

《小巷深处》是沪教版八年级语文(上)的一篇课文,作者是林莉。作者记叙了"我"和盲人养母之间的一段往事。文章很感人,读来令人心酸落泪。根据现有资料,这是一篇纪实性的散文。文中当别人称呼"我"时,叫的就是作者的名字"莉"。

欣赏文学作品和欣赏影视作品有很大不同。影视作品往往直观,具体,具有整体感。而文学作品中的信息往往是散乱的,需要读者自己进行整合,甚至再创造,才能对作品有一个整体的把握。比如选自林海音《城南旧事》的课文《爸爸的花儿落了》一文中,爸爸打"我"那一片段。如果拍成电影或电视,会对那天下着的大雨来几个特写镜头,而且大雨会一直伴随故事的进程,赖在床上时,外面下着大雨,挨打时,外面下着大雨,上学的路上,大雨仍在下,父亲追到学校时,雨照样在下。也就是说,画面提供的是一个完整的场景,不需读者去组合。但是,在用文字表达时,不可能一再重复下着大雨这样的字眼。文中对下雨的交代主要有这样两句话:"有一天,下大雨"和"最后还是冒着大雨上学去了"。交代不多,并不是说雨停了。读者在阅读时必须时时记得天一直在下雨,不能读着读着就把这一重要信息丢掉了。总之一句话,读者读文字作品时,一定要善于捕捉信息、善于组合信息,否则必然会影响我们对作品深度和广度的把握。

再回到《小巷深处》。对这篇文章的解读就因为不少老师和同学不能把散落在文字中的信息整合成一个“场”，因而使这篇文章的感染力大打折扣。

摘录下面三段话：

随着年龄的增长，我开始厌恶自己的贫穷的家和瞎子养母。我接到了录取通知书，终于名正言顺地摆脱了母亲，住进那隔了一座又一座大山的县城一中了。而且，不让母亲去县城找自己。母亲答应了。母亲遵守诺言，每月由一位早年已住进县城里却经常回乡的老婆婆帮我捎来些营养品和生活费，一直到临近毕业的最后一个星期。

忍无可忍的老婆婆把我拉进学校附近一个偏僻的巷子里：老远，我便看见了，看见了她——我的母亲。在风中，她无助地倚在墙边，零乱而花白的头发在苍老的脸颊旁飘扬着。

老婆婆说：“莉呀，这三年，我哪这么空个个月回乡？都是她央人把自己送上汽车，下车后又摸到我的住处，把东西交给我，让我带给你，然后又孤零零地摸上汽车……”

不少读者也被瞎眼母亲在风中无助地倚在墙边的景象所感动。但大多数人看到的就是作者看到的这一次。那么瞎眼母亲只来这一次吗？当然不是！前文交代，“母亲遵守诺言，每月由一位早年已住进县城里却经常回乡的老婆婆帮我捎来些营养品和生活费，一直到临近毕业的最后一个星期”。注意句中的“每月”和“一直到临近毕业的最后一个星期”，就是说，在整整三年的时间里，“我”每个月都收到营养品和生活费，而“我”以为都是老婆婆捎来的。但后文，老婆婆说，“这三年，我哪这么空个个月回乡？都是她央人……”。读到这里，我们会明白很多次都是母亲自己亲自送来的，我们坚信不疑的是，每一次来，瞎眼母亲都是站在这个偏僻的巷子里，因为，她想离女儿近一点，但又怕女儿看见自己，伤了女儿自尊。她要遵守对女儿的承诺。近在咫尺，却不能不敢去见日思夜想的女儿，站在偏僻小巷里的母亲，心里该是怎样的滋味？我们虽然不能确切知道母亲到底来了多少次，但我们可以肯定地讲，三年中她来了很多次，而我们却只看到了这一次。

我们再进一步探究，母亲是怎么来的呢？老婆婆说“她央人把自己送上汽车，下车后又摸到我的住处，把东西交给我，让我带给你，然后又孤零零地摸上汽车……”老婆婆连续用了两个“摸”，我们可以想见瞎眼母亲路途的艰难。但这些艰难还不算艰难，我们必须还要看到前文作者交代的一句话，她说自己“住进那隔了一座又一座大山的县城一中了”。如果说前面整合的是时间信息的话，那么这里我们整合的是空间信息。但是，这些信息，我们读着读着就忘了。“我”的家和县城一中之间“隔了一座又一座大山”啊！路途遥远，道路艰险，瞎眼的上了年纪的母亲又是怎样一路颠簸来到县城又回到家的呢？这些信息如果被我们遗忘、丢弃，又怎能读出作品感人肺腑的力量呢？

平淡中的不平淡
——读萧红《祖父和我》

课文《祖父和我》选自萧红《呼兰河传》第3章。开头是这样两句话：

> 呼兰河这小城里边住着我的祖父。
>
> 我生的时候，祖父已经六十多岁了，我长到四五岁，祖父就快七十了。

平淡的语言含有不平淡的感情，但因为平淡又会让人一扫而过，过目即忘。“呼兰河这小城里边住着我的祖父”这句话完全可以改说为“我的祖父住在小城呼兰河”。单从达意来看，两者没有区别，但从表情来讲，两者大相径庭。后者只是陈述一个事实：祖父住在呼兰河。而前者不仅陈述了这样的事实，更重要的是传达了作者的强烈情感：“我”之所以对呼兰河如此一往情深，是因为那里住着自己的祖父。突出了祖父在自己心目中的重要地位。

第二句话，初看很啰唆，细品颇蕴藉。祖父是作者萧红儿时最温暖最甜蜜的回忆。从这句话中，我们可以体会到萧红在回忆往事时的无奈和遗憾：“我”还小，祖父已老，相处苦短。

《呼兰河传》尾声中还有这样的话：

> 呼兰河这小城里边，以前住着我的祖父，现在埋着我的祖父。

我生的时候，祖父已经六十多岁了，我长到四五岁，祖父就快七十了。我还没有长到二十岁，祖父就七八十岁了。祖父一过了八十，祖父就死了。

这两段话，和《祖父和我》的前两段话无论是句式还是内容都遥相呼应。看似单调啰唆的句式，却让人肝肠寸断。阴阳两隔的无奈，相守苦短的伤痛，尽在其中。尤其是一再出现的“祖父”，恰如“我”对祖父的声声呼唤，深情，真切，读来让人几欲泪下。这样的语言，如果不沉浸其中，反复诵读，细细品出其中的滋味，着实可惜。罗大经在《鹤林玉露》中说：“诗惟拙句最难。至于拙，则浑然天成，工巧不足言矣。”用这句话来评价萧红这两处的语言，恐怕不算过分。

下列语句同样不可错过。

我们可以先把原句读一遍，而后跳过加点的字再读一遍，就会领略到原文的奇妙：

其一：

榆树在园子的西北角上，来了风，这榆树就先啸，来了雨，大榆树就冒烟了。太阳一出来，大榆树的叶子就发光了，它们闪烁得和沙滩上的蚌壳一样了。

其二：

太阳在园子里是特大的，天空是特别高的……是凡在太阳下的，都是健康的、漂亮的，拍一拍大树都会发响的，叫一叫就是站在对面的土墙都会回答似的。

其三：

花开了，就像花睡醒了似的。鸟飞了，就像鸟飞上天似的。虫子叫了，就像虫子在说话似的。

去掉加点的字，读起来同样通顺，表意并没区别，但韵味却相去甚远。

这里有必要了解一下《呼兰河传》的叙事视角。所谓叙述视角，是“叙述者注视人的角度和人物互视的角度，……因为采用可变角度的可能性——视角概念固有的属性——使艺术家有机会在同一部作品内变换视角，增加视角，并把其组合纳入作品的塑性①。《呼兰河传》中，萧红设置了两个视角：成人视角和儿童视角。成人视角以第三人称出现，儿童视角则以第一人称出现。比如在第一、二章，用第三人称叙述小城的总体面貌，这是一个全知全能的外向视角，叙述客观，表达了对现存世界的深刻理解和深深悲哀，表现出世人皆醉我独醒的味道。而儿童视角的“我”，与成人视角的冷峻、理性相比，充满情感，极具灵性，表现为毫无偏见、未沾染世俗浊气的眼光和充满童真的话语方式。叶圣陶先生说：“儿童的心里似乎无不是纯任直觉的，他们视一切都含有生命，所以常常与椅子谈话，与草木微笑。”②童年的萧红，正是以这种纯净的眼光，这等纯真的心灵，来与园子里的大榆树和花草、天空的太阳和飞鸟交谈的。当代作家迟子建也曾说过：“童年围绕着我的，除了那些可爱的植物，还有亲人和动物。请原谅我把他们并列在一起来谈。因为在我看来。他们都是我的朋友。”③

有了加点的字，那是孩子的口吻，天真烂漫，充满童趣和童真，儿童特有的那种好奇和愉悦充盈其中。没有了加点的字，语言就会变得郑重其事，韵味顿失。如此优美的风景如果错过委实可惜。

在讲《祖父和我》的时候，不少老师都是贴标签式的说，祖父是

---

① ［法］保尔·科利：《虚构叙事中时间的塑形》，生活·读书·新知三联书店 2003 年版。

② 《叶圣陶谈创作》，上海文艺出版社 1982 年版。

③ 《寒冷的高纬度——我的梦开始的地方》，《小说评论》2002 年第 2 期。

“慈爱”的，但是学生在文本中似乎看不到明显的“慈爱”的影子。当“慈爱”成为标签来贴的时候，原本感人至深的“慈爱”就显得苍白无力。原文中“铲地”的那段文字，恰恰是祖父“慈爱”的最好写照。但不少老师课堂上往往是匆匆而过的。

文中写“我”铲地，因为年龄太小，拿不动锄头杆，祖父就干脆把锄头杆拔下来，让“我”单拿锄头的“头”来铲。——不仅不怕“我”添乱，还给我专门的工具让“我”来“捣乱”。而“我”根本不是铲，而是“乱勾”。并且，“我”竟把韭菜当野草割掉，把狗尾草当谷穗留着。“等祖父发现我铲的那块满留着狗尾草的一片”，我们可以试想，如果换作别人，看到这个场景，会做何反应？肯定是一顿臭骂，至少是呵斥。但这里，祖父只是问：“这(狗尾草)是什么？”当“我”理直气壮地说“谷子”后，祖父仍然没有批评“我”，更没有骂“我”，而是“大笑起来”，并且问“我”：“你每天吃的就是这个吗？”“我”仍然坚持说“是”。看到祖父还在笑，“我”居然发火了，怒气冲冲地拿来谷穗，“远远地就抛给祖父”，质问祖父：“这不是一样的吗？”这个时候，“祖父慢慢地把我叫过去，讲给我听，说谷子是有芒针的。狗尾草则没有，只是毛嘟嘟的真像狗尾巴”。注意：祖父是“慢慢”把“我”叫过去，耐心讲给“我”听狗尾草和谷穗的区别。

这段文字中，祖父俨然是一个“教育家”，慈爱，耐心，宽容，循循善诱，和蔼可亲。难怪尽管呼兰河充满着无知和愚昧、苦难和悲凉，荒凉的土地上四处弥漫着绝望，而祖父却成为萧红生命中最为重要的一抹暖色，是其生命的慰藉和源泉所在。

由一篇课文说到不能对课文顶礼膜拜

——读《云雀》

众所周知，汉字原来是竖排印刷的，而外国的字母文字是横排的，于是有了这样一个笑话：中国人读书一会儿抬头、一会儿低头，不断地“点头”说“是”，外国人读书不断地由左到右、由右到左，不断地“摇头”说“不”。很长时间都认为这个笑话过于刻薄。但当了多年的学生，又当了多年的语文老师后，笔者忽然觉得自己就是那个不断点头说“是”的人，不仅自己不断点头说“是”，而且还千方百计地教导引领学生一起不断地点头说“是”。

不是吗？读书 12 载（不含大学），教书 15 载，在课堂上，什么时候说过哪一篇文章有不妥之处？对哪一篇课文不是极尽夸奖赞美之能事甚至顶礼膜拜？

只有笔者一人如此吗？绝对不是。

所以，那个原以为刻薄的笑话，居然是如此的一针见血！

当然，课文篇章全都是专家学者精心挑选的。但即便如此，又怎么可能篇篇精华、字字珠玑？我们常说金无足赤、人无完人，为什么一遇到课文我们就满怀虔诚、顶礼膜拜呢？更何况，教材中的个别课文实在不敢恭维。有例为证：

上海市六年级语文教材中有一篇课文，题目叫《云雀》，作者是法国历史学家儒勒·米什莱，该文选自百花文艺出版社 1991 年出版的《米什莱散文选》,译者是徐知免。笔者不懂法语,因此只能从汉语言规范的角度来看这篇译作,真是不敢细看,错误之多令人咋舌,下面仅列几处明显的甚至是低级的错误:

(1) 她的脚爪长得使她不适宜于在林间栖息。

——本句中的"于"与"在"重复。

(2) 田沟是她的穹庐。

——"穹庐"的本意是游牧民族居住的圆顶帐篷,《敕勒川》中说"天似穹庐",是一个非常恰当贴切的比喻,但把"田沟"比作"穹庐"有点匪夷所思,一个凸出于地上,一个凹陷于地下,相似点有多少呢?

(3) 然而由于她生性愉快、善良……

——"愉快"是一种暂时的心理状态,并不能指长期的心理状态或人生态度,因此,可以说"生性乐观",但不能说"生性愉快"。

(4) 一旦脱离险境,国鸟又重新获得静谧,她又像从前那样歌唱……

——"静谧"虽然可以用"安静"、"宁静"来解释,但"静谧"又不同于"安静"和"宁静"。"静谧"一般用来形容环境尤其是自然环境的安静,不能用来形容人和其他动物的心情或状态。此处用"静谧"来形容"国鸟"的生活状态,明显不妥。应改为"宁静"或"安静"。

(5) 每年有两三回,她得承担起做母亲的、多灾多难的幸福,忍受无数风险去尽那份哺育的辛劳。

——"承担……幸福"和"忍受……风险",这样的搭配不当就不说了。

(6) 只要有一丝太阳出现,她就会引吭歌唱。

——"太阳"前面的数量词居然是"一丝",这样的低级错误委实说不过去。

就是这样一篇文章，在与课本配套的《语文教学参考资料》中，还把语言的品味放在突出位置，在“教学目标”中，要求“品味文章丰富、典雅、充满深情地语言……”，“教学建议”第一条就是“本文语言独具韵味，值得细细揣摩品味”。该书中提到：“儒勒·米什莱被学术界称为‘法国最早和最伟大的民族主义和浪漫主义历史学家’，他以文学语言撰写历史著作，令人读来兴趣盎然；他以历史学家的渊博来写作散文，情理交融，曲尽其妙。在米什莱笔下，山川、森林、海洋、禽鸟、昆虫，一草一木无不洋溢着深沉的诗意的凝思。”这话我深信不疑，但必须清楚这样的评价是针对米什莱的原作而言而不是针对译作而言。原作优秀并不等于译作就同样优秀。这篇《云雀》译作就难当上述评价。

令人深思的是，上述那些明显的错误，只要稍微认真地审视一下，并不难看出。但选编教材的专家愣是没看出来；听不少老师讲这篇课文，没有一个老师指出哪怕一处错误，相反却照本宣科说这篇文章的语言是多么值得品味。为什么会这样？原因很简单，因为大家潜意识里早已默认这是佳作，无可挑剔，无可争议。专家这样，老师这样，学生也就学会了这样。于是大家一起点头称是，脸上都写着虔诚。

忽然想起前不久听于漪老师谈话，老人家说起了上海初中语文教材中的一篇课文《故乡在远方》，该文作者是张抗抗。文中有一段文字描写小兴安岭的雪。在这段文字中，作者以深情的笔触描写了自己21岁第一次发现雪落有声，而且声声有情，其中有这样一句：“山里无风的日子，静谧的柞树林中轻轻漫漫地飘着小清雪，落在头巾上不化，一会儿就亮晶晶地披上一肩，是雪女士送你的礼物。”老人家说这句话中的“雪女士”有点刺眼，露出尘俗之气，与整个一尘不染的雪世界不协调；如果换成“雪天使”该多好，这样就不仅能表现出雪的纯净洁白，而且更吻合当时的意境和作者的心境。这是已80高龄的于漪老师对课文的质疑！眼光之敏锐，感触之细腻，令人叹服。

需说明的是，不膜拜课文，并非要发动老师和学生对课文横挑鼻子竖挑眼，鸡蛋里面挑骨头，吹毛求疵，求全责备。否定一切的虚无主义当然要不得，但肯定一切的投降主义也很危险。

没有质疑精神的孩子是不会有创造力的，没有创造力的孩子是无力撑起国家的未来的。

附：

云　　雀

［法］儒勒·米什莱

（六年级第一学期）

云雀是最典型的田野里的鸟儿。这是庄稼人的珍禽。她总是殷勤地伴随着他们，在艰辛的犁沟中间，到处都有她的足迹。她为他们鼓劲，为他们歌唱希望。希望，这是我们高卢人的古老铭言，正因为如此，他们把这种平凡的鸟儿尊为“国鸟”。她的羽毛并不美丽，然而天性勇敢，充满欢乐。

大自然似乎有些亏待云雀。她的脚爪长得使她不适宜于在林间栖息，她只好就地筑巢，与野兔为邻，田沟是她的穹庐。当她孵化幼雏时，要度过多少动荡不安、充满风险的日子啊！无数的烦忧，无数的忐忑不安！一片浅浅的草皮怎么能替这位母亲掩藏起她的小宝贝儿，抵挡住狗、鸢和鹰隼的窥伺呢！她匆忙地把小鸟孵化出来，又匆忙地把颤颤抖抖的幼雏抚育成长。谁能不想到这不幸的鸟儿和她那忧郁的邻居野兔有着同样的悲怆呢！

然而由于她生性愉快、善良，或者你愿意，也可以说她轻率，总之是洋溢着法兰西式的乐天精神，于是相反的情况发生了：一旦脱离险境，国鸟又重新获得静谧，她又像从前那样歌唱，显示出无法抑制的喜悦。更令人惊奇的是：她的灾祸，动荡的生活，那无数残酷的苦难并没有使她的心变得僵硬无情；她仍然那样快活善良，合群，满怀信心，她具有这些稀有的优秀品质，堪称鸟类中友爱的模范；云雀像燕子一样，必要时还会哺育自己的小姐妹们呢。

两样东西支持着并鼓舞着她，那就是阳光和爱情。一年之中有半年她都在恋爱。每年有两三回，她得承担起做母亲的、多灾多难的幸福，忍受无数风险去尽那份哺育的辛劳。在没有爱情的时候，她拥有阳光，阳光令她兴奋。只要有一丝太阳出现，她就会引吭歌唱。

她是白天的女儿。每当晨曦降临，茜红微微染上天边，太阳即将升起的时候，她就像箭一样从田沟冲出去，在天空中高唱起欢悦的颂歌。这是一首神圣的诗，像黎明一样清新，像童心一样纯净，快乐！这嘹亮而有力的声音正是收获的信号。“走吧，”父亲说，“你们没听见云雀在召唤吗？”云雀跟随着人，不停地给他们以鼓励；到了炎热的正午，为他们驱赶虫蚋，连连催他们进入梦乡。她把流泉般的柔和曲调倾泻在少女蒙眬欲睡的侧过的头上。

《枣核》一文的“精悍”之处[①]

《枣核》是一篇不足 1 000 字的短文，该文在沪教版语文教材中，是七年级(上)第二单元“故乡情思”中的一篇课文(第九课)；在苏教版中，是八年级(上)第二单元“爱国情怀”中的一篇课文(第六课)。在两个版本的教材中均加了“ * ”，沪教版标“ * ”表示该文为“自读课文”，苏教版加“ * ”表示该文是“建议略读的课文”。也就是说，在两套教材中，《枣核》均不属讲读课文。但有意思的是，很多老师都把该文作为讲读课来处理，显示出老师们对该文的偏爱。

《枣核》被选入中学语文课本之后，编辑曾请作者萧乾先生撰文介绍该文，萧乾先生于 1989 年 1 月 13 日给编辑寄来一封简短的复信。

> 桂申同志：示悉。关于那小文，只不过为了表现海外华人思乡而已。那位友人为高君纯女士，三十年代我在燕京的同学，已殁。匆问近好！

先生一言以蔽之，说《枣核》一文“只不过为了表现海外华人思乡而已”，这一点文章结尾说得也很清楚，不待老师讲，学生自能领会。那么作为课文，该文价值仅止于此吗？当然不是。该文虽短小，但自有其“精悍”之处。

---

① 原载《当代学生》2015 年 10 月。

平心而论，作为自读课或略读课，学生读到什么程度是什么程度，教师即便不管不问也无可厚非。但如果作为讲读课文来处理，就不能只停留在文字表面，必须引领学生读出该文的“精悍”之处。

欲谈《枣核》的“精悍”之处，不妨先宕开一笔，先重温两首古诗，从更为久远的时代谈起我们的“民族感情”。一首是王维的《杂诗(其二)》：

君自故乡来，应知故乡事。

来日绮窗前，寒梅著花未？

另一首是杜甫的《绝句》(江碧鸟逾白)：

江碧鸟逾白，山青花欲燃。

今春看又过，何日是归年？

《杂诗》与《枣核》有异曲同工之处，都是“君自故乡来”，都“应知故乡事”。《枣核》中的高女士，面对故乡来人，老北京该有多少东西都是值得托付“我”带去的，但她只要“我”带去几颗生枣核，而且是通过寄航空信的方式，再三托付。

这里就有必要提到萧乾先生是哪一年动身访美的。

新中国成立后，因为种种原因，中美两国处于敌对状态，直到1972年尼克松访华，两国发表了《联合公报》，关系才稍稍解冻。但直到1979年1月，中美两国才正式建交，关系实现正常化。也就是说，在1979年以前，中美两国几乎处于隔绝状态。

1979年8月，萧乾先生应美国爱荷华大学“国际作家创作计划”主持人聂华苓夫妇的邀请赴美。1980年初回到大陆，将这一次出访的见闻写成系列随笔《美国点滴》，共10篇，《枣核》是其中之一。

之所以强调1979年这个特定时间，首先是因为现在的孩子可以通过网络随时随地传递信息，没有时空的隔离感和疏远感。他们不知道在多年以前，在中国大陆连电话都是奢侈品的年代里，寄航空信是最快速最稳妥当然也是最昂贵甚至奢侈的联络方式。高女士以这种方式托付“枣核”，难怪萧乾先生会感到“蹊跷”。前面提到，1979 年以前，中美两国几乎处于隔绝状态，那么高女士也应该多年没有回过故国，用文中说法是：“分手快半个世纪。”贺知章说：“离别家乡时日多，近来人事半消磨。”——这是必然的现象。那么面对故乡来人，两位旧时同窗该有多少话要讲，但“她”和我拥抱之后，开口第一句话竟是这样殷切的一问：

“带来了吗？”

这是一句没有主语也没有宾语的问话，但无需说明带来什么，“我”就“赶快从手提包里掏出那几颗枣核”。回到王维的《杂诗》，面对来自故乡的朋友，王维（姑且认为抒情主人公就是王维）应该有千言万语涌上心头，但在诗中，他只轻描淡写地问了一个似乎很傻很天真的问题：“你来的时候，我家窗前的梅树开花了没有？”但就是这一问，让人印象深刻、感慨良深。试想，连梅花是否开放这样的小事情作者都如此牵肠挂肚，那么，故乡的亲朋故旧、山川风物等等，哪一样不让他魂牵梦萦呢？《枣核》中的这句“带来了吗？”就如同《杂诗》中的“寒梅著花未？”令人回味，令人唏嘘。这里的枣核，已经不是普通的枣核，它与故乡故土甚至故国画了等号。无怪乎高女士拿到之后，“托在掌心”——何等小心，何等虔诚！几多思念，几多牵挂，尽在一个“托”字。

杜甫《绝句》一诗，与《枣核》也有相通之处。在诗中，杜甫极言他乡景色之美：“江碧鸟逾白，山青花欲燃。”四景四色，色彩斑斓，美不胜收，但杜甫却无心欣赏，因为在他心头挥之不去的问题是：何日是归年？正如王粲在《登楼赋》中所感叹的：“虽信美而非吾土兮，曾何足以少留？”在《枣核》中，高女士所居之地是座“美丽的山城”,“坡上坡下满是一片嫣红”,有山有水(“把我安顿在二楼临湖的一个房间”)。但他乡景虽美,可惜非吾乡!高女士一家所过的生活可谓美满:儿女“家庭和事业都如意,各种新式设备都有了”。有车——“汽车拐进草坪,离车库还有三四米,车库门就像认识主人似的自动掀启。”——自动化水平很高;有房——“大房子”,“三层小楼”——按我们现在的眼光,应该称独栋别墅吧。行文至此,必须再次强调这是1979年,那时的中国刚刚走出梦魇,说好听点,百废待兴,说不好听点,依然如建国之初,一穷二白。说得再直白点,高女士在1979年所过的生活,即便在今天的中国,也是极少数富人才能过上的。司马迁在《屈原贾生列传》中曾说:“人穷则返本。”但《枣核》中的高女士却与此不同,生活美满如意,却依然难抑思乡之切,难怪她说自己“没出息”。

高女士似乎真“没出息”,因为文中的“她”显得很沉不住气,很急切。这恰是萧乾先生于不动声色中呈现其思乡之切的妙笔。为说明这这一点,我们从苏教版课后的一道“探究·练习”说起。

结合课文思考下列句中的“就”字表达思想感情的作用,再写一段话,注意运用“就”字准确地表达你的意思。

1. 拥抱之后,她就殷切地问我:“带来了吗?”

2. 这里一过圣诞,我就想旧历年。

3. 睡莲的清香迎风扑来,眼前仿佛就闪出一片荷塘佳色。

这道题的设计很具匠心,一个看似不经意实则味道十足的虚词“就”,的确传达出人物丰富的思想感情。后两句来自高女士自己所说的话,第2句是直接引语,第3句是间接引语,通过语言传达出人物对故乡故土的思念与牵挂。第1句是作者的客观叙述,这一句前文已作分析,此处不再赘述。文中还有几处类似的叙述

(着重号为笔者所加):

> 动身访美之前,一位旧时同窗寄来封航空信,再三托付我为她带几颗生枣核。
>
> 从费城出发前,我们就通了电话。一下车,她已经在站上等了。
>
> 她把我安顿在二楼临湖的一个房间后,就领我去踏访她的后花园。
>
> 我们在靠篱笆的一张白色长凳上坐下,她劈头就问我:……
>
> 接着,她又指着花园一角堆起的一座假山石说:……
>
> 她告诉我,时常在月夜,她同老伴儿并肩坐在这长凳上……

单独看这几句话似乎没什么味道,但合在一起看,尤其是细品加点的字词,我们能深深体会到高女士思乡之情的急切和迫切。

必须说明的是,萧乾先生是一个曾经长期在国外生活的人。1939—1949年,先生旅居国外。1943年,他放弃在英国读书,领取了随军记者证,正式成为香港《大公报》的驻外记者,是第二次世界大战期间欧洲战场上唯一的中国记者,见证过很多重大的历史事件。1949年初,萧乾先生站在人生的三岔路口,香港《大公报》高薪挽留;曾经就读的英国剑桥中文系许以终身职位,并派专人到香港迎接,负担全家旅费。但他还是回到了大陆,他说:“我像只恋家的鸽子,奔回自己的出生地。”也就是说,先生也曾是一个在海外漂泊的想家游子,他能深深体会到海外华人思乡的意之深情之切。但是,高女士的表现还是超出了萧乾先生的意料。他没有想到她因为“老是想总布胡同那棵枣树”让他带生枣核作种子来试种,没想到后花园会有垂杨柳、睡莲池,更没想到昔日同窗居然在自己家里造出一个"北海",上面还有凉亭、红庙以及北海的标志性建筑——白塔!

难怪萧乾先生在文末情不自禁地直抒胸臆:"改了国籍,不等于就改了民族感情;而且没有一个民族像我们这么依恋故土的。"

应该说这句话有点武断,但我们却丝毫不表示怀疑,因为文中高女士的思乡之情之浓烈令人感动。很多人在解读这一句话时都一再强调"民族感情"与"依恋故土",这当然没有错。但是,在这句话里,点睛之笔并不是"民族感情"和"依恋故土",而是后半句中的"这么"一词。世界上任何一个民族的人都会"依恋故土",这一点无需论证,但"像我们这么依恋故土"的民族的确少见。文中高女士的表现就是有力的证明。那么,"这么"是"什么","这么"到底"怎么",就成为全文的关键,也可以说是作者构思全文的着力点。如果在引导学生理解本文时,能抓住"这么"一词,倒推"这么"一词在全文的体现,恐怕不失为一个很好的思路。笔者以上的所有阐述实际一刻也没有离开"这么"一词,毕竟"这么"绾合了《枣核》全文。

教出文本的独有价值

——以《故宫博物院》为例

《故宫博物院》是人教版语文教材八年级(上)的一篇课文。作为一篇典型的说明文,很多老师在讲析这篇文章时都把学习重点放在了说明对象的特征、说明顺序的安排以及说明方法的运用上;而后拓展,激发学生的民族自豪感及爱国热情。比如人民教育出版社的官方网站挂出的一篇关于此文的说课稿,所定的教学目标就是这样的:

1. 认识理解故宫的建筑布局及特点。
2. 培养把握事物说明文空间顺序的能力。
3. 开阔眼界,激发对祖国传统建筑艺术的自豪感。

说课稿中还特别指出,“为了逐步实现这些目标,我将充分利用多媒体进行教学,通过为学生全方位、多角度的展示故宫博物院的图片,激发学生学习的兴趣”。

这样的教学目标设定及教学手段选用在实际教学中非常普遍,——这无可厚非。

但是,面对故宫这座建筑,面对《故宫博物院》这篇文章,也许有更重要的事情可以做,因为,故宫是中国文化的缩影,是中国文化精神的物质体现,在文化方面,这篇文章有其独一无二的价值。1987 年,故宫被列入世界文化遗产。世界遗产组织对故宫就有

“明清时代中国文明无价的历史见证”的评价。

建筑是凝固的音乐，是人类历史文化的纪念碑，而故宫无疑是中国文化一支最雄浑的交响乐，是中国历史文化一座最伟岸的丰碑。

当然，面对初中的学生，故宫这座博大精深的建筑不可能也没必要面面俱到地介绍。但是，如果面对这座丰碑，面对这支交响乐，不引领学生窥探一下蕴含其中的一点奥妙与神奇，实有入宝山而空手归的大缺憾。毕竟，有关说明文的知识，课本中的任何一篇说明文都可以承载，而《故宫博物院》中所展现、所涉及的文化内涵，却是离开这篇文章就会失之交臂的独特价值，也就是“这一篇”的独一无二的文本价值。这些价值，很可能是语文老师不教学生就会看不见读不出的，或者是学生看见却无动于衷、读到亦漠然于心的。这个时候，正是最需要语文老师的时候，也是语文老师的价值得到体现的时候。

下面拟从三个方面介绍《故宫博物院》的独有价值，所谈内容未必皆需学生了解，但作为语文老师却不可不知。

一、故宫建筑的命名

《论语》有语：“名不正，则言不顺；言不顺，则事不成。”“名正”是中国人的一种追求，取名也就成为一种讲究。人名如此，物名如此，建筑命名亦如此。故宫作为经营几百年的皇家建筑，每一处建筑的命名都耐人寻味，大有深意，与中国几千年的文化追求和价值取向密切相关，甚至可以说与中国文化最深邃最正统的核心最为接近。（有关故宫的资料中几乎都没有涉及故宫建筑的命名由来，委实是一种缺憾）

这里重点说说故宫三大殿和后三宫的命名由来或寓意。

三大殿即太和殿、中和殿和保和殿，谈及其命名，当然首先就要关注其中相同的一个字——“和”。还记得 2008 年奥运会开幕式上的精彩一幕，由 897 块活字印刷字盘变换出不同字体的“和”字，不仅形象表现了中国汉字的演化过程，也突出表达了中国人的人文理念：“和为贵。”三大殿共用一个“和”字，凸显的正是“和为贵”的思想传统。但三个名字又各有深意。

太和殿。“太和”，也作“大和”，有三种意思值得提及。

一指天地间冲和之气。《易·乾》：“乾道变化，各正性命。保合大和，乃利贞。”这是《易》中第一卦。从“保合大和”四字，即可窥见重和而不重争、重合而不重分的中国哲学思想。朱熹解释说：“太和，阴阳会合冲和之气也。”冲和，淡泊平和，无不及亦不过度，一切遵循天道，恰到好处，恰如其时。故“太和”非谓四时皆春，乃谓春暖、夏热、秋凉、冬寒，四时之气皆极调谐，无酷热，无严寒，无烈风，无淫雨，无久旱，无早霜。天能保合太和，就能普利万物，此乃天之正道，故曰：“保合大和，乃利贞。”何谓“利贞”？《易·文言》：“利者，义之和也；贞者，事之干也。”孔颖达疏：“利，和也。贞，正也。”

二谓“太平”。三国曹植《七启》有语：“吾子为太和之民，不欲仕陶唐之世乎。”《文选·颜延之〈宋文皇帝元皇后哀策文〉》：“太和既融，收华委世。”李善注解说：“太和，谓太平也。”唐代陆贽《贞元九年冬至大礼大赦制》：“思与海内同臻大和。”宋朝宋祁《宋景文公笔记·考古》：“天下太和，兵革不兴。”清代唐孙华《国学进士题名碑》诗：“昔闻有明全盛日，长养宇宙登太和。”

以上两层意思都是国家层面的价值追求。

三是“平和的心理状态”。唐代刘长卿《同姜濬题裴式微余干东斋》诗云：“藜杖全吾道，榴花养太和。”宋代司马光《论燕饮状》：

"伏望陛下当此之际,悉罢燕饮,安神养气……无益奉养者,皆不宜数御以伤大和。"陆游《蓬户》诗曰:"白头万事都经遍,莫为悲伤损太和。"

第三种意义是个人层面的价值追求。但太和殿中的"个人",举手投足皆关乎天下,正如蒲松龄所言:"天子一跬步,皆关民命。"平和之心态自然是必然的追求。

有了以上认识,我们就不难理解班固在《汉书・叙传上》中所说的这样一句话:"六合之内,莫不同原(通"源")共流,沐浴玄德,禀印(同"仰")太和。"更不难理解故宫最核心的建筑为什么取名为"太和"了。

中和殿。"中和"是中庸之道的主要内涵。《礼记・中庸》:"喜怒哀乐之未发谓之中,发而皆中节谓之和;中也者,天下之大本也,和也者,天下之达道也。致中和,天地位焉,万物育焉。"儒家认为能"致中和",则天地万物均能各得其所,达于和谐境界。《东观汉记・张纯传》:"谦俭节约,闺门中和。"唐代权德舆《奉和圣制中春麟德殿会百僚观新乐》:"大乐本天地,中和序人伦。"

保和殿。"保和",意谓保持心志和顺,身体安适。《魏书・崔浩传》:"愿陛下遣诸忧虞,恬神保和,纳御嘉福,无以闇昧之説,致损圣思。"韩愈《顺宗实录三》:"居惟保和,动必循道。" 以上用例都与皇帝陛下有关,"保和"几乎成了形容皇帝陛下心情的专有名词。

顺便说一下三大殿两侧的文华殿和武英殿。"文华"与"武英",取意与崇文门和宣武门相同,代表文韬武略,象征文治武功。《礼记・祭法》有语:"文王以文治,武王以武治,去民之灾,此皆有功烈于民者也。"这当然也是明清两代皇室所孜孜以求的。

再来说说后三宫:乾清宫、交泰殿与坤宁宫。

乾清宫是后三宫之首,明清两代皇帝在紫禁城中处理日常政事的地方。“乾”是“天”，是“阳”，是“男”；坤是“地”，是“阴”，是“女”。乾清坤宁，既指乾坤朗朗，清静太平，也指天地合璧，阴阳相谐。《易》中有“天行健，君子以自强不息”和“地势坤，君子以厚德载物”之语，乾清坤宁，亦是皇室的自我期许与自我激励。

处于乾清宫和坤宁宫之间的是交泰殿。前为天，后为地，中间为“交泰”，大有讲究，大有深意。“交泰”出自《易·泰》：“天地交，泰。”王弼注曰：“泰者，物大通之时也。”言天地之气融通，则万物各遂其生，故谓之泰。后以“交泰”指天地之气和祥，万物通泰。汉代王符《潜夫论·班禄》亦云：“是以天地交泰，阴阳和平。”

除了《易》之外，笔者还联想到《老子》第39章，其中有语：“天得一以清，地得一以宁……其致之也，谓天无以清，将恐裂；地无以宁，将恐废……”乾清与坤宁可能也与此有关吧？

二、故宫中的“动物”

故宫的绘画和雕塑也有很多讲究，此处只说其中的动物。《故宫博物院》中提及的“动物”有龙、凤、狮、鳌、龟、鹤等。

故宫中随处可见龙凤，此为国人所熟知，不需赘言。有必要提及一下狮、鳌、龟、鹤等。

三大殿矗立在七米多高的白石台基上，四角和望柱下面伸出一千多个圆雕鳌头，寓意“独占鳌头”，至高无上。

太和门前有一对铜狮把门，左雄右雌，雄狮蹄下踩球，象征统一寰宇和无上权力，雌狮踩着幼狮，象征子嗣绵延，人丁兴旺。

台基上还有铜龟和铜鹤。《礼运》曰：“何谓四灵？麟、凤、龟、龙，谓之四灵。”“四灵”中只有龟是唯一现实存在的动物，也是动物中寿命最长的。从古至今，人们都把龟当成健康长寿的象征，同时认为它具有预知未来的灵性。在古代，每当举行重大活动之前，巫师都要烧龟甲，然后根据龟甲上爆裂的纹路来占卜吉凶。所以，人们称其为“神龟”、“灵龟”。

与龟相似，鹤也是长寿的象征。长寿是人类素朴最古老的梦想，是千百年来人类孜孜不倦的共同追求。尤其是鹤，在中国文化中与“仙”几乎是不可分割的一对概念。鹤被看成长寿仙禽，仙风道骨，超脱飘逸，高雅圣洁。神话中鹤常为仙人所骑，老寿星也常以驾鹤翔云的形象出现，驾鹤成仙可谓中国古人的千年期盼。

三、故宫的色彩

故宫的色彩也需略作介绍。故宫的基本色彩是红色与黄色。

红红火火是中国人对生活和工作的向往和期盼。“中国红”如今可谓饮誉全世界。在重大的喜庆节日，凡是有华人的地方，都有红色在闪耀，都有红色的海洋在激荡。红色作为一种色彩，能让人联想到热血、火焰、太阳和朝霞，是生命的象征，是活力的体现，在中国文化传统中代表喜庆和吉祥。同时，红色在中国古老的观念中还可以消灾驱邪。

明清两代，黄色几乎是皇家专用色，平民百姓不得以黄色为衣。“九五之尊”的皇帝，穿的衣服是“黄袍”，坐的御车叫“黄屋”，走的路叫“黄道”，出巡用“黄旗”，包扎官印用黄色织物，黄色成为权力和地位的象征。皇亲国戚住红墙黄瓦，平民百姓住青砖青瓦。界限分明，等级森严。明清两代对黄色的崇尚当然也源远流长，与中国传统文化息息相关，如中国的人文初祖为“黄帝”，华夏文化的发源地为“黄土高原”，中华民族的摇篮为“黄河”，炎黄子孙的肤色为“黄皮肤”。

每个民族都有自己的颜色崇拜，这一点从各国的国旗颜色即可直观看出，欧美国家往往国旗上都有蓝色，这与古希腊的蓝色海洋文明密切相关。伊斯兰教国家的国旗都有绿色，因为绿色代表沙漠中的绿洲，绿色也是当年穆罕默德向外扩张伊斯兰教的颜色。

我国国旗也不例外——红色与黄色。虽然在千百年的历史演变过程中，不同时期可能会有不同的颜色崇拜，但黄色和红色基本成为主流，可以说稳定地成为中国人的吉祥色。

秋雨两信客

——读余秋雨《信客》

余秋雨的《信客》是人教版八年级的一篇课文。作品原文共五个部分,选入教材时删去了第一部分。笔者个人以为,删去第一部分会带来很大的阅读障碍,在正式阐述之前有必要把原文的第一部分呈现出来:

> 我国广大山区的邮电网络是什么年代健全起来的,我没有查过,记得早年在乡间,对外的通信往来主要依靠一种特殊职业的人:信客。
>
> 信客是一种私人职业,不受任何机构管理。这个地方外出谋生的人多了,少不了要带几封平安家信、带一点衣物食品的,方圆几十里又没有邮局,那就用得着信客了。信客要有一点文化,知道各大码头的情形,还要一副强健的筋骨,背得动重重的行李。
>
> 细想起来,做信客实在是一件苦差事。乡间外出的人数量并不太多,他们又不集中在一个城市,因此信客的生意不大,却很费脚力。如果交通方便也就用不着信客了,信客常走的路大多七转八拐,换车调船,听他们说说都要头昏。信客如果把行李交付托运也就赚不了什么钱,他们一概是肩挑、背驮、手提、腰缠,咬着牙齿走完坎坷长途。所带的各家各户信

件货物，品种繁多，又绝对不能有任何散失和损坏，一路上只得反复数点，小心翼翼。当时大家都穷，托运费十分低廉，有时还抵不回来去盘缠，信客只得买最差的票，住最便宜的舱位，随身带点冷馒头、炒米粉充饥。

信客为远行者们效力，自己却是最困苦的远行者。一身破衣旧衫，满脸风尘，状如乞丐。

没有信客，好多乡人就不会出远门了。在很长的时期中，信客沉重的脚步，是乡村和城市的纽带。

之所以说删去这一部分会带来很大的阅读障碍，是因为“信客”一词对很多人来讲都是一个陌生的词语。余秋雨先生也深知这一点，所以，在文章开篇不惜笔墨介绍了信客这一职业的来龙去脉，也提及了信客的艰辛及作用。而这些丰富的信息单靠一个短短的注释是不能说清楚的。

笔者曾看过不少对《信客》一文的分析讲解，大多都从城乡文明的冲突、新旧文化的交战、今昔人性的变迁等高义宏旨处立论阐述，颇有见地，本文不敢学舌，拟避而谈之。

有必要从构词角度先说说“信客”一词。“客”在汉语中是一个活跃的高频词，义项颇多。其中一个义项为：“指从事某种活动或具有某种专长的人。”（《汉语大词典（简编本）》）《辞海》对这个的义项的表述为：“称专门从事某种活动的人。如：政客；侠客；掮客。”网络词典“汉典”的表述为：“指奔走各地从事某种活动的人：说客。政客。侠客。”三种表述大同而小异。就“信客”而言，笔者倾向于“汉典”的解释，尤其是“奔走各地”四字准确地传递出“客”的特征：剑客、刀客、侠客、政客、麦客，当然还有信客，都有奔走各地的特征。

“信客”中的“信”，因为课本删去第一部分，而文中又有一处接近点睛之笔的语句——“信客信客就在一个信字”，故不少人不假思索就认为此“信”就是诚信之意。其实此“信”非彼“信”，“信客”之“信”就是口信、书信之意。虽然“就在一个信字”之“信”的确是强调诚信，但这只是借用“信”的另一层意义来巧妙传达信客应有的操守，一语双关。

本文题目是“信客”，余秋雨先生巧妙地写了两个信客，两人在文中无名无姓，笔者在本文中袭用余先生的称呼：信客和老信客。

作者的叙事以信客为主，但信客的背后一直藏着老信客的身影。而这一点是很多人所忽视的。

课文第一部分开篇就说信客年纪不小了，已经跋涉了二三十年。作者采用倒叙的方式交代其做信客的来由，巧妙地引入了老信客。先交代了老信客的“丑闻”：从别人托付的红绸上裁下了一缕窄窄的红绸。这桩“丑闻”使老信客不得不退出信客这一行当。于是他找到了刚刚从上海落魄归来的那个同村年轻人，近乎强迫地让他做信客。

此处可以追问的是，老信客已经名誉扫地，他有必要、有责任去物色新信客吗？原文第一部分中说“信客是一种私人职业，不受任何机构管理”，用现在的话来说，信客是自由职业者，想做就做，不想做就不做；自己不做了，没有人会要求你寻找接班人。但老信客“掂着那只伤痕累累的手”来物色新信客了。老信客似乎有强迫症，不管对方愿不愿意，一上来就介绍怎样当信客：人在哪儿，路怎么走，在哪儿住，在哪儿吃，等等，一应俱全，细致入微，细声慢气，连说带比画，而且整整两天。

给别人介绍职业，总得告诉别人这个职业有什么好处吧？但老信客却对此只字未提，因为信客这个职业原本没有什么好处可得：老信客辛苦一生，他的家“破烂灰黯，值钱的东西一无所有”，从他好心好意地告诉年轻人“哪一家摊子的大饼最厚实，哪一家小店可以光买米饭不买菜”话语中，鲜明透露出信客这个职业的清贫与艰辛。

信客这个职业如此清贫、如此艰辛，老信客又没有义务去寻找接班人，他为什么如此“厚脸皮”地强人所难呢？原因正是他所说的一句话：这乡间不能没有信客。正如原文第一部分作者所言：“没有信客，好多乡人就不会出远门了。在很长的时期中，信客沉重的脚步，是乡村和城市的纽带。”从中可以读出老信客的使命感和责任感。

令人难忘也难过的是，老信客用剪红绸的剪刀直扎自己的手，其懊悔痛苦可见一斑。他是“掂着那只伤痕累累的手”去找年轻人的，最后嘱咐时刻意“扬了扬这只扎伤的手”，说：“信客信客就在一个信字，千万别学我。”“直扎”，“掂着”，“扬了扬”，令人扼腕心痛，一切都是因为那“窄窄的一条红绸”！老信客无比珍视自己的名誉，也许，作为信客，他穷得只剩下了名誉。当名誉也失去的时候，他的人生大厦一下子全崩塌了。莎士比亚曾经说：“把名誉从我身上拿走，我的生命也就完了。”塞万提斯也说：“如果毁掉了你的名誉，分明也就是送掉你的性命。”这两句话，似乎都是为老信客而说的。

老信客后来以看坟场糊口。而且“从此再也没有回村”，“躲在山间坟场边的破草房里，夜夜失眠”。余秋雨先生此处使用了一个“躲”字，令人无限心酸。这是一个曾经为乡间奔波劳累大半辈子的信客的最终下场。人世间有时就是这么荒谬：能够原谅一个经常犯错误的坏人，而不能原谅一个偶尔犯错误的好人。

在这里,很有必要说一下"看坟场"。和信客一样,看坟场也是一种职业,从事这种职业的人被称为"守墓人"。中国人讲究入土为安,一个家族,往往会把去世的亲人集中埋葬在一个地方。由家族出资雇人做守墓人,主要的工作有两样:一是打扫墓园,清理杂草,种植花木;二是守夜,防止盗墓贼和野兽打扰先灵。守墓人往往是行善或赎罪之人,对别人的请求,从不拒绝,倾力帮助,总坚信今生修行,来世有报答。

由此可见,老信客去看坟场应该有如下原因:一是无脸见人,二是行善赎罪,三是用以糊口。我们必须追问的是,这个老信客真的犯了难以原谅的过错吗?四乡村邻真的就对他穷追猛打了吗?前者肯定不是,后者也未必成立。但老信客终老坟场,再没回村,也许就是因为其最为珍视的名誉被"糟蹋"了:他不能原谅自己。

课文第二部分以渐渐变老的信客为主,但仍随处可见老信客的影子。这一部分叙事很特别,所叙之事不是偶然发生的一件件事,而是经常发生在信客身上的一类类事——比如信客回家的场景,比如妇女让信客带悄悄话的事情,比如为某个在外闯荡突然死去的谋生者回家报丧而受尽委屈的事情——这些都不是一次发生,而是多次发生的事情,不是只在一个信客身上发生,而是会在每个信客身上发生的事情。所以,看似这里只写信客一人,实际上写了所有信客,当然包括老信客。他受的礼遇,当年老信客也受过,他受的委屈,当年老信客也受过。

他无故受委屈,但仍然坚守信客之职。此处作者再次重复老信客说过的话:"这乡间不能没有信客。"同时作者在此也发表了自己的议论:"做信客的,就得挑着一副生死祸福的重担,来回奔忙。四乡的外出谋生者,都把自己的血汗和眼泪,堆在他的肩上。"——

这,与其说是作者的议论,不如说是信客的职业感悟,或者说是人生顿悟。这是修养,这是境界。

第三部分所叙之事与第二部分不同。信客因揭穿同乡嘴脸被诬为小偷,并被扭送巡捕房,这件事情是信客个人亲身经历的事情,而且是偶发事件。但这件事情同样与老信客密切关联。正是这件事情,让信客决意"从此不再做信客"。他回家当即就到已死去多年的老信客坟头烧香,跪在坟前请求老人原谅。

他为什么要请求老信客原谅?当年老信客近似"强迫"地让他做了信客,他风雨几十年,尽心尽力去做了,做得辛苦,做得憋屈,他应该抱怨老信客才对。但他没有。因为他从一开始就知道做信客的艰辛与困苦,老信客没有骗他。虽然当初在老信客整整两天的轰炸中他都一直没有答应接班,但他最终做了信客,原因只是"听老人讲了这么多,讲得这么细",于是没有回绝。他不是没有听出信客的艰难与困苦,但当时他"穷愁潦倒,无以为生",这当然是他选择做信客的原因之一,但更重要的也许是他被老信客的真诚所打动,他被老信客的无私与忘我所震撼,他认可了老信客的话:这乡间不能没有信客。

当信客不做信客的时候,当有人在外的家属"陷入恐慌"、"四处物色新信客,怎么也找不到"的时候,"人们才想起他的全部好处"。这就是真实的人世间。由此可以想见,当年他挑起信客重担的时候,需要多大的勇气。他不是为了钱而去做信客,他是为了老信客的那句话:"乡间不能没有信客。"他担起的是他完全可以不负的责任,他承载的是他完全可以不顾的使命。不该他做的,他毅然决然地做了,这就是侠肝义胆,这就是古道热肠。

课文第四部分,信客做了校长,而且是一位受人尊敬的好校长。这一切都得益于他的信客生涯。几十年的四处游历,使他

“眼界开阔，对各种新知识都能接纳”，而且“深察世故人情，很能体谅人”。正所谓世事洞明皆学问，人情练达即文章。这是信客生涯的艰辛与困苦带给他的回馈，这是上天对他的补偿。做了校长的他，仍然没有忘记老信客，因为他生前的遗愿是把自己的墓“就筑在老信客的墓旁”。虽然乡人们大多已不知老信客为何许人，与受人尊敬的校长有何关系，但信客知道。与老信客的墓相邻，也许一半是因为愧疚，一半是因为感恩——愧疚自己做信客虽慎始而没能敬终，感恩老人虽没给自己带来财富但赢得了人之为人的尊严。

文章结尾耐人寻味：“为了看着顺心，(人们)也把那个不成样子的坟修了一修。”——这是曾经为乡间奔波操劳，而后躲在山间坟地郁郁死去的老信客所受到的最高礼遇。岂不令人叹惋唏嘘！

余秋雨先生笔下的两个信客，虽然无名无姓，但到底可歌可泣。

古人云：“下下人有上上智。”信哉斯言！余英时先生在《中国情怀》一书中曾说：“一般不识字的人当然不能读‘五经’、‘四书’，但孝悌忠信等做人的道理他们比起士大夫来也许只有过之而无不及。”并分别引用了陆象山和马丁·路德的话来佐证——陆象山说：“不识一字，也可堂堂正正地做一个人。”马丁·路德说：“不识字的农民比神学博士还要更懂得上帝。”有意思的是，陆象山就是识文断字的士大夫，而马丁·路德就是一神学博士。其实这样的表述在《中庸》之中就有了：“君子之道，虽夫妇之愚，可以与知焉。及其至也，虽圣人亦有所不知焉。夫妇之不肖，可以能行焉，及其至也，虽圣人亦有所不能焉。”意思是说，即便是普通平庸的夫妻，也能知晓并实行君子之道，而他们所知道的所做到的，即便是圣人也未必全知道全做到。余秋雨先生笔下的两个信客就是堂堂正正的“更懂得上帝”的人,他们所知道的所做到的,就是圣人也未必能知道能做到的。

人教版《信客》课文后有一道练习题:试写一段话,作为信客墓碑上的文字。

笔者以为,写墓碑上的文字,该为信客写,也该为老信客写。笔者斗胆为余秋雨先生笔下的两个信客拟下列文字,权作本文结尾:

老信客:一缕红绸,两样人生

信　客:受苦受累受辱受穷无尤怨不愧为信客;知仁知义知情知理有担当俨然是书生

荷花淀的男人们

——读《荷花淀》

文学必须取信于当时，方能传信于后世。如在当代被公认为是诳言，它的寿命是不能长久的。时间检验了这篇五千字上下的小作品，使它得以流传到现在。过去的一些争论，一些责难，现在好像也不存在了。（孙犁《关于〈荷花淀〉的写作》）

——写在前面

《荷花淀》是孙犁先生的名作，也一直是中学语文课本中的保留篇目。笔者当年做学生时就认真地学习过。后来做了老师，又不止一次地给学生认真讲解过《荷花淀》的精妙之处。做学生时仰视着拜读，当老师后仰视着“拜讲”，一直深深为孙犁先生的文笔折服。

但就在不久前，笔者忽然觉得，对于《荷花淀》，还真想“争论”几句，来“一些责难”。带着大不敬的忐忑，笔者叙述如下，敬请方家批评指正。

《荷花淀》里有这样一个片段（限于篇幅，对较长的引用，本文只列起止段）：

很晚丈夫才回来了。这年轻人不过二十五六岁，头戴一顶大草帽，上身穿一件洁白的小褂，黑单裤卷过了膝盖，光着脚。他叫水生，小苇庄的游击组长，党的负责人。今天领着游击组到区上开会去来。

……

水生说："我是村里的游击组长，是干部，自然要站在头里，他们几个也报了名。他们不敢回来，怕家里的人拖尾巴，公推我代表，回来和家里人们说一说。他们全觉得你还开明一些。"

这里的对话描写很精彩，历来为人们所称道。不难看出，在这段对话中，水生小声说的这句话最为重要，即：

"明天我就到大部队上去了。"

"大部队"就是正规军，"到大部队上去"就是参加了正规军，正规军就有严格的纪律。孙犁先生在《关于〈荷花淀〉的写作》中有这样一段话：

"那时，我们的武装组织有区小队、县大队、地区支队、纵队。党照顾农民的家乡观念，逐步逐级地引导他们成为野战军。"

水生随后又说"会上决定成立一个地区队"。看来，水生说的大部队，还不是野战军。即便如此，大部队严格的纪律也使他们不可能随便回家。在战争时期，面对凶恶的敌人，他们随时都有牺牲的可能。一句话，一旦告别亲人，就可能是生离死别。水生要到大部队去了，而且就是"明天"！而"今天"水生很晚才回来。水生深知"明天我就到大部队上去了"这句话的重要性。水生嫂等到很晚，等回了丈夫，她那笑着的一问"今天怎么回来得这么晚"很是妙绝，说明水生平时回来得都比较早，水生嫂预感到了"今天"的反常，虽不露声色，但问的也是单刀直入。水生小心翼翼，一直在故意岔开话题，一直到实在无法回避的时候才“小声”说出了那句他自己也深知其分量的话。这句话的分量的确很重，妻子听到后“手指震动了一下”，苇眉子划破了手，她把手指放在嘴里吮了一下。以上的对话和细节描写都显示了孙犁先生深厚的艺术功底。但我感觉迷惑的是，水生终于说出了自己最不想说又不得不说的话之后，居然毫无反应！妻子虽然预感到今晚的事情不同寻常，但不同寻常的程度还是出乎了她的预料；虽然在尽力掩饰内心的震动，但仍然无法掩饰得住：手指震动了一下！当水生终于要说出那句话的时候，他的眼睛在干什么呢？我们不得而知。我们能看到的就是水生对妻子手指的震动毫无反应。紧接着水生开始介绍淀里的斗争形势。也许这在他看来是最能说服妻子的。

但无论怎样，水生的媳妇还是幸福的，水生的爹和水生的孩子小华也是幸福的，因为他们还能在水生去参加大部队之前见上水生一面。水生媳妇的开明为他们赢得了这一机会。而游击组其他成员的家属们就没有那么幸运了，他们的即将参加大部队的亲人“不敢回来，怕家里的人拖尾巴”。在这生死离别的非常时刻，家人居然连见他们一面的机会都没有，这些有父母有妻子甚至有子女的男人们的做法真的让人费解。“怕家里的人拖尾巴”，但事实证明家里的人没有拖尾巴。而且，我私下里认为，越是可能拖尾巴的，越应该回来亲自向家人解释。

以上的“谬论”权作一个开始。也许有点吹毛求疵，或者有点以小人之心度君子之腹的嫌疑，笔者也希望是这样。

但愿下面的“胡思乱想”也是吹毛求疵。

“女人们到底有些藕断丝连”，才“过了两天”，听说“他们”“还在这里没走”，四个青年妇女就聚集在了水生家里，商量去看“他们”的事情。虽然水生嫂提醒说敌人要在同口安据点，但仍然没有打消大家去看看“他们”的念头。“于是这几个女人偷偷坐在一只小船上”,开始了“寻夫”的路程。但最终,“几个女人有点失望,也有些伤心,各自在心里骂着自己的狠心贼”。在她们失望、伤心的时候,她们发现了敌人的船!

“小船拼命往前摇”。“大船追得很紧”!

她们顾不上后悔冒冒失失地出来,她们顾不上怨恨那些走远了的人,她们只在想:

“假如敌人追上了,就跳到水里去死吧!”

正如水生临走前所交代的“最重要”的一句话:“不要叫敌人汉奸捉活的。捉住了要和他拼命。”

可惜,今天,她们连拼命的机会都没有,只有用自杀来“殉节”了。

“后面大船来得飞快。”

“就在她们的耳边响起一排枪!”

“她们想,陷在敌人的埋伏里了,一准要死了,一齐翻身跳到水里去。”

“渐渐听清楚枪声只是向着外面,她们才又扒着船帮露出头来。”

神奇的是,敌人居然没有还击!连没有打过仗的这群妇女都能听出来枪声是向着外面的!

更神奇的是,“她们看见不远的地方,那宽厚肥大的荷叶下面,有一个人的脸,下半截身子长在水里。荷花变成人了?那不是我们的水生吗?又往左右看去,不久各人就找到了各人丈夫的脸,啊!原来是他们!”——踏破铁鞋无觅处,得来全不费工夫。或者也可以说是无巧不成书。

认为必死无疑的妇女们不仅没有死,而且劫后余生的她们还找到了日思夜想的丈夫。此时此刻，此情此景，真应该是泪飞顿作倾盆雨。但作者显然不想表现这些，也许是想把这些都留给读者自己去想象。但根据作者所描写的情节，读者即便有如此的想象，恐怕会有不尊重原著甚至误解原著的嫌疑。

不写妇女们了，作者就把笔墨放在了男人们身上。那就来看看这群荷花淀的男人们吧。注意，我们的战士们正"聚精会神地瞄着敌人射击，半眼也没有看她们"。是啊，打仗岂是儿戏，此时脑海中怎能有儿女情长？

他们打了"三五排枪"，"投出了手榴弹，冲出了荷花淀"。"手榴弹把敌人那只大船击沉，一切都沉下去了。水面上只剩下一团烟硝火药气味"。——战斗结束了。

此时男人们该来看看他们的妻子了：她们被敌人紧紧追击，跳到水里是否受了惊吓，何况她们又是平生第一次经历这种阵势？她们是否受伤？（后一点也许是笔者过虑，因为敌人好像一枪未放，一炮未发，就被我们彻底解决了。三五排枪，几颗手榴弹，敌人的大船就沉了！小时候看有关白洋淀抗战的连环画，经常见到敌人的大船，好像敌人的大船上都有炮的，而且炮手一般都在钢制"掩体"中，一般枪炮很难杀伤他们。也许是连环画错了，也许是敌人确实连还击的机会都没有，就呜呼哀哉了。因为笔者坚信敌人决不善良，也绝不会坐以待毙）

但是，笔者想错了：

> "战士们就在那里大声欢笑着，打捞战利品。他们又开始了沉到水底捞出大鱼来的拿手戏。他们争着捞出敌人的枪支、子弹带，然后是一袋子一袋子叫水浸透了的面粉和大米。"

"没有吃，没有穿，敌人给我们送上前；没有枪，没有炮，敌人给我们造。""打捞打利品"，"争着捞出敌人的枪支、子弹带，然后是一袋子一袋子叫水浸透了的面粉和大米”,这当然很重要了。那就先打捞吧。

打捞完之后该来看看妻子了吧。这回笔者没想错——真来了。但只来了水生,干部和群众的确不一样。下面这段文字倒让男人的脸上还有点光彩:

水生拍打着水去追赶一个在水波上滚动的东西——是一盒用精致纸盒装着的饼干。

……

“不是她们是谁,一群落后分子!”说完把纸盒顺手丢在女人们船上,一泅,又沉到水底下去了,到很远的地方才钻出来。

水生的表现很有意思。他在极力掩饰自己对妻子的关切,“好像带着很大气”的“吆喝”就是证明。也许他生怕别人说他儿女情长、婆婆妈妈,所以,他“把纸盒顺手丢在女人们船上,一泅,又沉到水底下去了,到很远的地方才钻出来”。这一段描写很真实。只是委屈了其他四个妇女,近在咫尺却连和丈夫说一句话的机会都没有,而且她们的丈夫去参加大部队时是没有回家和家人告别的!当然,此时此刻,水生嫂实际上也没有机会和水生说上一句话,因为水生根本没有给她机会。

笔者觉得在这里有必要列举一下在来看丈夫之前几个妇女(权且在此标上序号)的对话:

甲:“听说他们还在这里没走。我不拖尾巴,可是忘下了一件衣裳。”

乙:“我有句要紧的话得和他说说。”

“听他说鬼子要在同口安据点……”水生的女人说。

丙:“哪里就碰得那么巧,我们快去快回来。”

丁:“我本来不想去,可是俺婆婆非叫我再去看看他——有什么看头啊!”

这里的对话历来被奉为经典,笔者也这样认为。因为作者各只用一句话就为我们展示了五个妇女的不同性格,真是传神。乙和丙历来被认为是泼辣和直爽型的。但是,请注意,泼辣和直爽的这两个人,此时也没有了泼辣和直爽!

也许作者这样写的目的就是为了激起我们对战争的憎恶,因为它破坏了人们的正常生活,因为它扼杀了人们的正常情感。如果是这样,笔者也表示理解。

但下面发生的事情却是笔者不能理解的。

先看小队长的话:

> “你们也没有白来,不是你们,我们的伏击不会这么彻底。可是,任务已经完成,该回去晒晒衣裳了。情况还紧得很!”

虽然作者告诉我们这里小队长是开玩笑,但最后一句话“情况还紧得很”绝不是开玩笑。我们也都知道“情况”是什么情况。但面对随时可能发生的紧急情况,我们的战士们,这群妇女的丈夫们是怎么做的呢?请看:

> “战士们已经把打捞出来的战利品,全装在他们的小船上,准备转移。一人摘了一片大荷叶顶在头上,抵挡正午的太阳。几个青年妇女把掉在水里又捞出来的小包裹,丢给了他们,战士们的三只小船就奔着东南方向,箭一样飞去了。不久就消失在中午水面上的烟波里。”

注意:战士们“准备转移”了!“战士们的三只小船就奔着东南方向,箭一样飞去了。不久就消失在中午水面上的烟波里。”

笔者想问的是:在“情况还紧得很”的时候,这群妇女,这群年轻的中国妇女,他们的妻子,此时安全了吗?她们已经撞上了敌人,难道就不会再次撞上?但他们“箭一样飞去了。不久就消失在中午水面上的烟波里”!

想想无数危难时刻让妇女儿童先走的事例(在这里就不用详细列举了),笔者真的很为这群中国男人感到汗颜!

更让人汗颜、更让人不理解的事情还有呢!

再来看小队长的那句玩笑话的第一句:

“你们也没有白来,不是你们,我们的伏击不会这么彻底。”

在这里,小队长一语道破了一个“天机”:这群妇女被敌人紧紧追赶并最终跳到水里寻死的整个过程,都在这群男人们、我们的战士们、妇女们的丈夫们的注视之下!

我们的战士心理素质真是太好了(刚刚参军的他们俨然已经是久经沙场的革命老战士),能看着自己的同胞姐妹被敌人追赶得惊慌失措时处之泰然,不慌不忙,直到妇女们把敌人引到他们最佳的伏击位置,才开始做出反应。而且,射击时“聚精会神”,“半眼也没有看他们”。那其中有他们的妻子啊!

也许,我们的战士们早就知道敌人肯定不会朝妇女们开枪开炮,而且早就知道敌人根本没有还击的机会。也许笔者的“也许”是对的,因为在我们很多作家的笔下,敌人都是愚蠢透顶的。

孙犁先生在《关于〈荷花淀〉的写作》中还说:“可以自信,我在写作这篇作品时的思想、感情,和我所处的时代,或人民对作者的要求,不会有任何不符拍节之处,完全是一致的。”“我写出了自己的感情,就是写出了所有离家抗日战士的感情,所有送走自己儿子、丈夫的人们的感情。”

笔者对先生的这种自信深表怀疑。

笔者理解特定年代人们特定的思想感情和行为方式。因此,笔者很能理解水生在夜深人静的月夜,和妻子告别时没有卿卿我我的缠绵，没有海枯石烂的誓言，也能深深理解水生在告别妻子时所说那句让现代人感到“瞠目”的话：

“你要不断进步，识字，生产。”

但是，笔者仍然觉得孙犁先生笔下的荷花淀的男人们的表现和他所处的时代，或人民对作者的要求，有不符拍节之处。因为这群男人的表现有悖常情，有违常理。也许有人会说，文艺和生活毕竟不是一回事，甚至要搬来毛泽东同志《在延安文艺座谈会上的讲话》中的话做论据：“文艺作品所反映出来的生活可以而且应该比普通的实际生活更高，更强烈，更有集中性，更典型，更理想，因此就更带普遍性。”但别忘了，毛泽东同志紧接着就指出：“革命的文艺，应当根据实际生活创造出各种各样的人物来，帮助群众推动历史的前进。”文艺作品可以虚构，但虚构不能虚假，真实永远是文学的生命，也永远是美的基础。真，不一定都美，但美却离不开真。《人间喜剧》、《复活》等等世界名著之所以具有恒久的魅力，与其有“真”的支撑是分不开的。

亚里士多德在《诗学》中说：“诗人的职责……在描述可能发生的事，即按照可然律和必然律是可能的事。……因此诗是比历史更哲学的。”（亚里士多德所言是文艺的普遍规律，不仅仅适用于诗）对此，朱光潜先生深表赞同，并解释说：“亚里士多德强调艺术典型须显出事物的本质和规律，不是于事已然，而是于理已然；于事已然都是个别的，于理已然当然就具有普遍性……在个别人物事迹中见出必然性和普遍性，正是艺术典型的最精确的意义。”

同样是亚里士多德的这句话，宗白华先生也发表了与朱先生类似的看法：“文艺的事是要能在一件人生个别的姿态行动中，深深地表露出人心的普遍定律。艺术的模仿不是徘徊于自然的外表，乃是深深透入真实的必然性。所以艺术最邻近于哲学，它是达到真理表现真理的另一道路，它使真理披了一件美丽的外衣。”

《荷花淀》男人们身上的确有一件美丽的外衣，但外衣之下，真理何在？必然性何在？普遍性又何在？所以，这群荷花淀的男人们可敬但不可爱，可佩但不可亲。说得客气点，《荷花淀》男人们的表现让人费解；说得刻薄点，《荷花淀》男人们的表现让人汗颜。

对苏轼《定风波》(莫听穿林打叶声)的进一步解读

定 风 波

苏 轼

三月七日沙湖道中遇雨。雨具先去,同行皆狼狈,余独不觉。已而遂晴,故作此。

莫听穿林打叶声,何妨吟啸且徐行。竹杖芒鞋轻胜马,谁怕?一蓑烟雨任平生。

料峭春风吹酒醒,微冷,山头斜照却相迎。回首向来萧瑟处,归去,也无风雨也无晴。

苏轼的名作《定风波》(莫听穿林打叶声)脍炙人口,很多专家学者对这首词已进行了多角度多层面的解读。余本浅陋,本不想插言献丑,但读过多位方家之高论后,总觉有话要说,不妥之处,敬请方家指正。

因该词已被千百次解读,故笔者不拟面面俱到,只想就几点笔者颇有感触但方家略而不谈或言之不详之处发一些粗浅的见解。

一、"雨具先去"

小序中的"雨具先去"往往不为人注意。但细细回味,这四个字大有可品之处。苏轼一行当天是带着雨具出门的,也就是说,他们是有准备的。古时没有天气预报,带着雨具出门意味着出门时天气阴得很重,很可能要下雨。但为何又"雨具先去"呢?如果天气没有变化,想必不会让人把雨具先带走。既然先带走,说明天气由阴转晴,苏轼一行认为不可能下雨,于是让人把雨具先带走。不料想,在回去的途中,大雨劈头盖脸而来,把苏轼一行淋成了落汤鸡。"三月七日"天气尚寒,正如词中所言"料峭春风"、"微冷"。原本带着雨具,却让人先行带走,不料想老天弄人,偏偏下起大雨,郁闷憋屈可以想见。下雨那就痛痛快快地下,苏轼一行自认倒霉就是,偏偏人淋湿后,"已而遂晴"。这种感觉也许作一种假设更能体味到位。

我们可以设想一种情况。某日某君上班,发现天阴欲雨,于是带着雨披骑车上班,中午下班时发现天已转晴,于是把雨披放在办公室骑车回家,没想到半路上暴雨突至,雨横风狂,把自己淋成了落汤鸡,在春寒料峭之中,想想自己原本带着雨披,只因看天晴日好,一念之差把雨具放在了办公室,没想到半路遇雨。某君该作何感想?想必除了郁闷还是郁闷。更让人郁闷的是,当该君回到家,刚要把湿透的衣服脱掉,抬头看见窗外,却见云破日出,阳光灿烂——天晴了!

这样的遭遇,肯定让人既郁闷又懊恼。似乎老天爷故意作对,不仅作对,而且还似乎在刻意捉弄人。

苏轼一行人那天就遇到了这样的情况。当我们设身处地体味一下当时的情景,我们对"同行皆狼狈"的理解就感同身受印象深刻了。但就是在这样的遭际中,苏轼却"独不觉",并且"吟啸且徐行",体会到此,一个与众不同的苏轼形象便豁然呈现眼前,而不是简单地用乐观、旷达等概念化平面化的标签一贴了事。

二、"蓑"

既然小序中说"雨具先去",苏轼为什么还在上片中说"一蓑烟雨任平生"呢？这是一个令很多人纳闷却说不清楚的问题。

"蓑"在古典诗歌中是一个常见的意象,我们不妨列举一些含有"蓑"的诗句：

青箬笠,绿蓑衣,斜风细雨不须归。(张志和《渔父》)

孤舟蓑笠翁,独钓寒江雪。(柳宗元《江雪》)

仍传语,江南父老,时与晒渔蓑。(苏轼《满庭芳》)

商略人生为何事,一蓑从此入空蒙。(陆游《舟过小孤有感》)

一竿风月,一蓑烟雨,家在钓台西祝。(陆游《鹊桥仙》)

渡口唤船人独立,一蓑烟雨湿黄昏。(孙觌《吴门道中》)

一蓑一笠一扁舟,一丈丝纶一寸钩。一曲高歌一樽酒,一人独钓一江秋。(王士桢《题秋江独钓图》)

自庇一身青箬笠,相随到处绿蓑衣。(苏轼《浣溪沙》)

笔者在网上搜索了一下,中华诗词网中汇集了 545 首含"蓑"的古诗词,其中陆游的不下百首。

"蓑"在这里已经不是指实实在在的雨具,而是代表一种生活状态,即作一个"渔父","白发渔樵江渚上,惯看秋月春风"。

"渔父"在中国文学中是一个重要意象,在中国文人的心目中具有独特的价值,令无数古圣先贤心驰神往。

"渔父"意象肇始于庄子、屈原两人的《渔父》篇,而尤以屈原的《楚辞·渔父》影响最为深远。

先说几个著名的渔父：

在濮水上"持竿不顾"的庄周,在富春江边垂钓的严光;在渭滨竖钩垂钓的吕尚,在淮阴城下垂钓的韩信。

以庄子、严光为代表的渔父,清高飘逸,超凡脱俗;以吕尚、韩信为代表的渔父静观待时,终成大业。

在韩信故里淮阴,有一副对联:“千秋共钓怀瑾握瑜双国士,异代同逢扶周兴汉两鱼竿。”可谓妙联。

中国文人常怀“达则兼济天下,穷则独善其身”的人生信条,达则愿为姜太公,穷则愿作严子陵。进,可期致君尧舜;退,可守精神独立。即便是那些在史书中偶留指爪的无名渔父也多非等闲之辈:屈大夫面对的渔父洞明世事,实非俗人;伍子胥面对的渔父仗义行侠,岂是凡夫?

于是渔父成为中国文人心中的光辉形象。即便身不能至,但也心向往之。连知其不可为而为之的孔子也说:“道不行,乘桴浮于海。”连“愿为辅弼,使寰区大定,海县清一”(《代寿山答孟少府移文书》)的诗仙太白都高呼:“人生在世不称意,明照散发弄扁舟。”(《宣城谢朓楼饯别校书叔云》)

登临严子陵钓台俨然成为一大文化盛事,绵延千年,历久不衰。远有李白、孟浩然、范仲淹、苏轼、陆游、朱熹、李清照等,近有康有为、郁达夫、张大千、陈毅、郭沫若、巴金等,均登台述怀,留下不少诗文佳作。如今关于严子陵钓台的诗文不下 2 000 首,这在世界文化史上也可谓罕见。范仲淹的话也许最能表达很多人的心声:“云山苍苍,江水泱泱,先生之风,山高水长。”

古人表达对渔父仰慕向往之情的诗歌难以胜数,不一一列举,只列苏轼本人的几首“渔父”诗词:

调　笑　令

渔父,渔父,江上微风细雨。青蓑黄箬裳衣,红酒白鱼暮归。归暮,长笛一声何处。

渔父(四首)

渔父饮，谁家去。鱼蟹一时分付。酒无多少醉为期，彼此不论钱数。

渔父醉，蓑衣舞。醉里却寻归路。轻舟短棹任斜横，醒后不知何处。

渔父醒，春江午。梦断落花飞絮。酒醒还醉醉还醒，一笑人间今古。

渔父笑，轻鸥举。漠漠一江风雨。江边骑马是官人，借我孤舟南渡。

对“渔父”的神往成为苏轼的情结，他在黄州曾高呼：“小舟从此逝，江海寄馀生。”(《临江仙》)当然，我们不能死板地说苏轼李白们就是要当一个“渔父”，而是说他们向往这样一种生活状态，表达的是一种情结、一种向往、一种态度，也即脱离世事羁绊，无拘无束，随缘自适，随遇而安。而“一蓑烟雨任平生”正是这种情结这种向往这种态度的直白表达。

三、“归去”

陶渊明的《归去来兮辞》为中国士大夫开辟了一方实实在在的精神家园，也为“君子固穷”树立了一个实实在在的践行榜样。“归去”成了众多居庙堂之高者的内心向往，也成了众多处江湖之远者的现实选择。正如曹雪芹所说：“一从陶令评章后，千古高风说到今。”

《定风波》下阕之“归去”与“一蓑烟雨任平生”相呼应。苏轼笔下的“归去”不宜作一般语理解。

美国学者唐凯琳女士做过统计，提出在苏轼的诗文作品中出现频率最高的字是“归”。

学者王洪、张爱东还为此作了求证：以石声淮、唐玲玲笺注的《东坡乐府编笺注》为例，苏轼一生348首词作中，有68首77次使用了“归”字，扣除11处与归隐思想无关的“归”字，仍有66处，约占全部词作的五分之一。且其他语言譬如“隐”“还”“逝”等咏叹归去主题的并无计算在内。

除“归去，也无风雨也无晴”之外，我们不妨来多体味一些苏轼的含“归去”的语句：

我欲乘风归去，又恐琼楼玉宇，高处不胜寒。(《水调歌头》)

归去来兮，吾归何处？(《满庭芳》)

归去，归去，江上一犁春雨。(《如梦令》)

几时归去，作个闲人，对一张琴，一壶酒，一溪云。(《行香子 述怀》)

推手从归去，无泪与君倾。(《水调歌头》)

五湖闻道，扁舟归去，仍携西子。(《水龙吟》)

归去来，谁不遣君归……征夫指余归路……归去来兮，我今忘我兼忘世。(《哨遍》)

便欲乘风，翻然归去，何用骑鹏翼。(《念奴娇》)

冥漠重泉哭不闻，潇潇暮雨人归去。(《瑞鹧鸪》)

归去来兮，清溪无底，上有千仞嵯峨。(《满庭芳》)

有书仍懒著，且漫歌归去。(《菩萨蛮》)

无可奈何新白发，不如归去旧青山。(《浣溪沙》)

飞鸿落照，相将归去。(《行香子》)

独棹小舟归去，任烟波摇兀。(《好事近·西湖夜归》)

可以说，“归去”是苏轼作品中的一个重要词语。苏轼对陶渊明的崇敬由来已久，以至于晚年写了一百多首“和陶诗”。以苏轼之狂放，很难相信他会对一个人佩服得五体投地，但对陶渊明是个例外。在《和归去来兮辞》里苏轼坦言："师渊明之雅放，和百篇之清诗。赋归来之新引，我其后身盖无疑。"苏轼的好朋友黄庭坚在《跋子瞻和陶诗》中说："彭泽千载人，东坡百世士。出处虽不同，风味乃相似。"诚哉斯言，确为知己之语。

袁行霈先生说："和陶在不同程度上表明了对清高人格的向往，对节操的坚守，以及保持人之自然性情和真率生活的愿望。"苏轼"写和陶诗，既表现了对陶渊明特有的崇敬，也是以陶渊明作为自己贬谪生活中的精神支柱和朝夕相伴的知音"（《论和陶诗及其文化意蕴》）。

苏轼在《答李之仪书》一文中提及了自己在黄州的生活："得罪以来，深自闭塞，扁舟草履，放浪山水间，与渔樵杂处……"苏辙在《东坡先生墓志铭》中也说苏轼"谪居于黄，杜门深居"。可见当时苏轼实际上过的就是一种"归去"的生活。这种陶渊明式的"归去"，是苏轼在困顿时候的突破之方，甚至也是苏轼在人生得意之时的内心期盼。比如前文所引的"归去，归去，江上一犁春雨"（《如梦令》）和"几时归去，作个闲人，对一张琴，一壶酒，一溪云"（《行香子 述怀》），就作于元祐元年（1086）九月以后，苏轼在京城任翰林学士期间。

李泽厚先生说，苏轼在"进"与"退"、"仕"与"隐"之间一直有"深自徘徊困惑心态"，"苏轼把中晚唐开其端的进退与退隐的矛盾双重心理发展到一个新的质变点"。"苏轼一生并未退隐，也从未真正'归田'但他通过诗文所表达出来的那种人生空漠之感，却比前人或口头上或事实上的'退隐'、'归田'、'遁世'要更深刻更沉重"（《美的历程》）。本首词就是这些论断的很好的佐证。

四、“也无风雨也无晴”

很多人在理解“也无风雨也无晴”时,往往用一个“乐观”或者“旷达”而一言以蔽之。因为本句是本词的核心句,故“乐观”或“旷达”也就成了整首词的“标签”。但这样的解读还不到位。

我们一般都认为能笑对挫折是乐观心态的反映,是积极的人生态度的体现。这诚然不错。面对被贬黄州这样的人生“风雨”,苏轼淡看甚至笑看,体现了人生的豪迈,性格的豁达,令人景仰。如此,用“乐观”或“旷达”来评价自然合情合理。但是,这只是“也无风雨”,苏轼还有半句话——“也无晴”。如果说“风雨”象征人生之挫折的话,那么,“晴”自然象征人生之得意。我们总佩服那些无惧风雨而相信阳光总在风雨后的人,但苏轼已远远超越了这种境界。人生在世,谁不希望一帆风顺,志得意满?但苏轼在这里却说“也无晴”,也就是说,苏轼不仅淡看“风雨”,也淡看“晴”。如果说,淡看“风雨”是一种旷达的话,那么,淡看“晴”则是一种“超然”。

陶渊明有几句经典:“纵浪大化中,不喜亦不惧。应尽便须尽,无复独多虑”。想必苏轼早已烂熟于胸,心领神会。

我们不妨来看苏轼的一首诗:

泗州僧伽寺塔

我昔南行舟系汴,逆风三日沙吹面。
舟人共劝祷灵寺,香火未收旗脚转。
回头顷刻失长桥,却到龟山未朝饭。
至人无心何厚薄,我自怀私欣所便。
耕田欲雨刈欲晴,去得顺风来者怨。
若使人人祷辄遂,造物应须日千变。
我今身世两悠悠,去无所逐来无恋。

得行固愿留不恶，每到有求神亦倦。

……

在这首诗中，作者叙述了自己的一段经历，抒发了别样的感悟。行舟途中，逆风三日，狂沙吹面，然后在舟人的劝说下去祈祷，香火还未收，风向就转为顺风，何等令人欣喜之事！但苏轼却异常平静清醒。他想到的是“去得顺风来者怨”，想到的是本次祈祷灵验纯属偶然，因为“若使人人祷辄遂，造物应须日千变”。因此无需为逆风忧愁，也无需为顺风狂喜。行舟如此，人生亦如此，因为苏轼“去无所逐来无恋”，故而能做到“得行固愿留不恶”。

旷达易，超然难，旷达者众，超然者寡。只看到旷达而没能看到超然，还是没有读懂苏轼。纵观苏轼一生遭际，我们不能不承认，苏轼属于名副其实的超然者。宠辱不惊，超然物外，不为物喜，不以己悲。处江湖之远，本色不改，居庙堂之高，秉性不移；穷则务求独善其身，达则力图兼济天下；进，不得意忘形，退，不怨天尤人。这就是苏轼，真正做到“也无风雨也无晴”的苏轼。

有必要指出的是，在这首词中，“归去”是“也无风雨也无晴”的前提，或者说，“一蓑烟雨任平生”是“也无风雨也无晴”的前提。可能有人会不解甚至不满——既然苏轼那么达观超脱，怎么会想着去归隐呢？

之所以产生这种不解甚至不满，原因有二：

首先，把“归隐”等同于消极的人生态度。超脱达观固然是积极的人生态度，但归隐并不与达观超脱矛盾，能“不戚戚于贫贱，不汲汲于富贵”(陶潜《五柳先生传》)，看透尘世的纷扰，或避而远之，或随遇而安，本身就是一种达观超脱。

其次，把人生态度等同于思想感情。人生态度是长期的、稳定的，一般反映的是整个一生的轨迹走向；而思想感情是短暂的，波动的,一般反映的是一时的心理变化。两者有联系,更有区别。思想情感是人生轨迹中的“点”,无数的点连在一起就成了人生轨迹之“线”。从思想感情之“点”来看,东坡词有“会挽雕弓如满月,亲射虎,看孙郎”的壮怀激烈,也有“拣尽寒枝不肯栖,寂寞沙洲冷”的幽愤落寞;有“一点浩然气,千里快哉风”的自信快意,也有“千里孤坟,无处话凄凉”的浊泪柔肠;有“人生如逆旅,我亦是行人”的彻悟通达,也有“此身如传舍,何处是吾乡”的困顿迷惑;有“天涯何处无芳草”的潇洒释怀,也有“明月几时有,把酒问青天”的执著苦寻;有“归去,也无风雨也无晴”的超然豁达,也有“人生如梦,一樽还酹江月”的无奈感叹。这些“点”串联起来,组成了苏轼丰富多姿的情感世界,反映了苏轼超脱达观的人生态度。这才是有血有肉的真的苏轼。

一篇文章，两件精品

——对《核舟记》的进一步解读

《核舟记》一篇文章，能让我们领略到两件精美的艺术品：一件是王叔远刀下的核舟；一件是魏学洢笔下的《核舟记》其文。这两件精品有必要再深入探讨一下。

一、王叔远虚实结合的雕刻构思

要想体悟到王叔远“虚实结合”的艺术构思，先得从核舟的落款说起。一件艺术品，落款极为重要。核舟的落款分两部分：“天启壬戌秋日，虞山王毅叔远甫刻”；用篆字刻的“初平山人”。“天启”是明熹宗朱由校的年号，即公元1622年。“壬戌秋日”，马上能让人想到《前赤壁赋》中的“壬戌之秋，七月既望，苏子与客泛舟游于赤壁之上”。

魏学洢《核舟记》中提到核舟，便说“盖大苏泛赤壁云”，固然是因为右边窗子上刻有“山高月小，水落石出”(《后赤壁赋》)，左边窗子上刻有“清风徐来，水波不兴”(《前赤壁赋》)，更重要的是因为落款的指向明白而确定。苏轼的“壬戌”年，指的是宋神宗元丰五年，即公元1082年，这一年苏轼贬谪黄州(今湖北黄冈)。苏轼在这一年的“七月既望”和“十月之望”先后两次泛舟赤壁，写了两篇同题之赋，前者即为《前赤壁赋》，后者即是《后赤壁赋》。同为“壬戌”

年，前后相距540年。干支纪年是中华文化特有的纪年法。60年一个轮回，所以中国人特别重视60年一甲子。那么，王叔远在九个甲子之后的1622年，以“大苏泛赤壁”为题材雕刻这个核舟，当不是偶然起意。这是他对苏轼当年泛舟游赤壁的追怀和想象，是对苏轼的景仰与缅怀。

也许有人会说，王叔远不过是一匠人，哪有这么高的文化修养？

王叔远何许人？文献中几乎没有记录。但从《核舟记》中，我们可以清楚地知道，王叔远名毅，字叔远。“叔”为排行无疑，从“毅”和“远”两字可以看出，该名和字出自《论语》中的名句：“士不可以不弘毅，任重而道远。”从这个出处，我们似乎可以得出这样的结论，王叔远当出生于有文化有修养的门第。“叔远甫”中的“甫”古代用于对男子的美称，多附缀在表字后，如仲尼甫。但这种用法春秋后并不常见。王叔远在这里的使用恰显示出其文化造诣非一般人所能及。

再来看王叔远的号——“初平山人”。从“山人”可看出王的归隐情怀，恬淡心境。“初平”也颇有讲究。到过香港的人估计都会知道一个地方——黄大仙，是香港香火最旺的地方。里面供奉的是晋代著名道士黄初平，浙江省金华县人，传说中著名的道教神仙。黄小时候是一个牧羊小孩。一天，在放羊时遇到神仙赤松子，赤松子见他聪颖善良，想收其为徒，修炼成仙。黄初平问他的羊怎么办，赤松子运用法术把羊变成了石头。黄初平跟着赤松子一学就是四十多年，得道隐居赤松山。民间流传其法力高强，能够点石成金。他的哥哥黄初起一直都在寻找他，经多方打听终于找到弟弟。兄弟相见悲喜交集，哥哥问弟弟当初放的羊在哪里。黄初平运用法术，点石成羊，有数万头之多。“点石成羊”后来与点石成金一样，比喻技艺高超。“初平山人”是王叔远的自号，从这个自号中，我们也可窥见其是何等的自信。

也就是说，王叔远不是一般的匠人，他是一位有修养有操守的文化人。其雕刻的核舟，就是对当年苏轼泛舟游赤壁的再现，寄托了他深切的向往和崇敬。所以我们在赏鉴王叔远的核舟时，不能眼睛只盯着王叔远用灵巧的手雕刻出的人、物和字，还要用心去感悟王叔远用心营造的世界。这个世界以核舟为核心，天上有皓皓的明月，舟下有静静的江水，还有高山，还有清风。王叔远用他的刻刀，在叙事，在抒情。虚和实的结合巧妙自然，含蓄蕴藉，意境悠远。我们看到的就不是一个小小的核舟，而是一个把空间拓展到整个天地之间的大世界。王叔远不仅在空间上拓展，而且把时间也延伸到了500多年以前。这等眼光，这等构思，千古能有几人？所以，王叔远是一个真正的雕刻大师，远非一般匠人所能及。

如果我们在课堂上只能让学生看到王叔远实际雕出的人、事和字，岂不真是只窥见了冰山的一角？

二、《核舟记》其文的妙处

《核舟记》是语文教材中的经典篇目，虽然教材几经改编，但这篇课文一直留存其中。经过几十年的多方解读，该文的资源似乎已经被挖掘殆尽。但经典文章与一般文章的区别就在于，经典文章常读常新。《核舟记》虽然短小，但可挖的资源至少还有两点：

（一）说明顺序

不少老师在讲解《核舟记》时，把该文当作一篇说明文。这没问题。作为说明文，该文的说明顺序就不能被忽略。因为核舟上王叔远雕刻的内容丰富，没有适当的说明顺序，文章就会显得凌乱无章。魏学洢显然充分意识到了这一点，所以他在说明顺序的安排上独具匠心。我们平常解读该文时，往往只关注整体的分总顺序，而忽略了王叔远具体介绍核舟时的绝妙安排。我们掐头去尾，来看中间几段。

这几段的基本说明顺序首先是“先主后次”，而后是“先中间后两边”和“先左后右”。

文章第二、三、四段分别介绍的是船的中间、头、尾；第五段介绍的是船背的题字。从雕刻内容上说，前者是主体，后者是必要的补充。作者采用了“先主后次”的顺序。

在介绍主体部分时，作者在简单说明核舟的大小之后，先介绍处于中间的“舱”，“旁开小窗，左右各四”，先介绍右边刻的文字，而后介绍左边刻的文字。

接着介绍船头。在介绍船头的三人时，同样是“先中间，后两边”。先介绍中间的苏轼，再介绍左右的黄鲁直和佛印。在局部介绍的时候，一般也是先介绍右边，在介绍左边。比如介绍佛印，先说“卧右膝，诎右臂支船”，再说“竖其左膝，左臂挂念珠倚之”等。

最后介绍船尾。也是先介绍中间的横卧的“楫”，接着介绍居右的舟子，最后是居左的舟子。

细心的读者会发现，大体顺序当然是“先中间后两边，先左后右”，但文中也不尽然。比如明明佛印居右，但作者先介绍的是左边的鲁直；再如介绍鲁直时，先说“左手执卷末”，再说“右手指卷”；再如，在介绍居右的舟子时，也是先说“左手倚一衡木”，后说“右手攀右趾”。这些看似不合整体思路的变化，恰恰是魏学洢思维严谨、思路清晰的表现。

之所以先介绍左边的鲁直，是因为“苏黄共阅一手卷”，是一个整体，不可分割。之所以先说鲁直“左手执卷末”，再说“右手指卷”，是因为苏黄两人互相配合，各用一只手拿着手卷，两人并排而坐，苏轼用的是右手，鲁直用的是左手，前文已经交代了“东坡右手执卷端”，说到鲁直时，当然应该先交代“鲁直左手执卷末”，何况“右手指卷”放在后面，与后文的“如有所语”联系也更为紧密。之所以先说“左手倚一衡木”，后说“右手攀右趾”，是因为该舟子本身就在右边，如果先介绍右边，那么原文就变成“居右者右手攀右趾”，连续出现三个“右”，使语言重复啰嗦，原文先说左边，使行文错综变化，别有韵味。

《核舟记》原来是要求背诵的篇目，不少学生背诵起来很困难，原因就是没能了解文章的顺序，如能掌握顺序，背诵起来就容易很多。

（二）字里行间的惊叹

正如前文所讲，不少老师把《核舟记》作为单纯的说明文来教学，对文章浓郁的主观情感关注不够。即使关注，也只是停留在对文章首尾两句话的关注，让学生带感情朗读就过去了。这当然没错。但是，这些地方是不用讲解学生也能看出读出的。这是文中第一层次的抒情，也是显性的抒情。老师的责任更在于带领学生读出他们读不出的味道，品出他们品不出的情感。这些情感和味道是隐性的，涌动在字里行间。

雕刻是一种静止的艺术，但静止之中能给人留下广阔的想象空间，让人觉得是灵动的，鲜活的。在《核舟记》中，那些看上去和其他文章的并无二致的形象化描写，本身就是作者的惊叹和赞美。比如，黄鲁直的“如有所语”，佛印的“绝类弥勒，袒胸露乳，矫首昂视，神情与苏、黄不属”，所挂念珠“可历历数也”，居右的舟子“若啸呼状”，居左者“视端容寂，若听茶声然”。如果描写的是真人，那么此等文笔确实平常，并无特别之处，但这里描写的是王叔远的微雕作品中的人物，能让人产生这么多的推测和联想，如果不是雕刻技艺高超，所雕之人物栩栩如生、活灵活现，焉能有此等描写？尤其是作者在交代佛印“左臂挂念珠倚之”时，完全可以到此为止，但作者却多说了一句“珠可历历数也”，这多说的一句，恰是作者情不自禁的感叹，抑制不住的赞美，使他脱口而出。还有对文字的描写“细若蚊足，钩画了了”，其中也是满含深情的赞叹。

以上可算作《核舟记》第二层次的抒情。下面的当算作第三层次的抒情。

首先是文中的一些虚词，透露出作者的感情。比如“启窗而观，雕栏相望焉”，其中的一个“焉”字，语音拉长，赞美之情溢于言表。再如“而计其长，曾不盈寸”中的“而”与“曾”，细读细品，都能让人感觉韵味无穷，深情无限。

其次是文中看似纯说明的文字，细品之后，我们也会恍然大悟，其中原来也有感情涌动。比如最后一段“通计一舟，为人五；为窗八；为箬篷，为楫，为炉，为壶，为手卷，为念珠各一；对联、题名并篆文，为字共三十有四”一句，句式单调，连续重复使用了九个“为”，似乎没有任何感情色彩，完全是客观的总结。但小小的桃核上居然有这么多的人、物和字，作者一一列出，看似单调，却一气呵成，大有排山倒海之势，不可阻止，给人以极强的冲击力。在这么多人、事、字的冲击下，语势急转，“而计其长，曾不盈寸”。在前后的对比和撞击中，最后一句的赞美更是不可遏制，脱口而出：“嘻，技亦灵怪矣哉！”浑然一体，自然天成。

如果我们能领会到以上三个层次的抒情意味，会豁然开朗，蓦然赞叹：原来文章处处在说明，又处处在抒情。我们在惊叹王叔远巧夺天工的雕刻技艺的同时，也不得不惊叹魏学洢的精妙过人的语言功底。

关于《小石潭记》几处注解和写法的商榷①

柳宗元的《小石潭记》是中学语文课本中的经典篇目。平时也没细看细品细想，前不久因该文被选为第九届“语文报杯”讲课大赛的备讲篇目，所以细细看了课文及注释(以人教版为例)，同时也听了一位参赛选手的参赛课。之后，总觉有话要说，不吐不快。

一、关于课本的注解

关于课本的注解，要说的有三种情况：不需注解却有注解；需注解却无注解；注解值得商榷。

第一种情况，如对“小丘”的注解：“在小石潭东面。”且不说《小石潭记》原名为“至小丘西小石潭记”，文章开篇第一句话即为“从小丘西行百二十步”，说得如此清楚，还需要注解“(小丘)在小石潭东面”吗？即便需要对“小丘”进行注解，恐怕也需从其他角度切入，比如可以借机点出柳宗元在永州写过“永州八记”，本文和《钴鉧潭西小丘记》是其中的两篇。这样的注解，也许就是播种，感兴趣的学生也许不需老师要求就会去查阅了解相关

---

① 原载《咬文嚼字》2014 年第 3 期，发表题目为《〈小石潭记〉注释小见》。

资料。

第二种情况，先以“为坻，为屿，为嵁，为岩”为例。课本对“坻”、“屿”、“嵁”均有注解，但对“岩”没有注解。没有注解，说明编者以为“岩”无需注解，也即“岩”就是一般意义上的“岩石”之意。查阅对该句的翻译，虽然渠道不同，但却惊人的一致：“成为坻、屿、嵁、岩等各种不同的形状。”这样惊人的一致，反映出一种共识：柳宗元所列举的“坻、屿、嵁、岩”是四种不同的形状。那么，“嵁”注解为“不平的岩石”，“岩”呢？至少有一点可以肯定，解释为“岩石”不妥，因为柳宗元所言“为嵁，为岩”，表达的意思不可能是“形成不平的岩石和岩石”，这不符合逻辑。“嵁”和“岩”必有不同甚至很大不同。那么“岩”是否可以理解为与“嵁”相对的“平整的岩石”呢？这种用法似乎无据可查。

那么“岩”到底该怎样解释？笔者以为，“岩”此处是“洞穴”之意。理由如下：

《汉语大字典》注：岩，洞穴；石窟。《楚辞·东方朔〈七谏·哀命〉》：“处玄舍之幽门兮，穴岩石而窟伏。”王逸注：“岩，穴也。”

《辞海》注：岩，洞穴；石窟。《徐霞客游记·楚游日记》：“其上更见石崖攒舞，环玦东向，其下则中空成岩，容数百人。”

有意思的是，这两部权威辞典都把“洞穴；石窟”作为第一义项列出。

“岩”在古代有如下不同写法(繁体、异体)：喦、嵒、嵓、碞、巖、巗，虽然写法不同，但没有例外的是都含有两到三个“口”，这也许不是偶然，“口”即洞也。也许与上述两部辞典都把“洞穴、石窟”列为第一义项有必然的联系，也就是说，“岩”的各种义项中，“洞穴、石窟”是较为常见、较为普遍的。

从地理位置讲，永州位于湖南和广西交界处，是典型的喀斯特地貌，有学者认为“永州八记”是世界上最早的关于喀斯特地形的记录(刘继源《柳宗元的山水游记是喀斯特地形最早的记录》，《零陵师专学报》1988年第4期)，喀斯特地形的典型特征之一就是有大大小小的溶洞。

据此，笔者认为，此处的“岩”当解释为“洞穴”，也只有如此，“岩”才能与“嵁”并列。

还有一处，“乃记之而去”，这句话看似容易，实际也颇为费解，课本没有注解。“记”此处是动词无疑，作为动词，“记”常见的意思有三：记载、记录；记住；做标记。

不少人采用第一种解释，笔者认为不妥。因为柳宗元不可能随时带着笔墨纸砚，当场就把文章写出来，而后才离开。

第二种解释，意思是柳宗元在心里把小石潭记住，似乎也不妥。因为从文章内容来看，柳宗元对小石潭的观察非常仔细全面，没有必要在此处赘述“在心里记住小石潭，就离开了”。

第三种解释，笔者以为比较恰当。因为小石潭是作者一行人偶然遇到的，是先闻水声，后“伐竹取道”才见到的景致。从“伐竹取道”可见这里此前无人来过，故有“青树翠蔓，蒙络摇缀，参差披拂”的原始和野性；而且即使伐了竹，四面仍是“竹树环合”。小石潭又不大，柳宗元完全有理由担心下次来时难以找到，所以做好标记，而后离开。

第三种情况，注解值得商榷。主要有三处。

一是对“若空游无所依”的注解：“好像在空中游动，什么依靠也没有。”从注解中可以推断，编者认为这里“空”的意思是“空中”。笔者以为这样的解释欠妥。因为小石潭本来就不大也不深，柳宗元又是俯视小石潭，并且一眼看到了“全石以为底，近岸，卷石底以出，为坻，为屿，为嵁，为岩”，无论怎么说都和宽阔的“空中”无法挂钩，即便是“空中”也未必就是空的，因为空中还可能有云。

不妨对比一下梭罗《瓦尔登湖》(徐迟译)中的一段文字：

“划桨到了那些地方，我才惊奇地发现我自己已给成亿万的小鲈鱼围住，都只五英寸长……在这样透明的、似乎无底的、反映了云彩的水中，我好像坐了氢气球而飘浮在空中，鲈鱼的游泳又是多么像在盘旋、飞翔，仿佛它们成了一群飞鸟，就在我所处的高度下，或左或右地飞绕。”

梭罗的这段文字中，把瓦尔登湖比作了天空，把船比作了氢气球，把游鱼比作了飞鸟，这是可信的，因为瓦尔登湖原本辽阔，且“透明”、“无底”，天上的云彩又映在湖中，所以梭罗会有“湖”、“天”一样的感觉。而柳宗元站在小小的、浅浅的石潭边，断断难有石潭如天空的感觉。

此处的“空”就是“空无一物”之意，用来形容水的清澈澄净，注解应为“好像在空无一物的地方游动，什么依靠也没有”。

二是对“明灭可见”的注解：“时而看得见，时而看不见。”

“明灭”在古诗文中有两种意思：一是“忽明忽暗”，如王维《山中与裴迪秀才书》：“夜登华子冈，辋水沦涟，与月上下，寒山远火，明灭林外。”曾巩《初发襄阳携家夜登岘山置酒》诗：“烟岭火明灭，秋湍声激扬。”再如李白《梦游天姥吟留别》也有“云霞明灭或可睹”。二是“时隐时现”，如南朝梁沈约的《奉和竟陵王药名诗》：“玉泉亟周流，云华乍明灭。”宋代李之仪的《好事近》：“暮山浓淡锁烟霏，梅杏半明灭。”这两种解释的主要区别在于，“忽明忽暗”与光线明暗有关，但无论明暗都能看得见，而“时隐时现”与光线明暗关系不大，有时能看见，有时看不见。

根据《小石潭记》的上下文，“明灭”后紧跟“可见”！而且作者看到了“斗折蛇行”，看到了“其岸势犬牙差互”，“隐”从何来呢？联系前文的“日光下澈”，可以推断，太阳照到的地方为“明”，照不到的地方为“灭”，所以才说“明灭可见”。因此，根据上下文，“明灭可见”的意思应该是“可以看见有的地方明亮，有的地方暗淡”。

三是对“隶而从者”的注解：“跟着同去的。”笔者查阅了《辞海》，对“隶”解释，第一个义项是：“附属。《后汉书·冯异传》：‘乃更部分诸将，各有配隶。’引申为跟随。柳宗元《至小丘西小石潭记》：‘隶而从者崔氏二小生。’”可见课本对“隶”的注解是有来历的。但值得怀疑的是，既然“隶”是“跟随”之意，那么后边何必再用一个意义相同的“从”字，并用“而”来连接两者呢？可见，把“隶”解释成“跟随”值得商榷。此处的“隶”就是一般意义上的“仆人、随从”之意，这里用作动词。

柳宗元在“永州八记”的第一篇《始得西山宴游记》说：“自余为僇人，居是州，恒惴栗。其隙也，则施施而行，漫漫而游，日与其徒上高山，入深林，穷回溪，幽泉怪石，无远不到。”

“其徒”分两种：一种是身份地位与柳宗元相同的友人与兄弟，如《小石潭记》中的“吴武陵，龚古，余弟宗玄”，以及《钴鉧潭西小丘记》中提到的李深源、元克己。还有一种是仆从，《始得西山宴游记》中说得很清楚：“遂命仆人过湘江，缘染溪，斫榛莽，焚茅茷。”

前一种人，柳宗元提到时说“同游”，如《钴鉧潭西小丘记》说“李深源、元克己时同游，皆大喜”。《小石潭记》更是对比分明，“同游者”，是吴武陵，龚古，余弟宗玄，而“隶而从者”，是崔氏二小生。也就是说，崔氏二小生不是“同游者”，是来干活的，“服务”的，干什么活？《小石潭记》中当然是“伐竹取道”！

当时的永州，一篇荒芜，柳宗元所到的“旅游景点”都是人迹罕

至之地,时时处处需要有人来干体力活。“永州八记”中有“六记”都提到了应该是仆人干的“体力活”:

《始得西山宴游记》:“斫榛莽,焚茅茷。”

《钴鉧潭记》:“则崇其台,延其槛,行其泉于高者而坠之潭。”

《钴鉧潭西小丘记》:“取器用,铲刈秽草,伐去恶木,烈火而焚之。”

《小石潭记》:“伐竹取道。”

《石渠记》:“揽去翳朽,决疏土石,既崇而焚,既酾酾而盈。”

《石涧记》:“揭跣而往,折竹扫陈叶,排腐木。”

这样的体力活,像柳宗元这样的书生,一是手无缚鸡之力,二是难以放下身段,没有“隶而从者”怎么能行呢? 所以,此处的“隶”解释成“跟随”实属不妥。

二、关于“移步换景”的写法

再来说说“移步换景”的问题。在本次讲课大赛上,讲《小石潭记》的选手是把“移步换景”作为最重要的内容来讲的,无论是评委还是与会的一千多名老师都没提出任何质疑。这也难怪,因为很多教学资料都认为本文采用的是“移步换景”的写法。

先来说“移步”。前文一再提及,小石潭原本不大,故根本不需“移步”观察。柳宗元“下见小潭”之后,也根本没有提到自己“移步”。即便“移步”,看的还是小石潭,何况后文还提到了“坐潭上”,根本没有“移步”的问题。后文终于“移步”,是“记之而去”,这句话恰恰证明,此前柳宗元根本没有离开小石潭。所以“移步”之说,简直是睁眼说瞎话!

再来说“换景”。柳宗元的确写了很多景物。但石头、水、游鱼原本都在小石潭里,只是分开写而已,何来“换景”? 即便是

“青树翠蔓”,也原本就是不大的小石潭的岸边景物,与小石潭属一个“景点”,怎能说是“换景”？能勉强称得上“换景”的是“潭西南而望”所看到的景色,但作者是站在小石潭边看的,并没有“移步”！所以,说《小石潭记》采用的是“移步换景”的写法纯属无稽之谈。

教学有法

《走上辩论台》课堂实录①

上课时间：2013 年 7 月 23 日

上课地点：长沙市明德中学

师：上课！

生：起立！

师：同学们好！

生：老师好！

师：好，请坐。今天，我们大家一起来上一节别开生面的语文课《走上辩论台》。刚才我刚走上台的时候啊，有好几个同学问我，老师能不能先透露一下今天到底辩论什么啊。我说保密。三位同学问我，还有一位同学追到台上问我。我还是说保密。为什么呢？我想看看我们即兴展现的水平。

师：我不知道大家对辩论有怎样的了解啊。

师：（走向前排女生）你对辩论有怎样的看法？你觉得辩论最需要什么？

生：口才，口才和智慧。

① 本节课在 2013 年第九届“语文报杯”全国优秀中青年语文教师讲课大赛中获初中组一等奖（第一名）。

师：口才和智慧。哎呀，她说到一个词语“口才”，我们干脆就从“口才”说起。（板书　口才）

师：请坐。我们从“口才”说起。说什么呢？我们有眼睛，有耳朵，有鼻子，有口。身上有那么多部位，大家组一个词，有哪个部位，它可以和这个词（手指“才”）组合在一起？有“眼才”吗？有“耳才”吗？有“鼻才”吗？有“手才”吗？有“脚才”吗？（生偷笑）只有“口”，有资格和它相提并论。（点板书　口才）口，厉害吧？二次大战的时候，美国有三大战略武器，是其赖以生存和竞争的三大战略武器。排在第一位的，舌头。第二位，金钱。第三，原子弹。现在美国照样有三大战略武器。知道是什么吗？（学生摇头）第一位的，舌头。第二位，美元。第三位，电脑。我们靠什么和他去竞争？为什么口才这么重要？用我们中国古代一位先贤的话来讲，三寸不烂之舌强于百万之师。我们的口才怎么样？我们怎样提升自己的口才，怎样锻炼自己的口才呢？我们今天就走上辩论台。但是今天走上辩论台，你们的伟大老乡毛主席说不打无准备之仗，对吧？我们先做点准备。我们先看讲义，看看辩论到底要注意什么问题，我们怎样才能让自己的辩论更为出色，培养出自己杰出的口才。先拿出讲义《走上辩论台》。这个讲义中提供了三个话题。第一个话题，上网利弊谈；第二个话题，事物的正确答案只有一个吗？第三个是关于克隆的争议。同学们注意到没注意到，我们编教材的老师啊，在每一个论辩题的下边都已经给我们列好了正反双方的“辩论稿”。我们不妨把自己想象为一个听众，看看他是怎么辩论的。先看“上网利弊谈”。

师：先快速地读。

（生看讲义，师巡视）

师：我们首先看正方。我们把第一种意见姑且称为正方，这一段当中用了两个分号。我想问一个问题啊，前面有一句话是“一种意见是上网利大于弊”，我想把“上网利大于弊”后面的这个句号，也变成分号。行吗？（巡视）这个同学摇头，你来。

师：（面向大家）我很想看到同学举手啊。大家一定要记住，三顾茅庐的时代已经过去了。你必须主动地展示自己的才华，展示自己的口才。

生：我认为第一句话应该是后面的总结，所以它不能和它分为一类。

师：是对后面的总结，作为一个论辩的辩题的话，这句话应该是什么啊？

（生思考）

师：表明作者什么的？

生：表明作者观点的。

师：表明作者观点。用句号断开之后，观点就非常明确。（板书 观点明确）

那么分号到底起什么作用呢？这位同学你接着。

生：分号它应该就是一种并列的关系，把那个句子连接到一起。

师：那用逗号不行吗？

生：逗号……，分号表示是一类的，逗号不一类。

师：是一类的。他说是一类，并列关系。我们如果说前面叫观点明确的话，后面用分号有什么效果呢？

（生沉默）

师：（对左首一人）：你说。（给学生开话筒）

生：我认为前面是观点明确，后面那个就应该是那个条理……条理清晰。

师：条理清晰。好，请坐。（板书　条理清晰）

师：各位同学，别小看这两个标点。这两个标点实际上告诉我们，在论辩的时候，首先要观点明确，其次要条理清晰。那怎么反驳的呢？我们再看反方怎么反驳的呢？

（生沉默）

师：我们看正方怎么讲，再看反方怎么讲。来，这位同学讲。

生：嗯，首先反方要寻找正方的一个纰漏。

师：你觉得寻找的纰漏是什么？

生：就是这个……

师：结合上面讲的，说得具体一点。

生：我觉得这里的纰漏就是正方观点都没写错误的地方。

师：你觉得反方认为正方错在哪里？反方第一条是针对正方哪一条的？

生：针对对方的第一条。

师：第一条。

生：信息量大。

师：信息量大。信息量大，他怎么反驳的呢？

生：他反驳的就是这些信息当中有好的有坏的，而且很有可能接触坏的一些知识。

师：哦，你就是说信息量虽然大，但是里边有好有坏。后面正方还有一点啊，网上信息量高啊。

生：嗯，然而，然而这后面的第二条也反驳了的，就是上网不当导致上瘾。是很有可能的。

师：哦，上网不当导致上瘾。好，你先请坐。同学们思考一个小问题啊，上网不当和上网是不是一回事。

生（小声）：不是。

师：不是，为什么？（递上话筒）

生：因为上网的话，有两种不同的类型。一种是在网络上汲取知识，然后丰富自己的阅历。然后另外一种就是浏览一些不是很好的一些信息。或者是，像一些玩游戏玩上瘾之类的。然后，上网不当的话就是纯属于在网上接受一切不良信息，自己无法控制自己。

师：这位同学要补充。

生：我认为她说的不完全对。因为我觉得上网，它是囊括了上网的所有的信息，也不管它是正当还是不正当的。因为它并没有加上前提条件，所以上网它只是一个单纯的到网上去阅读，或者是浏览获取一些东西。那么上网不当，它是通过网络得到不正当的一些结果，或者说是去感受一些不正当的东西。所以我认为上网和上网不当，一个是包容性的，一个是单面性的。

师：嗯，好，请坐。发现没发现他们俩已经争论起来了？首先他说的第一句话是，我认为她说的不完全对。首先表明自己观点，然后说她哪一方面不完全对。是不是这样的？辩论已经开始。生活当中处处都有辩论，课堂上处处都有辩论。刚才上课有同学们问我辩论是什么的时候，我说你平时采取什么辩论啊？他说吵架。我说吵架也是辩论哪，对吧？美国总统竞选也是辩论，吵架也是一种特殊的辩论。好，我们接着他们的话题。其实他俩说到一点，上网本身是一个很大的概念。上网不当并不等于上网。上网不当不是上网的错误，是人的错误。对吧？工具，比如菜刀是可以切菜的，你拿着这个工具去杀人肯定是不对的。他反驳的时候为什么要用上网不当呢？大家注意一下，正方所说的上网自由灵活，你能否认吗？来，你能否认吗？（生小声说“不能”）他说不能。为什么不能啊？我觉得你口才蛮好的，为什么上网自由灵活不能否认啊？

（生紧张，不知怎么用话筒）

师：直接说就行。

生：首先这个上网，它的网络呢，是一个便利的东西。譬如说你从这里发一封电子邮件过去，在美国的一些人啊就可以很快地接到。所以呢，上网的这个自由灵活，你是不能否认的。

师：好，请坐。

师：这一点无法否认，谁都不能否认。对不对？既然不能否认，正方摆出来了我没办法反驳的时候，你发现没发现，这时反方就采取了一种策略。我不能反驳你，我就避其锋芒。**（板书　避其锋芒）**各位，他反驳前两条的时候，避锋芒了没有？

（生沉默）

师：你说上网信息量大，你说上网信息量高。他直接上来说信息量虽然大，但是良莠不齐。就这一句话既驳倒了高又驳倒了大。是不是这样的？这是避其锋芒吗？找到对方观点当中的漏洞之后，如果说这个是避其锋芒的话，他的第一点实际上，我们用一个成语叫什么啊？同样有一个“锋”的成语叫什么啊？

（生沉默）

师：叫什么呢？以牙还牙？它没“锋”。对，有一个成语叫“针锋相对”。**（板书　针锋相对）**同学们，别小瞧乙方这两条，这两条已经采取了两种策略：避其锋芒，针锋相对。各位同学，我昨天晚上啊，看了一个消息，说 13 岁到 16 岁的青少年，93.2％的都上网，是城市青少年。这是刚刚出炉的一个调查报告。我们各位是不是 13 岁到 16 岁之间啊。你们正好这个年龄段，那好，这个话题我们不妨稍微深入一下。现在变换角色啊。你们就是正方，我是家长代表或者老师代表。第一种意见是你们的，第二种意见是我的。现在我说了。你们说上网信息量大你们说上网信息量高你们说上网信自由灵活。我说了上网信息良莠不齐鱼龙混杂，我还说了上网不当会导致死亡。好，现在你们来反驳我。

师：这个同学好几次举手了，来。

生：我认为您的观点是错误的。因为上网的话，它有利于早期的智力开发。智力、技能和能力是人所要的三个要素。它是拓展知识领域的重要的因素。再说游戏，您说93%的学生都在上网，那么您也不能完全确定他们上网是用于正当的还是不正当。

再说，如果说他们用于玩游戏，那么游戏也有它们有利的因素。比如说RPG(角色扮演)一类的游戏，它们有利于锻炼我们的推理性。它们可以根据不同数据的搭配锻炼我们这方面的能力。再说，SLG(模拟游戏)方面的游戏，它们可以让我们锻炼理性思维。它们通过数学的建模可以取得比较好的结果。所以上网的游戏它们不仅仅完全都是坏处，它们可以锻炼我们十指和大脑的配合能力。所以电脑它并不一定对我们就是有害的。(掌声)

师：好，请坐。我首先，我首先得承认一点啊。他说的很多游戏我都没玩过，所以我没体验，但是我相信一点，那就是上网可以开发智力。各位同学，我想问一个问题。他刚才摆出这个理由，我们可以看刚才正方的三条论据当中，它可以放到哪一条？

(生沉默)

师：上网可以开发智力，这是刚才他提的。

(生嘀咕)

师：第一条，信息量大，可以学到学不到的东西。对吧？这个实际上在学不到的东西上面又递进了一步。其他同学有没有新的见解？这个女同学要讲。好，你讲，你怎么反驳我。

（生不知如何开口）

师：你随便讲，只要可以反驳我就行。我认为上网不好，上网弊大于利。

生：但是我认为利大于弊。

师：嗯。那理由呢？

生：如果上网我们运用的得当的话：我们可以学到很多在平时学不到的东西。另外在我们学习当中压力特别大的时候，偶尔玩一下游戏对我们来说是一种……可以放松的心态。而且现在很多人都运用网络可以……在网络上，嗯，观看视频来增长自己的智慧。

师：增长智慧他已经讲过了。如果你同样来，他是一辩你是二辩的话，你这样讲有点重复了，对不对？但是，你刚才讲的一点非常好。可以放松身心，在当今快节奏的社会当中，大家压力那么大，不要说小孩爱玩游戏，成人同样爱玩游戏。为什么？放松身心。对吧？但是在说第二点的时候就重复了。论辩的时候一定要关注，别人说过的我就不要再讲了。好，请坐。

师：（有两个同学举手）你俩已经发过言了，其他同学要发言吗？（生嘀咕）他说没有。他自己举手说其他同学没有。我就不信其他同学没有。我在等待。其他同学有没有？没有的话，我要找一个。不能把所有机会都给他俩了。

（生沉默）

师：有没有？想找一个女……这个女同学（前面已发过言）举手，还不行。我想找其他同学。这边同学好像今天发言没有那边积极。那我都点将了。这位男同学，其实刚才你举手了。

生：我来说说这个游戏，利益大还是小。哦，游戏这个东西，是人们为了缓解自己的压力所创造出来的东西。它的作用就是缓解压力和放松心情。但是有时候它也会使一些人沉迷于它。

师：哦，谢谢你。（拍学生肩膀，面对大家）他是支持我的，我找到一个战友。

生（急）：没有没有……

师：哦，那你不是支持我的，那你讲啊。

生：哦，它的利大还是弊大，都取决于个人而不是取决于那个游戏是好还是坏。

师：取决于人本身，对吧？好，这位同学先请坐。这位同学还是在讲游戏。对不对？同学们，三位同学发言都没走出游戏。谁能走出游戏呢？那个女同学，（对旁边）你稍微等一下。

生：我觉得吧，上网可以增加我们的兴趣。因为……

师：增长兴趣，开发智力。增长兴趣，放松身心。

生：因为增长兴趣一般都是从一个美好事物开始的。我们看那个美好事物才会提起我们的好奇心。像音乐，我们一般来说音乐都是从网络里面开始听到你喜欢的。然后逐渐逐渐想去学它，然后去享受它。比如画画。如果你只是在生活中单纯地看些书，从书本上画，一般来说是没有人会喜欢画画。从网络上看一些别人精彩的东西才会去喜欢它。

师：好，请坐。各位同学，我们还在信息量大这个过程当中来回徘徊。有同学举手了……你敢确定，你走出了前面同学所讲的套路了吗？郑重考虑。

师：来，话筒。我们照顾一下这边的同学啊。

生：哦，我觉得上网是利大于弊的。

师：嗯。

生：因为我觉得上网，上网还可以节约一些资源。

师：嗯。

生：嗯，一般人了解最新的消息、新闻的话，无非是从那些报纸啊、书籍啊、电视和网络四个方面来了解的。而网络的话，它可以每天，网络上面可以不断地更新。而且那些，那些报纸上面的，哦，每天看过了，然后就放在那儿，没有多大用处了。而且上网的话就可以，哦，节约资源。

师：好。她说网上的信息不断在更新。各位同学注意了，正方所说的观点当中说可以得到最新的信息。（停顿）她已经稍稍地向外拓展了一点，但是还没走出正方的观点。看来编教材的太厉害了。他把我们所有的思路全限制死了。（走向一个男生）来，我看你能不能比编教材的更高明一点。

生：前面老师你说，你自己是作为家长和老师的身份，对吗？

师：嗯。

生：那么，我想说老师。他是教学育人的，所以是在教育这一方面。而家长对于学生，他最关注的也是教育这方面。那么学生，这个调查说百分之九十三的学生上网。中学生，十三到十四岁的学生上网的话，那么老师和家长他们所担心的是孩子的学习问题。但是现在是一个多元化的社会，我们不能一心只读圣贤书。邓小平他也曾说过计算机要从娃娃抓起。（师笑。掌声）所以，电脑和计算机它们是连在一起，它们是不能分开的。所以我认为上网还是利大于弊。

师：这位同学讲得我汗不敢出啊。他把我们邓小平同志的名言都搬出来了。而且他直接说我的身份。你是家长是吧，你是老师是吧，你是要教书育人的是吧。电脑有教育作用啊。他在推理，发现没有？不仅用推理而且引用名人名言，还是大人物的名言。I服了U。（笑声）

师：（递话筒给身边的学生）这位同学，你来。你刚才在抗议不叫你。

生：嗯，首先，现在的上网呢，已经受到了严格的限制。首先呢，国家对于网页的筛选，使得网上的信息已经……质量已经逐渐地越来越高。再加上学校的明文规定使得我们的上网的时间呢，也逐渐地稍微地减少。再加上家长的监督。我们浏览的网页的质量呢，也得到了严格的提升。所以从这里我们可以知道，现在呢，虽然我们仍然在上网，但是通过国家、学校以及家长的规定，已经使得我们的网页以及时间得到了严格的限制。所以虽然还有一些弊处所在，但是通过这些规定呢，我相信这些弊处同样也会越来越少。已经限制到了一定的规格了。（掌声）

师：请坐。同学们，听到掌声了吗？为什么？

（生沉默）

师：因为他是从管理角度啊。说实话，我自己都没想到。上网本身没问题，只要管好了，自制能力强了，上网是没问题的。至少是利大于弊的，对吧？好了，这个话题我们不再纠缠了。

刚才我们说了这么多，发现没发现我们在走上辩论台的时候，不仅要做到观点明确，还要做到条理清晰？我们刚才的辩论又补充了大量的材料。因为辩论还要材料充实。（板书　材料充实）。这三项是辩论的基本要求。这位同学你不需要记，这十二个字不是我说的。你看你们讲义后面有一个练习题，后面提的要求是什么？观点明确、材料充实、条理清楚。我们讲到三项要求，两种策略，各位同学，我们再来看第二个“事物的正确答案只有一个吗”。各位啊，这里用了三个问号。很有意思，它语气出来了。我想请一个同学起来把甲说的话读一下，谁来读一下？举手的还就这两位同学。好，我们机会一定要多给那些敢于展示自己的人。来。

生：甲说：“事物的正确答案只有一个。一加一等于二，难道还有其他答案吗？太阳每天从东边升起往西边落下，难道还会改变吗？一本书的好坏可以见仁见智，但总有一个客观标准。这也有什么疑问吗？”

师：好，各位同学，应该说他读得很好。但是辩论是不能拿稿子去“读”的。辩论是“说”的。你能不能“说”一遍？你可以不脱稿，但是“说”，不能“读”。再来一遍。

（生加快语速，开始快“说”）

师：味道一样不一样？哪个更有力？“读”的有力还是“说”的有力啊？

生（小声）：说的。

师：哎，很明显。“说”的有力。我，我突发奇想啊。你发现没发现，吵架的人都爱用家乡话？（生笑）辩论，那辩论的话，有时候用家乡话更有味道。我很想听听毛主席的乡音。用毛主席的乡音来“说”一遍。换频道。

（生笑而不语）

师：来，（激将）你不行嘛，让别人来。行吗？

（生摇头）

师：行吗？不行啊。他频道换不过来了。其他同学能不能换频道啊。他居然被这个问题难住了。其他同学呢？有没有？（生小声嘀咕）不会讲了？湖南话不会讲了？

（生小声嘀咕）

师：长沙话也行啊。来来来，你来。

（生摇头）

师：会讲长沙话吗？换不了频道是吧？真没人啊。谁啊，噢，这个同学来。来来，试试。

（周围学生笑。生研究话筒）

（生用湖南话说甲的发言。有些不自然，还算流利。掌声）

师（笑）：很好。请坐。听他说完之后呢，我也想说一下。大家看我这样说行不行啊。

（师用夸张的语调，抑扬顿挫然而气势汹汹地演讲甲的内容，并辅助于肢体语言。在“还有什么疑问吗？”后加了一个“嗯”，音调上扬，不屑一顾的样子。生笑）

师：你说，你怎么评价我啊？

生：我觉得甲读的气势特别的嚣张。觉得……

师：我，我读的。不是甲读的。我读的。

生：觉得其他人肯定没有办法反驳自己的意见，他才会用这么肯定的语气来读的。

师：我这样嚣张。她用一个词说我很嚣张。辩论场上嚣张行不行啊？（其他学生小声：不行）

为什么嚣张不行啊？

生：他底气特别足，觉得自己的观点肯定是正确的。

师：你，你赞同我，是吧？

生：哦。

师：你赞同我的观点。她用嚣张还赞同我，说明她比较欣赏嚣张

的人。(生笑)

师(笑):你请坐。刚才我那个语气行不行啊?在辩论场上你听了,心里舒服吗?(对左边某个男生)如果你是我的对手,你听了我的发言,心里舒服吗?

生(摇头):不舒服。

师:让对手不舒服,说不定自己就舒服了。对吧?

(生摇头)

师:同学们在摇头。同学们在摇头。我告诉大家,那种语气绝对不可取。为什么?辩论场上一个首要的准则是尊重对手。(板书 尊重)要尊重对手。我们经常说一句话:友谊第一,比赛第二。这句话也对,但是很多时候是一种矫情的口号。比赛可以是第一,比赛当中甚至可以没有友谊。但是,比赛当中不能没有尊重。这一条准则,无论我们生活当中还是辩论场上,我们必须关注。好了,我们列了一项准则,两种策略,三条要求。实际上,各位同学,我还想再说几个词语。我突然脑海当中冒出来的。清代有个著名学者说,写好文章,需要具备四个能力,要有才、识、胆、力。(板书 才识胆力)写文章和说话是互相促进的。话说得好,会促进文章的提高。文章写得好,会让说话更有条理。一个人必须有"才"。没"才"的话,你材料就没有。"识"是什么?"识"是一种判断力。判断力很重要。无知和愚蠢的区别是什么?德国一个教育家说,无知是知识的贫乏,愚蠢是判断力的缺乏。当今社会,我们更需要一种判断力。"胆",胆量。你再有学识,走上台都不敢,行吗?"力",你说你满腹经纶,胆量也有了,走上台,张口结舌,面红耳赤,哑口无言,行吗?

(生嘀咕:不行)

师：所以，我觉得还要四个基石。一个准则，两种策略，三条要求，四块基石。我希望大家稍微体味一下。我们刚才在教材的基础上，都干吗了啊？我们入乎其内。我们中国人做事情，要入乎其内，还要出乎其外。刚才大家一直问我今天辩题是什么，我说保密。现在不能保密了。我现在抛出一个话题，我希望当场听到全体同学的意见。为了节省时间，我不变换座位。自由发言，但是，你首先表明观点。我希望大家开始内讧。问题是什么呢？

（学生聚精会神听论题）

师：我还没说，有同学就举手了。（生笑）问题是，这几天长沙有一个消息，受到国内外的关注。

（生嘀咕，有人说出大楼）

师：对，大楼。长沙要建一座八百三十八米的世界第一高楼。

（一女生说比迪拜的世界第一高楼还高）

师：她说得太清楚了，比迪拜的高十五米。能不能给介绍一下。来，这位同学你介绍一下。

生：目前长沙需要建成一座大楼，应该是比迪拜的世界第一高楼还要高出十多米。高约是八百三十多米。

师：八百三十八米。地上二百零二层，地下六层。而且可能是七个月就建成。

生：对。

师：咱俩了解的信息差不多。好，你请坐。刚才她在说的时候，她说啊，长沙需要建造一座世界第一高楼。她加了“需要”这个词语，她的观点就有了。（点学生）你刚才说“需要”的哦。

生：目前。

师：好，我们现在不管需要不需要。我们现在就摆出论题了。有人叫好,有人叫骂。我现在问,叫好的同学举手。有同学举手了。就你一个举手啊。你要当心啊,这么多同学反驳你。好,第二位同学举手了。还有同学举手吗?三位同学举手。没问题。三人就成众啊。你们三个做好准备。全班都要反驳你们的。没关系,孟夫子说一句话。道之所在,虽千万人吾往矣。只要我认为是对的,对手是哪怕有千万人,我照样和他们去辩论,舍我其谁?那首先,让正方来说吧。

师(**对左边女生**):你先说吧,你知道的很清楚。来,你为什么支持。

生:我觉得这是对的。因为目前,长沙人民的平均收入已经在提高,人们越来越幸福。长沙已经被评为了全国文明城市,而且大家的品位越来越往上提。在这样的实力和基础之上,我觉得我们应该追求更好。那么,我觉得建造这样一座高楼体现了我们长沙人民越来越幸福。

师:你说是长沙实力的一个展示,是吧?文明城市,经济实力。

生:我是说人民都生活的非常幸福。

师:生活很幸福,有更高追求!所以楼也建得高一点。

生:我觉得是啊,把整个城市推向更高的一层,走向国际化。

师:嗯,走向国际化。引起国际的关注,有国际声誉。噢,其他同学?正方说完了,反方?你离他近,来。

生:我想反驳她的观点。首先呢,我原来在电视上面看到过。一栋两百层以上的大楼,每年它的运营费用,至少要两百亿以上。我相信,我们的长沙至少支付不起这样的金额。并且呢,美国的9·11,当时轰炸的,就是当时美国的一栋高楼。所以呢,你能保证9·11事件不会再次重演吗?并且啊,我还知道一件事情。就是,就是当建成这栋楼房的时候,它呢?很容易受到当时地质灾害的影响。所以,当地质灾害来的时候,你又能够预防吗?所以呢,我觉得,建成这样一栋大楼哪,是没有太高的作用的。并且啊,这是攀比,是容易腐败的一个情形。如果建这样一座高楼,你能保证不腐败?这不是一个攀比的情景吗?

(掌声)

(前面发言女生再次举手)

师:好,请坐。这位同学讲到了地质问题,还讲到了9·11的问题。安全必须考虑,而且他还有种忧患意识:担心腐败。是吧,好,反方说完了,正方再讲吧。正方你讲还是他讲?好,他先讲。

生:我必须得反驳他。

师:嗯。

生:因为,从开始的时候,他说要投入巨大的资金。然后建这样的一栋大楼,有很多很多的风险。但是,我必须得告诉他,既然是建这样一座比迪拜塔还要高的大楼,那么国家肯定是重视。既然重视,就不可能让它被摧毁掉的。所以他肯定考虑到建这栋大楼的方方面面,他不可能就因为一个小小的原因将这栋大楼破坏掉。而且把这栋大楼建造在我们长沙,是我们长沙的荣幸。为什么不能接受?而且对于地质原因,你又有什么充分的证据来肯定。所以我认为,长沙有大楼是荣幸的,是荣耀的。(掌声)

师:针锋相对。她说地质,他也谈地质。她说安全,我们现在管理制度各方面很到位,完全可以解决。对吧?好,反方?来。这位同学。

(两个同学同时站起)

师:你俩争着讲。你等一下,你补充。

生:我认为这是一种虚假的荣耀。

（掌声。生笑）

师（鼓励）：讲

生：因为建造这样一座巨大的楼的话，他需要的人力与财力是不可想象的。像开始那位女同学说的，现在长沙人民生活素质、生活质量越来越高，但是不乏一些穷人。我认为，与其用这些钱财去建造一座大楼，挣得这份虚假的荣誉，不如去资助他们。（掌声）

师：我不做评论了，因为有人给你鼓掌了。（话筒递给另一位同学）

生：首先你要了解它是怎么建成的。它是先，把那个材料在车间拼装好，然后再一根一根地搭上去。这非常的不安全。（最后一句话突然变成湖南话）（笑声）

师：家乡话出来了，你看。到关键时刻，一激动，家乡话会蹦出来。

生：然后，它，假如你顶楼发生火灾，你怎么逃得出去呢？你跳楼啊？

师：防火的问题。有防恐，防震，现在防火又出来了。

生：再说，长沙也不是特别，在中国也不是那种特别的发达。

师：长沙不是特别发达。

生：又不是北京、上海那种大城市。

师：好，各位，他做对比了。我想再让正方那位同学说一下。

生：他既然准备建成这座高楼，那么他必须考虑到安全问题。那么这些当然是会肯定保证那些人员的安全的……还有如果要建这座大楼的话，那么他的钱，钱财是一定够的。不然的话，他干吗要建这座大楼呢？

师：好，各位同学，看来大家啊，意犹未尽。但课堂是有时间要求的。我们课下可以做一个作业。等一会儿我把我的邮箱写到黑板上。你把你的作业，把你的意见发到我的邮箱里边去。发给我，我肯定会认真批阅，和你有个交流。而且只要发给我的同学，我会发给你个电子文档。这个电子文档有许多经典的辩论案例，有辩论策略，充满智慧的火花。你不发给我作业的话，我可不会给你哟。好，我们看黑板。刚才我无意当中啊，列了一个塔，（用梯形把板书圈起来）或者说是一个台。一个准则，尊重。我不同意你的观点，但我誓死捍卫你说话的权利。两种策略。策略很多，但今天只提到最基本的两条策略。三条要求，四块基石。这个台很高，需要爬上这四级台阶，然后你才能成为生活当中的强者，辩论场上的胜者。今天的课上到这里，下课。

生：起立！

师：同学们，再见。

生：老师再见，谢谢老师。

师：好，请坐。

附一：板书设计

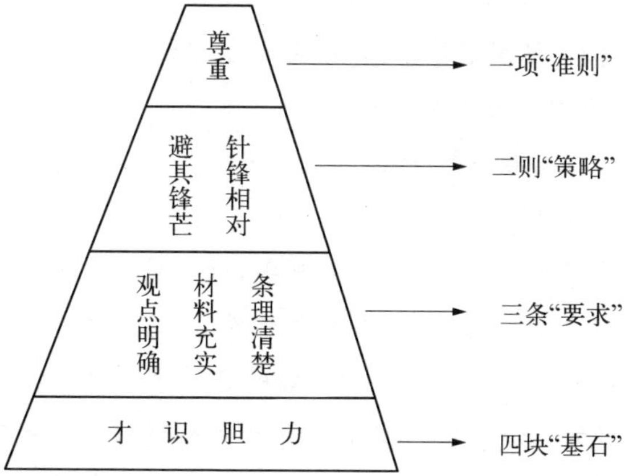

附二：教学设计

教学目的

1. 学生切实明白辩论的三条基本要求：观点明确，材料充实，条理清楚。

2. 学生重视辩论四块基石——“才”、“识”、“胆”、“力”的养成与练就，并能在日后的学习生活中付诸行动。

教学重难点

重点：初步掌握辩论的两则基本策略：避其锋芒和针锋相对。

难点：学生领会并践行辩论的一项重要原则：尊重对手。

课时安排

1 课时

教学步骤

一、以教材为基础，归纳提炼辩论的基本要求、基本策略和基本原则

鉴于整节课的构思全部立足教材，同时考虑到绝大多数老师对“走上辩论台”的教材内容不很熟悉，或没深入研读，为便于阐述，抄录教材内容如下(序号、着重号及正方、反方为笔者所加)：

搜集资料，活跃思维，大胆发表自己的见解。在不同意见的撞击中，闪烁出智慧的火花。

在下列三项活动中，选择一项开展。

（一）上网利弊谈

上网正在普及。但对上网的利弊，有不同的看法。

【正方】一种意见是，上网利大于弊。① 网上信息量大，可以学到许多在课堂里和书本上学不到的东西；② 网上信息质量高，可以向最好的教师学习，可以得到最新的信息；③ 上网自由灵活，随时可以开机学习，可以与远方的朋友很方便地在网上交流。

【反方】另一种意见是，上网弊大于利。① 网上信息良莠不齐、鱼龙混杂，学生容易受有害信息的影响；② 上网不当导致上瘾，沉迷于网上聊天或游戏之中，一坐几个甚至十几个小时，有人因此而诱发疾病甚至死亡。

全班或者分组讨论：怎样看待上网？

（二）事物的正确答案只有一个吗？

【正方】甲说，事物的正确答案只有一个。① 1+1=2，难道还有其他答案吗？② 太阳每天从东边升起，往西边落下，难道还会改变吗？③ 一本书的好坏，可以见仁见智，但总有一个客观标准，这也有什么疑问吗？

【反方】乙说，“正确答案只有一个”这种思维模式，在我们的头脑中已不知不觉地根深蒂固。① 实际上，生活中解决问题的方法并非只有一个，而是多种多样。② 对一部作品，不同的读者可能有不同的看法。俗话说，“一千个读者有一千个林黛玉”，就是这个意思。

全班或者分组讨论：“事物的正确答案只有一个”这个观点对不对？为什么？

（三）关于克隆的争议

《奇妙的克隆》一文中说：“科技进步是一首悲喜交集的进行曲。科技越发展，对社会的渗透越广泛深入，就越有可能引起许多有关的伦理、道德和法律等问题”。最近，关于人、兔细胞融合研究就引来激烈争议。

【反方】反对者说，这是对生命伦理的践踏。① 从人和动物杂交克隆的“人类胚胎”所得到的胚胎干细胞，培植出来的各种人类组织器官，如果移植到人体，将会把动物的某些遗传特性或遗传疾病带入人体。② 万一被居心叵测者搞出一个人兔杂交种，更是亵渎人类尊严。

【正方】支持者说,克隆器官,造福人类。① 研究者已经采取防范措施来避免人兔杂交可能带来的异种疾病(如兔子的"艾滋病"),而"人头兔身"的怪物则根本不可能产生,因为这种胚胎99.999%的DNA来自人类。② 目前所有的异体器官移植除了同卵双胞胎之外,都会或多或少地发生移植排斥反应,严重的可致死。而使用病人自己的细胞克隆出的器官就不会发生移植排斥反应。因此,克隆器官可以挽救病人生命。

全班或分组讨论:我看克隆。

以上活动,都为你提供了多角度考虑、分析问题的机会,与同学共同探讨问题、相互交流启发的机会。在充分讨论的基础上,自拟题目,写一篇文章,500字左右。要求观点明确,材料充实,条理清楚。

(1) 以"上网利弊谈"为解剖重点。首先从两个分号的使用入手,引出"条理清楚"标点的运用(板书:条理清楚)。由正反双方意见都开门见山提出"上网利大于弊"和"上网弊大于利"并用句号断开以示与分号的区别入手,引出"观点明确"(板书:观点明确)。由分号分项列举多项入手,引出"材料充实"(板书:材料充实)。

(2) 引导学生分析反方是怎样论辩的。反方在论辩时提出两条理由,第①条理由针对正方的前两点,即针对信息的数量和质量提出质疑,针锋相对,寸土不让;第二条针对正方的第③条。正方的第③条强调网络自由灵活,能够打破时空的限制。这一条几乎无法反驳,反方巧妙地,从"上网不当"导致严重后果入手,不正面交锋,避其锋芒,自圆其说。引出论辩的两种基本策略:针锋相对和避其锋芒。(板书:针锋相对、避其锋芒)

(3) 运用上述两种策略,引导学生分析后两个辩题的论辩。

“事物的正确答案只有一个吗”反方所用的全是“避其锋芒”的策略,因为正方的三条一为数学题,一为常识,一为客观标准,都是不容辩驳的,反方巧妙地“偷换概念”,避其锋芒,把答案转换成“方法”和“看法”,从而使自己的观点得以立足。

(4) 关注第二个辩题中正方使用的三个问号,引导学生体悟辩论中最重要的原则——“尊重”(板书: 尊重)。让他们从小就铭记这样一句话:“我不同意你的观点,但我誓死捍卫你说话的权利。”

(5) 用清代学者叶燮的话引出辩论的四块“基石”: 才、识、胆、力(板书: 才、识、胆、力)。

二、在明了辩论要求、策略和原则的基础上,让学生作为正方,对第一个论题中的反方观点进行反驳。以课本中的小辩论为接下来的“大辩论”热身。

三、学生自由选择立场,运用前面所讲,针对“长沙是否应该建 838 米的世界第一高楼”展开自由辩论。

附三: 教学反思(含说课)

实事求是讲,在本次“语文报杯”讲课大赛提前提供的 18 节课中,“走上辩论台”这节课是我最不想抽到的一节,因为这样的课以前从来没上过。

事先我也心存侥幸,对此节课几乎没做准备,而对 15 篇课文和其他两节写作课(“详略得当”和“献给母亲的歌”)都做了比较充分的准备,尤其是对 15 篇课文,均做了充分的准备,搜集到了几乎所有能搜集到的资料并进行挑选,进而进行了深入全面的文本解读。没想到偏偏抽到“走上辩论台”这节课,十八分之一的可能变成了百分之百的现实。

本节课一般有两种上法：

(1) 介绍辩论赛的相关规则，观看精彩的辩论视频；而后选择课内或课外的一个或多个辩题，全班分成正方双方展开辩论，分出输赢。

(2) 介绍辩论中常用的技巧，并用古今中外与辩论有关的名人轶事来佐证并借此增加课堂的趣味性；而后选择课内或课外的一个或多个辩题，全班分成正反双方展开辩论，分出输赢。

但这两种上法严格来讲都不是语文课。就像上体育课不是为了培养职业运动员去参加竞技比赛一样，上辩论课也不是为了培养职业辩论者去参加辩论赛——这是我上本次课的基本立场。可以不精彩，但不可以不是语文课。同时，这又是一次特殊的作文课，叶老说："听、说、读、写四个字中间，说最为基本，说的功夫差不多，听、读、写三项就容易办了。"期待通过"说"的训练，促进"写"的进步。

《教师用书》列出了本节课的五项"教学目标"，如下：

(1) 通过活动培养学生思辨能力，并获得多角度思考问题的方法；

(2) 培养学生独立思考、敢于发表自己见解的心理品质；

(3) 养成耐心倾听、尊重他人发言的良好的交际习惯；

(4) 培养学生运用资料来阐述自己观点的写作能力；

(5) 在辩论、交流中锻炼学生的口语表达能力。

不客气地说，以上所列五项目标中的前三项都属理想目标而非一节课的现实目标，这样的目标是动听的口号，甚至是美丽的谎言，听上去很美，实则难以企及。后两项目标才是接点地气的。基于此，我在备课中坚持立足教材，立足学生实际，立足于一节课的实际，尤其是充分考虑到学生是第一次上这样的课的实际，直接从课后作业中抽取“观点明确,材料充实,条理清楚”作为本节课的教学目标,这是辩论的基础,也是话说得好的基础,更是作文做得好的基础。语文课堂可达到的目标有不同层次,正如种庄稼,有时一节课只是播下一粒种子,有时到发芽阶段,有时到长叶,有时到开花,有时到结果。而“走向辩论台”这一节课,也许只是播下一粒种子,让学生初步具有辩论的意识和辩论的能力。至于这粒种子今后是否能够破土而出并茁壮成长,不是这节课能够企及的。

教材是上课的基础,研读教材是上课的最基本前提。为此,我和上海市的领队曹刚老师分头认真研读教材,发现了教材中可以利用的教学资源。于是,我们商定:就地取材!不需旁征博引,更不需另起炉灶。

所谓“就地取材”,就是把教材中三个辩题下提供的正反双方的意见,直接作为三次辩论的讲稿,以此为“麻雀”进行“解剖”,在学生不以为意的地方,挖掘出有关辩论的基本原则、基本策略和基本要求。

以“上网利弊谈”为解剖重点。从两个分号的使用入手,引出“条理清楚”标点的运用。由正反双方意见都开门见山提出“上网利大于弊”和“上网弊大于利”并用句号断开以示与分号的区别入手,引出“观点明确”。由分号分项列举多项入手,引出“材料充实”。在此基础上,再引导学生分析反方是怎样论辩的。而后运用这两种策略,引导学生分析后两个辩题的论辩。

前面从分号和句号入手,引导学生再关注第二个辩题中正方使用的三个问号,引导学生由“读”到“说”,从而区分“说”和“读”的不同,强调辩论重在“说”得清楚,而不是“读”得流利。在此基础上用不同语气去“说”三个问号所表达的态度,最后一遍由老师来“说”,把问号“说”成强烈的反诘语气,语气中透着轻蔑和嚣张。让学生来判断这样的语气在辩论中是否可用，从而告诉学生，在辩论中最重要的原则是“尊重”。让学生知道，辩论中可以加强语气，但不能阴阳怪气；可以口若悬河，但不能信口开河。尊重朋友是常态，尊重对手是境界。让他们从小就铭记这样一句话：“我不同意你的观点，但我誓死捍卫你说话的权利。”

从标点入手，具体实在，切口虽小，但恰如陶渊明所言：“山有小口，仿佛若有光。便舍船，从口入。初极狭，才通人。复行数十步，豁然开朗……”小小的标点透出的是浓浓的语文味。

一项“准则”、两则“策略”、三条“要求”之后，用清代学者叶燮的话引出辩论的四块“基石”：才、识、胆、力（板书：才、识、胆、力）。这是叶燮在《原诗》中论写诗作文应具备的四种素养：“大凡人无才，则心思不出；无胆，则笔墨畏缩；无识，则不能取舍；无力，则不能自成一家。”告诉学生，走上辩论台当然得有“才”，但没有上台的“胆”，“才”亦无从施展。有“胆”无“识”，只是一莽汉。“才”、“识”、“胆”俱备，但无“力”，上台之后也只能张口结舌、面红耳赤而哑口无言，此即“力”不从心也。用叶燮论诗作文的“才、识、胆、力”说，来作为论辩的四块“基石”，借此也打通了“说”和“写”的关系，期待学生能够在日后的求学生涯中锻造自己的“基石”。

当然，既然课题是“走上辩论台”，光说不练，肯定不行。所以本节课预设了两个辩论，一小一大，一内一外。小辩论是课内教材上的“上网利弊谈”，学生做正方，老师做反方，教材上所列内容为“第一回合”，让学生紧接着对老师的陈述进行反驳。上课前一天的晚上，正好看到一则调查，说城市 13—16 岁的孩子中 93.2％的都上网，以此为切入点进行“热身”，学生果然谈锋犀利，结合自己的经历和阅历，谈得头头是道，有的运用避其锋芒的策略，有的运用针锋相对的策略。尤其是一个同学跳出网络局限，从立法和管理的角度谈人类可以有办法减少“弊”增加“利”，不能因噎废食，让人耳目一新。

王国维说：“诗人对宇宙人生，须入乎其内，又须出乎其外。入乎其内，故有生气。出乎其外，故有高致。”上课亦如此，语文课更应如此。所以，我在课前考虑了多个辩题，比如“压岁钱该不该交给父母”、“中学生该不该穿校服”、“长沙该不该建 838 米的世界第一高楼”等。思量再三，最终决定选择“长沙该不该建 838 米的世界第一高楼”这一辩题。因为这一话题在长沙乃至国内外引起强烈关注，网上有叫好的，有叫骂的。长沙的学生作为长沙的小主人，我希望听听他们的想法，我也坚信他们中会有人关注到这一话题。

上课前有两个小花絮。有四个学生来问我，今天的辩题是什么，希望能在上课前准备准备。我为学生的热情和善意感动，但我微笑着告诉他们：保密。保密不是为了卖关子、设悬念，我是想看看学生在学习了一定辩论知识的基础上即兴的论辩能力。还有一个小男孩，在我课前擦黑板时，走到我身边，给我提建议，让我不要分组，不要指定辩论选手让大家畅所欲言，谁愿说谁就说。我采纳了他的建议。

当我在课堂上抛出这一辩题后，马上有一女生说出 838 米，比迪拜塔还高 10 米等信息。在选择立场时，只有三位同学选择“支持”，其他同学都持“反对”态度。这也在意料之中。毕竟有理不在人多少，我用孟子的话——道之所在，“虽千万人，吾往矣”来鼓励这三个同学。正反双方的论辩精彩纷呈，基本都做到了“观点明确，材料充实，条理清楚”，精彩的论辩引来阵阵掌声。

一上课，我就遇到了一个小小的挑战。我问学生对辩论有多少了解，第一个发言的是一女生，她说辩论需要口才和智慧。口才和智慧是辩论的两个境界，口才是外显的境界，智慧是内在的境界。该女生一下就把本节课提升到如此的高度，让我始料未及，惊喜参半。我顺着她说的“口才”，指出身体的各个部位中只有“口”有资格和“才”组合在一起，足见说话的重要性，并用美国二战时赖以生存和竞争的三大战略武器（舌头、金钱、原子弹）以及如今的三大武器（舌头、美元、电脑）强调“口才”重要，进而引用司马迁的话“三寸不烂之舌，强于百万之师”进一步强化。应该说反应还算敏捷，但丢掉了“智慧”这一更具分量的关键词。实际在古希腊，“智慧”和“论辩”是一个词，这我是知道的，但或因紧张，或因不愿扯得太远，把“智慧”给丢掉了。现在回想，课堂上有很多机会可以回扣那位女生所言的“口才”和“智慧”，但一直没想到，现在想来，这是缺憾。

关于板书（见前文）的说明：主体是一个梯形的台，意指“辩论台”，中间再加上三条横线，使其成为一个梯子，意指“走上辩论台”，需跨文字所示的四级阶梯。右边箭头及所指向的“一”、“二”、“三”、“四”在课堂上口头说出，没有写在黑板上。

附四：名师评点

诚如魏老师的预估，一看到《走上辩论台》这个课题，就很容易只想到组织学生搞辩论赛，至于教材写了什么，学生需要学什么，也许是没有想明白的。这样的课，可能只会是安排几个微型辩论赛，让学生自由发挥一通，也许气氛很活跃，但学生收获甚微。因为没有适切的教学内容作为支撑，学生只是走上了辩论台，但依然不知道怎样辩论，那么，这样的口语交际活动就只存有一个热闹的外壳。魏老师摒弃了这种思路，沉下心，逐字、逐句、逐段地细读教材，细到一个标点都不放过，推敲编者的编写意图，梳理教材内容之间的逻辑关系，提炼出这课教材内容的学习要点——观点明确、材料充实、条理清楚。魏老师又根据自己多年的教学经验，把握住了八年级的学情，即初学辩论需掌握的一些最基础的知识与技能正是教材呈现的学习要点。为此，他将“观点明确、材料充实、条理清楚”定为这堂课的教学内容。这样确定的教学内容自是适切的，据此来设计口语交际活动，才能找到培养学生论辩能力的思维路径。

这思维路径包括学生要形成论辩能力所必须经历的思维过程与所必须掌握的思想方法。因而，魏老师并不是将教学内容中的知识因素作为静态的概念传授给学生，而是引导学生在动态的语言实践过程中学习知识，运用知识去分析问题、解决问题。在课堂的前半部分，他引导学生研读教材，结合语境，品析标点、词句的内涵，理解中心论点与分论点、分论点与分论点、论点与材料之间的内在逻辑联系，借此，指导学生感受如何提炼观点，如何在材料与观点之间建立起联系，如何梳理论述内容的层次。在课堂的中间部分，他将教材作为论辩的实战案例，指导学生品味同一词语在论辩双方不同语境中的内涵变化，启发学生体味论辩双方材料之间的内在关系，带领学生通过朗读感受论辩语言的情感与气势，借此，引导学生体会什么叫做“针锋相对”，什么叫做“避其锋芒”，论辩应使用怎样的语气、语调，应如何面对自己的对手。在学生进行实战演练时，他常提醒学生学会倾听，提炼对方发言的要点，寻找反击的契机。这个动态的语言实践过程中，渗透了口语交际能力的培养，如论辩的目的意识、对象意识、场合意识、方式意识、反思意识；渗透了进行论辩所需要的思维方式的培养，如演绎与归纳、判断与推理等。这个动态的语言实践过程又显现了一条由“学”到“习”的思维轨迹，使学生逐步内化知识，形成能力。如此设计的思维路径是构成高质量的口语交际活动的要素。

魏老师这堂课是借班上的，课前与学生没有接触，无法让学生为这次论辩做前期的材料准备。而学生在实战演练中却表现得很出色。究其因，除了前面所谈到两个内容得到较好的落实之外，还在于魏老师找到了一个很好的话题——长沙该不该造世界最高的大楼。这个话题是一个极好的学习资源，其涉及的事件就发生在学生的身边，该事件引发的争议给学生的提供了较大的思辨空间。围绕这个话题开展的辩论活动，唤醒学生的生活经验，激发了学生的参与热情，激活了学生的思维。

口语交际课重在培养学生的口语交际能力，这种能力的形成需依托于高质量的口语交际活动。怎样的口语交际活动算是高品质的呢？一般而言，需包括三个重要的因素：适切的教学内容、清晰且富有层次的思维路径、有助于激活学生思维的学习资源。从这个意义看，魏新磊老师执教的《走上辩论台》达到了这些方面的要求，且做得很有特色！当然，这堂课的成功还有众多的因素，比如，魏老师极强的课堂驾驭能力，开阔的知识面，富有激情的表达等等。这些也是值得我们学习的。《学记》中写道："善歌者使人善歌者，使人继其声，善教者，使人继其志。"故要成为一名优秀的教师，则自己首先应该转变学习方式，刻苦钻研教材、教法，成为一名有志于学的优秀"学生"，如此方可创造出高品质的教学活动，潜移默化地去影响学生，使学生承担起学习的责任，乐于学习，并有志于学习！（上海市教育委员会教学研究室　曹刚）

《秋天的怀念》课堂实录①

上课时间：2011 年 3 月 31 日

上课地点：上海市闵行区教师进修学院附属梅陇实验学校

师：今天，在这个庄重的场合，我们来重温一篇凝重的文章，进一步来体味一位母亲沉重的心情和一个儿子厚重的怀念，所以呢，我郑重地用篆书写了五个庄重的大字——秋天的怀念，来表达对文中母亲的尊重，和对本文作者史铁生，（停顿）史铁生去世于 2010 年 12 月 31 日，刚刚去世，（停顿）对刚刚去世的作者表达我们的敬重。既然开场白已经说完了，那么我们就开始今天的课。因为我借班上课比较多，对班级情况不了解，所以我有个习惯，要先问一下语文课代表是谁。我们班的语文课代表是谁？

（课代表举手）

师：哦，是这位同学。我想给你一个权力，你推荐一位同学把《秋天的怀念》这篇文章读一遍。为什么说是一种权力呢？因为你有两种选择：第一种选择，你自己读；第二种选择，你推荐一

① 这是在上海市中学语文“关注学习策略，提高课堂效益”主题教研活动上的一节公开示范课。本实录被收入《语文——扬起生命的风帆》（上海教育音像出版社 2013 年版）、《学思录》（上海交通大学出版社 2012 年 11 月第 1 版）。

位同学读。(停顿)你是推荐自己呢,还是推荐别的同学?

(课代表推荐自己的同桌)

师:你是近水楼台先得月呀。(该同学有点迟疑,不太想读,老师鼓励,用很期待的语气说)没关系,来吧。

(生1读课文)

师:我们向这位同学表示感谢,(老师鼓掌,同学跟着鼓掌)为什么呢?因为这位同学刚开始的时候有点紧张,有点不是很愿意读,但是大家发现没?她读得渐入佳境,读得非常好,所以我们向她表示感谢。她读的时候对很多地方的处理我都表示赞同,也有读错的地方,有的读错的地方没有必要纠正,大家知道就行,但是有一处错误必须要探讨一下。不知道大家发现没有?文中有一句话:后来妹妹告诉我,她常常肝疼得整宿整宿翻来覆去地睡不了觉。这位同学怎么读的?

学生:睡不着觉。

师:哦,睡不着觉。我想问大家,能不能把"睡不了"改成"睡不着"?

(学生思考,议论,有同学举手)

师:来,这位同学。

生2:我觉得不可以。因为"睡不了"是想睡但不能睡,"睡不着"可以睡但没睡着。

师:也就是说,"睡不着"是可以平静地躺在床上,但可能因为激动啊等原因睡不着,"睡不了"也许就意味着躺在床上都怎么样?

学生:疼。

师:对,疼。疼得躺在床上都很困难,所以整宿整宿翻来覆去地睡不了觉。一字之差，区别非常大。这位同学说得非常好。我们的语言品味就从这里开始。刚才这位同学在读的时候，有一个地方她读得不顺，听起来有一点点别扭。什么地方呢？就是文中这句话：“望着望着天上北归的雁阵，我会突然把面前的玻璃砸碎；听着听着李谷一甜美的歌声，我会猛地把手边的东西摔向四周的墙壁。”她在读“望着望着”、“听着听着”的时候，听起来不顺，有点别扭。告诉大家一个很有意思的问题，前几年我们上海的教材在编选《秋天的怀念》的时候，都是一个“望着”、一个“听着”，但最新的教材中又重新尊重了史铁生的原作，用了两个“望着”、两个“听着”，这个反复耐人寻味，大家品味一下，到底用一个好，还是用两个好？

（有同学马上举手）

师（摆摆手）：不一定马上回答问题，再给其他同学一点思考时间。

（学生思考。有同学举手。老师提问）

生3：我认为是两个好。因为“一个”还不能表达史铁生的心情，而“两个”表明史铁生的心情是层层推进，感情越来越深的。

师：层层推进，感情越来越深，你的词语用得很专业呀。（大家笑）你能不能解释一下感情是什么？

生3：就是他心中的想法，他心中想的那些不开心的事。

师：不开心的事。看见天上的雁阵应该是开心的事呀？

生3：但是他那个时候高位截瘫，很失望。

师（似乎自言自语）：听歌，优美的歌声，李谷一，那个时候是很厉害的，就当时的影响来说，她的名声可以超过现在任何一个歌星，听了她的歌声史铁生会摔东西，看着天上北归的雁阵，这么美好的自然景观，他砸玻璃。我想问问大家一个很傻的问题：他听歌的目的是为了摔东西吗？

学生：不是。

师：他看雁阵的目的是为了砸玻璃吗？

学生：不是。

师：大家注意到没有，在这句话的前面有一个词语是什么？

学生：暴怒无常。

师：对，暴怒无常。我们在读课文的时候，一定要注意，暴怒无常的重点不在“暴怒”，而在“无常”。“无常”是什么意思？

生4：没有规律。

师：对，没有规律。说白了就是该发怒的时候不发怒，不该发怒的时候，也就是所有人都不可能发怒的时候，他发怒了。我们在读这篇文章的时候，这个词语是必须要抓住的。抓住了这个词语，我们就知道后面用两个“望着”、两个“听着”更能体现这种“无常”，也就是说，刚开始听、刚开始望的时候，原本是为了寻求安慰和排遣不快，结果却事与愿违。简单地说，一个“望着”和“听着”强调的是动作，而两个“望着”和“听着”涵盖了整个过程。不知大家理解没有？

（学生点头）

师：我们再回到刚才这位同学的读，刚才她在读的时候，有一句话我印象特别深刻，就是第二段结尾的那句话：“她又悄悄地出去了。”我刚才说她读得渐入佳境，她读到这个地方的时候真的入了佳境，她读得非常用心，非常用情。我刚才在班里走动，发现大家基本上都对文中的两处“悄悄地”做了标记，说明这些地方已经得到了大家的关注。这里我不再让大家关注已经有的，我想让大家关注没有的。母亲在文中有“两进”、“两出”，大家快速找一下在哪里？

（学生在文中找“两进”、“两出”）

师：大家都找到了。第一处是“母亲就悄悄地躲出去”，第二处是“她又悄悄地进来”，第三处是“母亲进来了，挡在窗前”，第四处是“她又悄悄地出去了”。虽然后面还有“她出去了，就再也没回来”，但和最后一次实际上是一次，我们不再重复。大家发现没有，这四处当中，有一处没有加“悄悄地”？

学生：母亲进来了，挡在窗前。

师：为什么这一处没有用“悄悄地”？换句话说，为什么这一次母亲不是“悄悄地”？

（生2举手，老师悄声说，你先等一下，我们看其他同学怎么想。有几个同学举手）

师：这位同学。

生5：因为母亲要进来挡在窗前，她怕儿子又暴怒砸窗子的玻璃，所以她并没有像往常那样悄悄地进来，而是太过着急了，就进来挡在那里。

师：这位同学的回答可以分两部分：第一部分是母亲怕儿子砸玻璃，就进来了；第二部分是母亲着急，要挡在窗前，就进来了。“着急”这个词用得好。但是，我们再往前看第一段，在“我”砸玻璃、摔东西的时候，母亲恰恰是出去的。“我”看着窗外的树叶唰唰啦啦地飘落的时候，多安静啊，这会儿终于安稳了，母亲反倒是“着急”地进来了，为什么啊？

（学生陷入思考。生2再次举手，且只有她一人举手。老师递过话筒，说，你已经是第二次举手了）

生2：我觉得是母亲怕“我”看着树叶飘落下来有一种悲伤的情绪。

师（重复）：悲伤。

生2：对。因为树叶飘落容易让人伤感。

师：哦，母亲是怕“我”沉浸在伤感之中。

生2：对。但还有一点，母亲是想引起“我”的注意。

师：要引起“我”的注意？那么“我”前面是在注意什么呢？

生2：“我”注意的是窗外的树叶。

师：哦，母亲是想转移“我”的注意力，所以挡在窗前。

生2：对。

师：非常好。但还有一个问题没解决。为什么在“我”砸玻璃、摔东西的时候母亲是悄悄地出去的？大家想一下，如果你在家里砸玻璃、摔东西的时候，你的母亲会怎么反应？

生（笑）：冲进来。

师：冲进来第一句话可能就是“干吗呀，你疯了”，（学生笑）文中母亲的表现似乎有点不合常理，摔东西、砸玻璃的时候，她居然躲出去了，为什么呢？

（生3举手）

师：哦，你又举手了。（面向全体同学）大家要向他学习，我发现大家都在思考，张着嘴在说，但是就是不举手，等一会儿说不定我要专门请不举手的同学哦。

生3：因为前面史铁生砸东西的时候，就是他很生气的时候，母亲悄悄地躲出去，是想让他有一个自己的空间……（停顿，在思考恰当的词语）宁静一下。

师：有自己的空间，这个词语用得好。（顺手把话筒递给身边的一位女同学）你刚才说了一个词语大家都没听到，但我听到了，请你再说一遍。

生6（响亮地）：发泄。

师：非常好。母亲就是为了让我发泄，而且为了不影响我的发泄，她专门躲出去给我发泄的空间。母亲躲出去在干吗呀？

学生：偷偷地听着我的动静。

师：偷偷地听着我的动静，从后文看，母亲进来是怎么样啊？

学生：眼边红红的。

师：说明母亲外面哭了。但进来却没有眼泪，又为什么呀？

学生：母亲把眼泪擦干了。

师：把眼泪擦干了。就是这样一位母亲，她对自己儿子的苦，对自己儿子的痛，非常非常地体谅，对不对？

学生：对。

师：那我想问一下，文章中的"我"对母亲体谅吗？

学生：不体谅。

师：大家马上就摇头说不体谅。我换换角度问一下，文中的母亲苦不苦啊？

学生：苦。

师：苦，那我想问，母亲有哪些苦？

生7：母亲苦在她自己也是有肝病的。

师：母亲有肝病，病苦，我们就说是身体之苦吧。

生7：她还苦在照料病中的儿子，非常的劳累。

师：照料自己的儿子，苦，但是我告诉你，母亲照料自己的儿子再累都不会觉得苦，你信吗？（**生7点头**）那这点苦就不算苦了。你讲得已经很好了。

（**其他同学举手**）

生8：母亲照顾儿子，但不被儿子理解。

师：她的儿子是怎么样的一个儿子？

生8：不理解母亲的儿子。

师：我们大家可以一起想一下，这个母亲唯一的儿子在最年少轻狂的年龄突然就瘫痪了，这个母亲会怎么样呢？

学生：伤心痛苦。

师：很伤心，很痛苦。如果说前面有病是身体之苦的话，那么面对这样一个高位截瘫、暴怒无常，而且嚷着我活着什么劲的儿子的时候，这个母亲内心注定非常痛苦。所以这个母亲不仅有身体之苦，更重要的是她还有心灵之苦。

师：平常我们大家有苦的时候，往往要说出来，要喊出来，要叫出来，要哭出来，但是本文中的母亲呢？

学生：忍着。

师：对，忍着。流泪的时候，躲在外面，在儿子面前忍住哭声在说话。有苦如果有人可以分担，有人可以倾诉，也许还能减少一点痛苦，但本文中面对一个残疾的儿子，面对一个未成年的女儿，母亲选择了“忍”。但文中的儿子知道母亲的苦吗？

学生：不知道。

师：我们常说言为心声，我们干脆再来进一步体会一下这个儿子怎样一个不体谅。我们来看第二段的对话，母子之间的对话。我想请两位同学起来对话，直接对话，旁白不要。一位女同学读母亲，一位男同学读“我”。

（一男生举手）

师：好，女同学呢？

（一女生举手）

师：你终于举手了，我发现你一直在犹豫，终于举起了你的手，好！

生9（女）：北海的花儿开了，我推着你去看看吧。

生10（男）：什么时候？

生9：你要是愿意，就明天？

生10：好吧，就明天。

生9：那就赶紧准备准备。

生 10：唉呀，烦不烦？几步路，有什么好准备的！

师：好，就到这里。我们首先来看“我”读得怎么样，他哪个地方读得最好？

学生：“唉呀，烦不烦”那一句。

师：对，这句话，他读得很好。是不是类似的话我们在家也经常说？

（学生有的笑着说“是”，有的说“没有”）

生 10：没有。

师：如果没有，你在读的时候还能读这么好，那就说明你能设身处地地考虑当事人的心情，更好。（面向全体）但是，对“什么时候”的处理似乎不妥，他读的是“什么时候？”（模仿生 10），似乎很期盼的样子，儿子在这里是很期盼吗？

学生（摇头）：不是。

师：那么，该怎么读？

（学生都尝试着小声读）

师（老师指着生 10）：你再来读一遍。

生 10：什么时候？（声音很洪亮，一些学生在笑）

师：你觉得这次读得怎么样？

生 10：不好。

师：不好再来一遍。

（生 10 有点迟疑）

师（鼓励地）：我觉得你可以，再尝试一次。

生 10（酝酿了一会儿）：什么时候？（懒懒的语气）

师：很好！这里，越平淡，越没感情，也许越切合作者当时的心态。大家说呢？

（学生点头）

师：然后母亲说了一句话："你要是愿意，就明天？"这句话流露出母亲怎样的心情呢？

学生：激动，惊喜。

师：我们对比一下母亲的激动惊喜和儿子的平淡，我们再来说一下，这个儿子体谅母亲吗？

（学生摇头）

师：作者在这里用了这样的文字，看似不露声色，实际上是在鞭挞自己的愚蠢——母亲这样体谅儿子，他居然无动于衷。

（学生沉默地点头）

师（指着生9）：刚才，这位同学在读的时候，有一个地方读错了，把"北海的菊花开了"读成什么了？

学生：北海的花儿开了。

师：那我问问大家，这里能不能把"菊花"换成"花儿"？我们再来看看前面一句类似的话是怎么说的？

学生：听说北海的花儿都开了，我推着你去走走。

师（语速很慢，似乎若有所思地自言自语）："北海的菊花开了，我推着你去看看吧"，和"听说北海的花儿都开了，我推着你去走走"，这两句话，一样吗？

学生：不一样。

师：不一样，怎么不一样？（停顿，学生在思考）换一下行不行？

（生2再次举手，老师拍拍她的肩笑着小声说，你再等等，过了一会儿，旁边一男生举手，老师递过话筒）

生11：菊花是在秋天开的，秋天是一个万物凋零的季节，菊花在万物凋零的季节绽放，对"我"有激励的作用。

师：文中母亲第一次劝我去北海看花，要看的未必就是菊花啊，没有"激励"的时候也在劝我去哟。（开玩笑的语气）怪不得我不去,原来看其他花是没用的哦。

生12:我认为菊花在开放,母亲又是在秋天去世的,中间有联系。

师:两位同学都提到了菊花开放是秋天,那么,我问一下大家,“北海的花儿都开了”应该是哪一个季节?

学生:春天。

师:哦,春天。一年有几个季节?

学生:四个。

师(郑重其事地数着指头):四个,春,夏,秋,冬。由春到秋,“她总是这么说”。同学们,母亲的这个话题至少几个月,甚至超过半年的时间,但连母亲的这个小小的要求,我居然都一直没有答应,是不是这样?

学生(郑重地点头):是。

师:这样一对比的话,我们会进一步发现“我”是多么的愚蠢,而母亲又是多么的慈祥和执著。(学生沉默。老师停顿了一会儿)前后两句话还有不同吗?

生13:前面是“走走”,后面是“看看”。

师:哦,为什么前面用“走走”,后面用“看看”呢?

生14:因为作者的两腿已经瘫痪,如果说“走走”的话,母亲觉得有可能会刺激到儿子。

师:哦,怕刺激到儿子。后文中有一句话好像和你说的一样。

生14:对于“跑”和“踩”一类的字眼儿,她比我还敏感。

师:这么快就找到了,说明你对课文已经很熟悉了。(停顿)母亲这么谨慎,这么小心翼翼,但母亲今天还是出错了。“看完菊花,咱们就去‘仿膳’,你小时候最爱吃那儿的豌豆黄儿。还记得那回我带你去北海吗?你偏说那杨树花是毛毛虫,跑着,一脚踩扁一个……”,母亲说出了“跑”和“踩”,母亲为什么会出错呀?

学生:太激动了。

师:太激动了,为什么这么激动?

学生:因为“我”答应了(中间夹杂着一个很响的声音——因为“我”总算答应了)

师(指着说“总算”的同学):这个同学用了一个词:总算。“我”总算答应了。哎呀,用得太好了。我们进一步体会到了儿子对母亲的不体谅。我们再回到刚上课时那位同学的读。不知道大家还记得不,她在读的时候,有一个地方她的语速,她的语气,她的音高,明显和其他地方不一样。大家还有印象吗?

生15:好像最后一段。

师:最后一段,具体是哪里?

生15:“我懂得母亲没有说完的话”和后面。

师:最后几句,“我懂得母亲没有说完的话。妹妹也懂。我俩在一块儿,要好好儿活……”,最后一句的语气很坚定,有不同,但还不够明显。如果大家记不起来的话,如果让你来读,你觉得最后一段中哪些话的处理要明显不同于其他地方?读一下?(生2举手)

师:你今天一直举手,这个机会一定要给你。

生2(声音响亮语速稍快地):黄色的花淡雅、白色的花高洁、紫红色的花热烈而深沉,泼泼洒洒,秋风中正开得烂漫。

师:读得很好。前文的格调明显很压抑,甚至带着沉痛,而这里的语言色彩很鲜明,很舒展。刚才说“言为心声”,这里语言风格的变化,实际上说明什么发生变化了?

学生:作者的心情。

师：哦，心情变化了。换句话来讲，作者现在醒悟了。但醒悟的代价是什么呀？

学生：母亲去世。

师：母亲去世了，母亲去世了。这个代价是不是太大了？

（学生肃然地点头）

师：母亲的去世对史铁生而言无异于当头棒喝。写菊花的这段文字，虽然没有直接告诉我们，但他通过写景告诉我们：他变了。我们回头再来看一下前面同样是看景，就是他看雁阵的时候，有什么反应啊？

学生：砸玻璃。

师：对，砸玻璃。前后的对比告诉我们：作者，他悔悟了，他幡然醒悟了。所以，过了一年，他来北海看菊花了。对作者而言，这是一个庄重的仪式，对母亲而言，这是一个未了的心愿。当今天妹妹推着他去看菊花的时候，实际上它是在发表新的人生宣言，要告慰在天堂的母亲哪！但是我有一个深深的遗憾，也是后来作者一辈子的痛：如果作者能在母亲生前让她推着自己去看一次花，那么母亲临终前的最后一句话，还会不会那么那么的凄厉凄惨啊？（停顿，学生沉默）但是，时间不会倒流，孩子们，有的事情过去了，永远也无法挽回。本文中儿子最大的愚蠢就是只看到自己的痛苦，而没有看到母亲的痛苦，他更不知道儿子的痛苦在母亲那里是加倍的。

（学生肃然，沉默）

师：最后，带着对文章的进一步理解，听我把文章再读一遍。

（老师有感情地全文背诵《秋天的怀念》，一字不错。掌声四起）

师：好，上课就像写文章，行于所当行，止于不可不止。今天的课就到这里，谢谢同学们。再见。

附：板书设计

秋天的怀念（篆书）

“我”	愚	悔	母病 母逝	醒
母	慈	苦	身苦 心苦	忍

《我的叔叔于勒》课堂实录

上课时间：2012 年 9 月 27 日

上课地点：成都市双流实验学校

师：好，我们就直接开始上课了。我发现有的同学拿的是教材，有的同学拿的是这个（教师手举资料），有没有教材啊？我们还是看看课本，因为课本下面有注解，后面还有练习，这个（资料）我们还是不用看。前两天我打电话给我们贾老师，我说一个预习要求，希望我们将课文读熟了。贾老师问，读熟的标准是什么？有没有具体要求？我说只要读一遍两遍就可以了。今天，我想首先问一下大家，或者我想了解一下我们读的情况到底怎么样。我现在给大家一个小小的作业，我们全体把《我的叔叔于勒》这篇文章当作一个电视剧、一个小剧本，然后我们看文章的时候，你要找出人物来。人物分两类，一类是有台词的人物，一类是没有台词的人物，等一会儿我请同学写在黑板上，有台词的写左边，没台词的写右边。好，现在开始再读课文。

（学生开始默读课文，教师巡视）

师：看来大家看得的确很认真，马上就画得很清楚了。那么现在请同学上来，哪位同学上黑板来写有台词的？哪位同学上来写无台词的？我最喜欢的就是自告奋勇上来的。

（学生举手）

师：这位同学最先举手，来，你选择，只能选一个。

（学生上黑板前）

师：还有没有？

（又有一名男同学举手）

师：好，那位男同学。（男生上黑板前）

师：好像今天先举手的是两位男同学。好，我们看他们写的对不对。

（选择有台词的同学写完后，回座位）

师：有台词的同学已经写完了，看他写的够不够？是不是全写了？如果没写的或写的不完全的，其他同学可以自己上台来补充。

（第三位男生主动上前进行补充）

师：好，有同学已经上台了，非常好啊！我们同学自己上台去的。

（选择无台词的男生也回座位）

师：好，无台词的同学也写完了，写的是不是全部的呢？再看一下，有没有没写的？

（一女同学主动上台补充）

师：（看黑板）哦，有补充的：大姐和二姐。我们现在就从这上面说起，感谢几位同学啊，非常好，这么迅速地找出来，而且写得非常好。

师：那么，我们就从遗漏的这些人说起，也就是说，我们先说最次要的。一般来讲，电视连续剧中的人物，如果让你去演的话，你总想争取一些台词，是吧？没台词的话没意思，跑龙套没意思，群众演员没意思。为什么呢？这个人物不重要。有台词的，相对就重要了。那么，首先从最次要的人物讲起。最次要的人物当中，刚才第一个同学写得非常好，但漏了两个人：大姐和二姐，我们就从漏掉的人物讲起。

师：把这两个人（**大姐和二姐**）拿掉行不行？或者只要一个行不行？

（有学生摇头）

生：我觉得大姐和二姐他们两个同时出现在文中，一方面写出他们家孩子多，生活比较困苦。

师：孩子与困苦有什么关系？

生：像他们这种需要纳税的家，从前文看，他们一家人买东西都很节省，且两个姐姐都找不到对象。

师：都找不到对象？文章里原话是怎样说的？请你将原话读一遍。

生：（**学生读原句**）她们老找不到对象，这是全家都十分发愁的事。

师：我为什么让你读？我最想听到你将两个词语进行强调。哪两个？

生（**众**）："老"、"十分"。

师："老找不到对象"中的"老"，然后就是"十分发愁的事"。大姐几岁？

生（**众**）：二十八。

师：二姐几岁？

生（**众**）：二十六。

师：哪个姐姐嫁出去了？

生（**众**）：二姐。

师：哦，肯定是二姐。我为什么强调年龄呢，同学们？大家把课本翻到 43 页，有一个父亲给女儿写了一封信，我想请一个同学把 43 页《致女儿的一封信》的第二段读一下。哪一位同学读一下,男同学,因为一个父亲写给女儿的信。最好用四川话读,我非常喜欢听四川话(教师微笑)。

(有男同学跃跃欲试)

生:(用四川话读《侄女儿的一封信》第二段)今天你整整十四岁了。你正跨越一个界限,越过它你就是一名成年女性了。你问我:"爸爸,什么是爱情?"(学生笑,然后全班鼓掌)

师(笑):谢谢这位同学啊！我让他读的目的是什么啊？刚才问的年龄,一个二十八,一个二十六,同样是欧洲人写的,但有一个重要的不可忽略的现实:十四岁,在当时的欧洲,十四岁过后就可以谈婚论嫁了,可以成家立业了。但是他的两个女儿一个二十六,一个二十八,嫁不出去,为什么,你知道么?

生(众):没钱。

师:用现代话讲这些嫁不出去的大龄女青年叫做什么啊?

生(众):剩女。

师:真的就是剩女。如果按照现代年龄的标准来衡量,她们相当于现在四十岁还没嫁出去。为什么？家里条件不好。在当时的欧洲,一个女孩想要嫁出去,要嫁得好,家里必须有非常丰厚的陪嫁。即便是牧羊女,从一开始干活,要替自己积攒相当多的嫁妆,否则将来很难嫁出去。将来我们还要学莫泊桑的《项链》,里面的马蒂尔德长得很漂亮,为什么嫁得不好？家里的条件不好。将来大家有机会,你去看《战争与和平》,你去看《悲惨世界》,你看许许多多欧洲作品,你都会发现陪嫁太重要了。这里两个女儿嫁不出去,就因为家里条件不好,但是父母又非常爱面子。所以,这两个女儿的出现,就给我们提供一个非常强烈的印象:这个家庭的的确确不景气。

(学生正襟危坐,凝神静听)

师：如果你是这两个女儿的父亲或母亲，在这种条件之下，你会把于勒接回家吗？两个女儿都嫁不出去，还有一个小儿子没长大，你会吗？

（学生沉思）

师：这个问题不做回答，但是希望大家心中有个印象。当二女儿嫁出去时，家里人很开心，终于有一个人来求婚，马上就答应了。答应之后，本来非常拮据的家庭，决定非常奢侈地出去旅游一次。实际原文还有一段文字，人教版把它删掉了。说在到泽西岛去旅游的时候，二姐和二姐夫亲亲密密地手搀着手走在前面，大姐一个人失魂落魄地在后面走。里边还打了个比方“像鸡窝里剩下的最后一只小鸡崽”，她的母亲在这里看着她非常痛苦。但是，人教版在选文时把这个细节拿掉了。我个人认为，编教材的人没看到两个姐姐在文章里面的重要作用。所以，莫泊桑一开始就说“我还有两个姐姐”，后文提到大姐二十八岁，二姐二十六岁，这绝对不是闲语。一个伟大的作家，尤其像莫泊桑这样著名的作家，他的每一笔，他的每一个细节都是精心考虑的。

（学生专注地听）

师：那么女婿能不能拿掉呢？

生（纷纷）：不能

师：为什么？（学生纷纷举手）

生：如果不出现女婿，二姐就不会嫁出去，那么这一家人也不会去哲尔赛岛，就更不会出现这个故事了，我认为他起着很重要的线索作用。

师（笑）：非常好，非常好，不用我解释了。我刚才说的是泽西岛，泽西岛是另外一个版本的翻译，我们课本的翻译是哲尔赛岛。

是一个岛,反正不是钓鱼岛(学生笑)。要是没有女婿的出现,怎么会碰得到文中的“我的叔叔于勒”呢?一句话都没讲,但没他真不行。“母亲”好几次要发脾气,为什么不发啊?——女婿在身边。发脾气的话,被女婿知道了,说不定要退婚呢?这就是家庭的状况。

师:那么能不能将吃牡蛎的“两位先生”、“两位漂亮太太”拿掉呢?

生(纷纷摇头):不能。

师(笑):肯定不能,没有他们就没有吃牡蛎的情节。没有吃牡蛎的情节,同样,于勒就不会出场。我们把最次要的人物分析一遍后,是不是每个人物都必不可少?

(大家频频点头)

师:那么我们再看看有台词的。有台词的,我觉得也有轻重之分、也有主次之分。比如说“父亲”、“母亲”、“船长”、“于勒”、“我”,刚才第一个同学上台来首先写“父亲”,我就很开心。我发现有的同学写的是“父母”,将父亲母亲写到一起了。但我提醒大家,父亲母亲是两个人,必须分开写。有的人把他们当作一个人来理解,大家可以看一下,文章里面有很多骂于勒的话,无论你看原著,还是看没有删改的文章,你都会发现父亲从头到尾没有骂于勒一句话,非常耐人寻味,也许就因为是亲兄弟。我不做解释。

师:我们现在来说船长,这个船长好像有点多余,完全可以拿掉。你看,文章里面父亲已经求证过一次,亲哥哥发现卖牡蛎的是于勒。然后告诉老婆,让老婆自己亲自去看看,老婆一看,就是他,那么何必出现船长呢?这个有点多余,谁来把我驳倒?(师笑)

(学生沉思后举手)

生：我觉得船长说的话不多余。

师：这位同学非常好，一站起来就单刀直入，一针见血。为什么？因为“船长说的话不多余”。那么船长说的话为什么不多余？

生：小说中的“父亲”和“母亲”都证实过了那个卖牡蛎的正是于勒，他们去问船长，船长却是“冷冷地回答”，这说明船长对卖牡蛎的这个“流氓”一点都不在意，也体现了金钱社会的恶毒。

师（笑）：金钱社会的恶毒，这句话也说得非常到位了。好，请坐。这位同学抓住了船长出现时的那番话，我希望大家在读的时候能抓住船长说这番话的要核。他提到了于勒，提到于勒什么呢？你不妨把船长提到的这番话读一下。（教师请刚才回答问题的女同学朗读）

生（读）：“他是个法国老流氓，去年我在美洲碰到他，就把他带到了祖国。据说他在哈佛尔还有亲属，不过他不愿回到他们身边，因为他欠了他们的钱。”

师：好，停一下。读到这里，又提供了一个非常重要的信息。大家思考一下，于勒已经回到了哈弗尔，但是不愿意回家，为什么不愿回家？

生（纷纷）：他还欠他们的钱。

师：因为他还欠他们的钱。我希望大家抓住这一点，于勒不回家是因为他还欠兄嫂的钱。好，继续读。

生（继续读）：“他叫于勒……姓达尔芒司，——也不知还是达尔汪司，总之是跟这差不多的那么一个姓。听说他在那边阔绰过一个时期，可是您看他今天已经落到什么田地！”

师：好，请坐，非常好。刚才又读到另一个非常重要的信息，听说于勒在美洲怎样？

生（众）：还阔绰过一个时期。

师：那么于勒前面写了两封信说谎了吗？

生（众）：没有。

师：好，大家发现我又在替于勒说话。你看他不回家，是因为欠兄嫂的钱，没面子，说明这个人内心还有什么？

生（纷纷）：还有自尊。

师：无颜面对家中的兄嫂，宁可过着流浪汉的生活当乞丐，不回家。同时，船长的话印证了于勒当时在美洲确实阔绰过，他前面所写的两封信想回报兄嫂是假的吗？

生（纷纷）：不是。

师：好，那么到这里，船长的实际意义已经出来了，我不再说了。我想说的是，于勒到底是怎样的一个人？

（学生沉思，再读课文）

师：大家都在沉思，很可能，我提供的信息和你原有的信息发生碰撞。我们刚开始判断于勒是个流氓、老流氓、无赖……所有词典里骂人的词语，文章里面几乎都有。于勒真的是十恶不赦的无赖吗？（学生纷纷摇头）如果真是无赖，我就回家了，我赖上你了，我当年花你的钱，今天还要花你的钱。是这样的吗？但是他没有。同学们，看待一个人时，尤其是看欧美作家笔下的人物时，我希望大家放弃一种思维方式——要么好，要么坏，要么是好人要么是坏人，两元对立的思维方式肯定是不成立的。这种成立，只有在我们中国作家的笔下也许成立，在欧美作家笔下，往往不成立。所以，看一个人要换换眼光来看。我不是说他就是好人，但我也没说他就是坏人。我想问大家，于勒最终回家了吗？

生（齐，大声）：没有

师：你怎么知道没回家的呀？

（学生众说纷纭）

师：他现在没回家，也许最后回家了呀。你不知道，你找不到，因为有人把它删掉了。你看课后最后一道练习题，我见到叔叔于勒了吗？（学生答：没有）能删么？（学生摇头）这就是我们在选编教材时要注意的问题。

你如何评价文中的父母？如果让你用两个词语来形容的话，你怎么形容？

生：我觉得是势利。

师：两个。你给我一个，很好。

生：我再想想。

师：好，其他同学再补充一下。那位男同学，你站起来大声讲讲。

生：还有小气。

师：势力、小气，还有吗？

生：虚荣。

生：自私。

生（大声）：善变

师：怎么变？

生：父母开始对于勒很不看好，因为他花家里的钱，但是后来他们收到了于勒的信后，改变了对于勒的看法。

师：哦，我明白你的意思，你的"善变"出乎我意料，其他同学的答案都在我意料之内。我们的解读都是这样：势力啊，自私啊、无情啊、可恨啊……最多的词语一个是无情，一个是可恨（教师板书：无情、可恨）。如果说他无情，说他自私，说他小气，说他可恨的话，文中里面最重要的体现就是抛弃亲兄弟，不认亲兄弟，然后独自走了。但是别忘了我们刚才提到的问题，如果你就是文章里面的父亲，家里经济条件很不景气，两个女儿因此嫁都嫁不出去,好不容易二姐嫁出了,如果把于勒领回家,很可能造成的结果是什么呢?

(学生沉思)

师:大姐可能永远嫁不出去,二姐嫁出去了很可能会离婚,甚至文中的母亲也会和我离婚。你会把于勒带回家吗?

(学生摇头)

师:同学们,我们站在道德高地上,去批评别人,去骂别人,非常容易。但是我们中国古人说得好:“见贤思齐焉,见不贤而内自省焉。”看到不好的现象,首先是要反省自己,设身处地想一下,如果是你,你能做到吗?小月月被撞死,路过的十八个人都没有救,如果是你的话,你会去救吗?你敢去救吗?我们不是圣人。我们要看到文章里面的父母,在无情背后他们还有无奈(板书——无奈)。他们只是小人物,他们只是普通人。小人物有小人物的不幸,小人物有小人物的辛酸,小人物有小人物的难处(学生点头)。如果是你,你会吗?如果是我,我至少说我得考虑考虑。所以,在看到他们的无情时,你要看到他们的无奈;看到他们的可恨时,还要看到他们的可怜(板书——可怜)。不要一味地去指责他们,去咒骂他们,作品是教人向善的,但向善并不能站在践踏别人的肩膀上。不是践踏,是反省。

师:好,文章人物我讲到这里。有一个公案我今天必须要讲一下,就是关于开头和结尾,到底能不能去掉?文章课后练习已经列出来了,反正我们教材,编者是把它去掉了。但是刚才我已经给出一个理由就是不能去掉,原因是什么呢?就是文章的情节,于勒最终没有回家,把这个信息漏掉了。但仅仅在此吗?要开头还是不要开头,我希望大家说出理由来。说实在话，到目前为止，关于这个问题争论不休。我不知道今天我随后的解释能不能给大家一个信服的答案，但我还是希望我能表达我的观点。在表达我的想法前，我想听听在座同学的观点。你觉得开头结尾能不能去掉？这个问题很难，专家都讨论不清楚，我们发表一下我们最童真的见解，也许最童真的最有说服力。

（众生沉思，一会儿后有人举手）

生：我认为开头可以去掉，但是结尾不能去掉。因为开头去掉，设置了一个悬疑，抓住了读者的兴趣，结尾就可以体现出于勒没有回家。

师：如果是这样的话，我还可以给你提个建议，文章最后一段应该拿掉，否则太突兀了，因为最后一段明显和文章开头呼应，否则交代不清楚了。可以保留倒数第二段，你的意思是这样的？

（生点头）

师：好，这是你的见解。其他同学呢，谁还想发表自己的见解？

生：我觉得开头和结尾都可以删掉。如果不删，讲的问题就比较小了，像是一个人和一个乞丐的关系；如果删的话，就夹杂了社会的关系在里面。

师（微笑）：好，请坐。哎呀，我太佩服大家的勇气了。实际上，我刚才倾向性非常明显，我不同意编者的看法，我认为开头和结尾不能去掉，已经给大家画好线了，希望大家能附和我能赞同我，结果两个同学都不赞同我，我感觉大家太无情了，（微笑）非常佩服你们。但实际上，我最佩服大家的就是这一点，老师讲的未必是对的。但是，我必须表明我的观点，你可以不同意老师的观点，但我必须要说我的观点，说完之后，你再发表你的观点。时间关系，我可一直要讲的啊，我讲几个方面，开头结尾不能删掉。

首先一点,故事情节不完整,你们讲过我不再讲了。另外一点,文章里面又出现两个人物,一个是"我",这个"我"不是文章里面的若瑟夫。当然也出现了若瑟夫,还出现了一个白胡子穷老头,但是我觉得是三个人物。为什么?就像选演员一样。故事里头的"我",还是小孩儿。而文章开头结尾里面的若瑟夫,已经是成人了。你找演员还找个小孩行吗?不行,成人是有变化的。文章最后一句话说:"以后您还会看见我有时候要拿一个五法郎的硬币给要饭的,其缘故就在此。"缘故是什么?就在前面的一个故事,就是于勒的故事。五法郎啊,给一个老乞丐。五法郎是多少?你说不知道,现在欧洲有欧元,没法郎,但看文章。文章里面刚开始提到他的姐姐为十五生丁的东西都要讨价还价好半天,文章里面还写到"我"去买牡蛎把找回的两法郎给母亲时,母亲大吃一惊,怎么花了三法郎?花三法郎,母亲都感觉割肉一样,三法郎对这个家庭是多么重要!但是,文章开头结尾施舍一个素不相识的老乞丐居然五法郎啊,同学们!将来大家看《欧也妮·葛朗台》,里面葛朗台的确是吝啬鬼,但葛朗台对一个人比较慷慨,就是他家里的女仆——拿侬。拿侬一个月工资多少?只有五法郎。五法郎是很多的,他居然施舍一个老乞丐五法郎,毫无疑问因为于勒。为什么因为于勒啊?他的于勒叔叔如果还活着的话,也是一个老乞丐。"我"实际上在表达自己的期盼,期盼自己的叔叔于勒在他乡乞讨时,有人像自己一样去怎样?——去施舍(**学生答**)。同时,"我"在赎罪,替父母赎罪,于勒叔叔最终没有回家。五法郎在赎罪,也是替自己赎罪。文章里一个细节给删掉了,哪个细节呢?当"我"拿着五法郎去交钱时,因为怕于勒叔叔认出来，父亲不敢去，让我去。两个姐姐问“父亲呢，怎么你来了？”“我”脱口而出“母亲身体不舒服，所以让我来了”。“脱口而出”这一句话，也就是说在这件事情上，“我”同样有责任，也在替自己赎罪，这是又一层意义。所以这五法郎，不可小瞧。（学生专注聆听）

师：更重要的是，我希望大家看到成长过程，故事中的“我”和文章开头结尾的若瑟夫，虽然是一个人，但一个是长大后的若瑟夫，一个是幼年的若瑟夫，文章最震撼人心的就在这里。长大后的若瑟夫是否变成了像“我”父母那样的人呢？（学生纷纷摇头答：没有）他势利了吗？他自私了吗？（学生纷纷摇头）这是文章最温暖的，最震撼人心的地方。长大后的若瑟夫，正直善良。同学们，要看到这股力量，同时，我们要汲取这股力量。你有没发现当今的社会现实，我说一句不恰当的话对比，从整体上说，小学的道德水准比中学高，中学的道德水准比大学高，大学的道德水准比社会上的成人高，这是非常有意思的现象。随着教育的增长，人们增长的未必是教养；随着学问的加深，人们加深的未必是学识。但是我期待的最理想的境界是什么？随着受教育程度的增高，我们增高的不仅是身高、年龄和学问，还要增加教养，增高自己的品德。文章的若瑟夫就是一个光辉的榜样。所以，我认为开头结尾绝对不能删。删了，是没看出莫泊桑作为一个批判现实主义的良苦用心。（教师满怀激情）

师：好了，今天的课就上到这里。同学们，再见！

（全场响起掌声）

《不可小瞧的平铺直叙》课堂实录

上课时间：2015 年 4 月 10 日

上课地点：杭州市建兰中学

（师生互相问好）

师：刚才就有两位男同学问我，老师你姓什么？还有同学问，老师您贵姓？非常有礼貌。我首先自我介绍一下，我姓魏（板书“魏”）。我不知道在座的同学有没有姓魏的？（学生摇头）没有啊！（笑）我叫魏新磊（板书名字），这三个字写起来非常麻烦。我相信我的名字一写出来，在场肯定创造一个“最”（学生很纳闷，很兴奋）。最什么？笔画最多。我坚信不疑的是你们任何一个同学的姓名笔画都超不过我，有没有不服气的，比试一下？（学生开始私底下数笔画）不用数，47 画（学生面露惊讶之色）。好了，告诉大家之后呢，我觉得有一个好处：今天的课上得你有收获，你知道谢谁；如果上得不好，你知道骂谁。（师生笑）

师：好了，我们今天上课的名字叫《不可小瞧的平铺直叙》。说实在话，我刚才写在上面，有点心虚。我现在要抹掉几个字“不可小瞧的”（教师擦掉黑板上的“不可小瞧的”）。今天我所讲的内容，能不能说服你们，能不能被你们接受，我真的不知道，这只是我自己的一厢情愿而已。所以我们今天看这节课,前面几个字能不能补上,随后再说。刚才说到我的名字创造一个"最",我从"最"说起。我想问大家一个问题,大家都会答、都能答,但这么多同学不可能人人有机会答,我问题还没问出来,有没有同学想回答我的第一个问题?(老师举手并环视全班,微笑)

(生纳闷)

师:就这个同学,刚才问我姓什么的。(走近,小声,很神秘的样子)我问你一个问题啊,你最喜欢吃什么?(微笑)

生(纳闷):我最喜欢吃(停顿)——饭。(全班大笑)

师(笑):饭有很多种啊,在米饭和肉之间选择,你选择的是米饭?

生(摸不着头脑,笑):嗯。

师:好,谢谢你!(转身)还有这位同学也问过我姓什么,你喜欢吃什么?

生(想了想):我最喜欢吃——肉。(部分学生笑)

师:哪种肉?

生:红烧肉

师:哎呀,咱俩太像了。告诉你,我这么多年,最喜欢的就是吃红烧肉,咱俩有共同的喜好。(转身,又问一女同学)你最喜欢吃什么?

生:我最喜欢鲫鱼。

师:好了,问三个同学就够了。我相信这位同学喜欢吃鲫鱼,但不可能每天都吃鲫鱼。那位同学喜欢吃红烧肉,他不可能每天吃红烧肉;这位同学喜欢米饭,但是我,我敢肯定,他几乎天天都吃饭(学生笑)。我也相信,在座的每位同学,几乎天天吃饭。年年吃,月月吃,几乎天天吃,我现在打个比方,我所说的平铺直叙，在写作当中就相当于我们每天所吃的饭。而刚才的红烧肉也好，鲫鱼也好，无论多么好的山珍海味，点心也好，可能仅仅是平铺直叙当中的某种技巧，某种做法。我今天上课，想达到这样两个目的。

出示PPT：

想要实现的目标

1. 唤起同学们对平铺直叙的重视。

2. 初步掌握给平铺直叙增色的常见做法。

师：第一个目的，我刚才把这个地方擦掉了（手指黑板），我是希望能唤起同学们对平铺直叙的重视。第二个目标希望同学们在了解平铺直叙重要性的情况下，你能运用它，你能掌握几种给平铺直叙增色的常见的做法。好，我把今天的两个目标给大家说出来，能不能达到，还看大家，当然也看我。

师：接下来，大家把讲义拿出来，我把讲义简单介绍一下。这份讲义加上作业，总共三个部分：第一部分是台湾著名作家龙应台的一篇文章，题目叫《目送》，但是被我挖得千疮百孔面目全非了（笑），我不知道大家读没读，等一会儿再读一遍；第二部分，是我们学过的课文《爸爸的花儿落了》一部分；第三部分是我曾经的一个学生写的一篇文章，我也呈现给大家。但第三部分今天能不能讲到，我不知道。根据我们上课的进程，根据进度的快慢，能讲到就讲到，讲不到留下来，你自己看。

师：好，现在，大家先默读一下龙应台的《目送》，默读分两遍。第一遍你跳过横线，第二遍你琢磨一下，横线上如果让你来写，你写什么呢？你也可以推测一下，这个地方龙应台会怎么写呢？好了，大家开始看《目送》。

（学生看讲义，教师巡视，并提醒学生看完后，前后、同桌之间讨论）

师：（学生看完）干脆这样，我们一个一个解决。哦，刚才我说平铺直叙忘了一个话题。我觉得平铺直叙还要说几句话，否则大家重视程度是不够的，因为大家一直以来对平铺直叙比较冷落，我们补上。

（出示 PPT）

关于“平铺直叙”——铺，铺陈；叙，叙述。说话或写文章不加修饰，没有起伏，重点不突出。或形容文章容易理解。（百度词典）

师：关于平铺直叙，这是百度上的解释，大家可以快速看看。（停了一会儿）但我们知道网络有时不可信，我又查了《现代汉语词典》对平铺直叙的解释：“说话或写文章时不讲求修辞，只把意思简单而直接地叙述出来”（PPT 呈现）。我接着又查，因为我觉得《现代汉语词典》有时也不靠谱，我找一本靠谱的词典，看有没有替平铺直叙说一句话的，我又查了《辞海》。《辞海》上这样解释：“说话或写文章时只把意思简单而直接地叙述出来，不讲求修饰变化。李渔《风筝误·糊鹞》：‘诗书庸腐文章板，平铺直叙没波澜’。”看到他说的“平铺直叙没波澜”这一句话后，我马上查到它的出处，我把出处放在这里：

（PPT 呈现）

聪明让鲁班，随时逐节，把巧制新翻；不像那诗书庸腐文章板，平铺直叙没波澜。照我看来，那十分之中，竟有九分该删。

清　李渔《风筝误·糊鹞 yào》

师：他说“照我看来，十分之中，竟有九分该删。”哪里呢？就是诗书中、中国古代文化典籍中，李渔认为十有八九该删。为什么?(停顿)都是平铺直叙的。但是各位同学颠倒过来想想,中国古人那么聪明,为什么十有八九都用了平铺直叙呢?(停顿,学生沉思)就像米饭一样,也许它的味道不像红烧肉那么香,但是往往最基础的、最基本的是我们最忽略的,平铺直叙真的是一种不应该忽视的最基本的写作手段。我可以负责任地讲,大家长大后去看世界名著,你看看《悲惨世界》,平铺直叙;你看《战争与和平》,平铺直叙;你看看《红楼梦》,基本上也是平铺直叙;你看《西游记》,基本也是平铺直叙,只不过它披上了神话的外衣而已。有一本书《百年孤独》,一问世,就引起了轰动,获得诺贝尔文学奖,为什么呢?因为它改变了平铺直叙的模式。我印象中第一句话就把我震住了:"许多年之后,面对行刑队,奥雷良诺·布恩地亚上校将会想起,他父亲带他去见识冰块的那个下午。"这句话我看一遍就记住了,印象太深了。它的时间跳跃太大,但它是个例外,的的确确写得非常好。但是如果你细看,它基本上也是平铺直叙,只不过这里使用了一种手段而已,今天会稍微点一下这个手段。好了,说到这里,我一厢情愿的,我非常主观地说了平铺直叙的重要性。

刚才,我们看了龙应台这篇文章,你看第一遍基本上也是平铺直叙,尤其是和儿子之间的目送。而且删掉横线上的文字后,有没有不通顺?(学生细看,摇头)但是横线去掉后,是我们的水平,加上后是作家的水平。你看"床前明月光,疑是地上霜。举头望明月,低头思故乡",二十个字还重复了三个字。十七个字,人家李白一排列一组合,一首千古流传的名诗出来了。这十七个字你去组合,你怎么组呢?作家的水平高在哪儿?同样这几个字,人家组合起来好,咱组合起来不好。所以,有时候你不掌握技巧,真是非常简单的平铺直叙。我们和作家区别是什么啊？人家作家写的，一看，哦，这是作家写的；你写的文章，哦，这是做假的；人家写一笔，画龙点睛看着让人印象深刻，咱写出来是什么啊，画蛇添足，让人看着别扭；人家写出来行云流水，咱写出来，人家说，你流水账。但是，今天你看龙应台，把横线上的文字去掉后，真的就是流水账；但是加上横线上的文字，就不是流水账，真的行云流水了。

师：好了，我们再回到这个话题。第一处，推测一下，前后桌商量一下，龙应台她可能会怎么写？可以讨论，当然也可以独立思考。

（PPT 显示第一处修改稿）

华安上小学第一天，我和他手牵着手，穿过好几条街，到维多利亚小学。（此处删去约 60 字）________________________

____

（学生前后小声讨论）

师：有没有主动举手的？我最希望看到自告奋勇的，因为我深刻地理解到现代社会绝对不是三顾茅庐的时代。

（学生受到鼓励，纷纷举手）

生：我觉得也许是母亲和她的儿子道别的场景。

师：道别的场景？

生：儿子刚上小学，儿子应该很离不开妈妈。

师：我首先问你一个问题，刚才你回答的是你们讨论的结果，还是你个人观点？

生：我个人的观点。

师：其他人有人和你观点一致吗？

生：（转身指指后面）他们有人说是环境描写。

师：（走近）好，我来听听你的观点。

生：龙应台说她和她儿子要穿过几条街道到维多利亚小学，可能会描写维多利亚小学的环境或旁边的环境。

师：注意一下，看文章第二自然段。第二自然段写他俩到这个地方，他俩有没有分手？

生：没分手。

师（笑）：没分手，你觉得会是告别吗？

生：（想了想）应该不是。

师：要注意上下文。这位同学说写景，我们看龙应台是不是在写景？

（PPT 呈现原稿）

华安上小学第一天，我和他手牵着手，穿过好几条街，到维多利亚小学。九月初，家家户户院子里的苹果和梨树都缀满了拳头大小的果子，枝丫因为负重而沉沉下垂，越出了树篱，勾到过路行人的头发。

师：龙应台原文是这样写的："九月初，家家户户院子里的苹果和梨树都缀满了拳头大小的果子，枝丫因为负重而沉沉下垂，越出了树篱，勾到过路行人的头发。"确实是写景，但抒情了吗？

生：没有抒情。

师：不要以为写景就是为了抒情，纯客观的描写当然肯定有主观因素在里面。但是，我读到这段文字的时候，就好像坐着直升机一样，一下子看了好几条街，家家户户院子里都有这种果树。甚至我就像看电影，我的目光跟随龙应台和她的儿子，穿过一条街又一条街。我甚至看到龙应台的头发被树勾住了，然后她轻轻地把它拨开，还笑了一下。你会发现，有了这段文字后，画面感非常强，这就是作家。我们有时候写文章缺少的恰恰就是这一点。我们也会说"我们一起手挽着手"，"我们一起走哪条路”，就是忘了你走的那条路是怎样的一条路。所以，刚才这位同学说得非常好。她说了“写景”，我就写个“景物”吧（**板书“景物”**）。实际上我写出景物时，我更想把它写成“场景”（**板书“场景”**），为什么？因为场景包括天气，包括温度，包括是否有风，包括周围环境怎样，不同时间不同地点很多情况是不一样的。我们学课文时，有很多环境描写，有很多景物描写，你都知道别人怎么用，为什么到我们自己写作时就忘记了呢？不是你不知道，而是你没想到。你看，龙应台人家想到了，写出来了，我们想不到，这些话你能写出来吧？你说用了什么修辞吗？用对偶吗？用拟人吗？句式整齐吗？没有！还是家常话，但是你就是想不到。

（生认真聆听）

师：现在再看第二处，也可以简单讨论一下。

（PPT 呈现第二处）

很多很多的孩子，在操场上等候上课的第一声铃响。（此处删去约 30 字）__________。*他们是幼儿园的毕业生，但是他们还不知道一个定律：一件事情的毕业，永远是另一件事情的开启。*

（有不少学生马上举手，老师提示先等一下，待大部分有了想法，再交流）

生：应该是儿子非常眷恋母亲，依依不舍不想离开母亲。

师：我问你，是你自己的想法，还是你想了龙应台的想法？

生（**笑**）：我自己的想法。

师：看是不是暗合啊？

生：我是从“他们还不知道一个定律，一件事情的毕业永远是另一件事情的开启”这一句话，儿子还比较小，幼儿园刚毕业，心智很幼稚，离不开妈妈，很依赖母亲，他也没有想到走上新的一条路。

师：(走近另一个同学)这位男同学刚才也有想法……

生：我觉得应该是描写一个人物。

师：描写"我"，还是描写谁？

生：描写幼儿园毕业的孩子们。

师：你把场景一下扩展到母子外的一群人了。

生：因为后面又描写了他们是一群毕业生，而后面的描写总是会带上一个"他们"。而且前面那句话"很多很多的孩子总是等待上课铃响"，很多孩子，那么中间应描写孩子们的神情。

师：好，谢谢，你俩实际上很接近。我先解释一下，这里我用了斜体字。因为这些话是我们写不出来的，没有生活阅历，你写不出来。你们这个年龄，我也不希望你们写出来，小孩子就是小孩子，何必这么饱经沧桑？这句话写不出来无所谓。我们看龙应台这个地方写的是什么呢？

(PPT 呈现第二处原稿)

很多很多的孩子，在操场上等候上课的第一声铃响。小小的手，圈在爸爸的、妈妈的手心里，怯怯的眼神，打量着周遭。他们是幼儿园的毕业生，但是他们还不知道一个定律：一件事情的毕业，永远是另一件事情的开启。

师：这两位同学太厉害了，你看"小小的手，圈在爸爸的、妈妈的手心里，怯怯的眼神，打量着周遭。"他俩合到一起，非常完美地猜测到了龙应台这个地方是怎么写的。人物出场了，应该写人物，人物到底应该怎样表现呢？我们发现，看似写动作，实际上写的是人物的心理。你看小孩子"怯怯的眼神，打量着周遭"，这样就传神了，这就是作家的水平。你离作家的水平有多远呢？刚才这两位同学，如果你在写作的时候，你能想到这一层，你一下就跳到作家水准了，你不要以为作家就那么厉害。好，这是第二处，再看第三处。

（PPT 呈现第三处）

铃声一响，顿时人影错杂，奔往不同方向，我看着他的背影____（此处有改动，原文此处约 60 字）。华安背着一个五颜六色的书包往前走，但是他不断地回头……

师：这个地方我有改动，不是删了，改啦。这段文字，我想直接呈现给各位同学。

（PPT 呈现第三处原稿）

铃声一响，顿时人影错杂，奔往不同方向。但是在那么多穿梭纷乱的人群里，我无比清楚地看着自己孩子的背影——就好像在一百个婴儿同时哭声大作时，你仍旧能够准确听出自己那一个的位置。华安背着一个五颜六色的书包往前走，但是他不断地回头……

（停顿，学生仔细默读）

师：目送嘛，看着背影。你看龙应台挣稿费很容易，对吧？（笑）我们挣不来稿费就是几个字解决问题了，人家这几个字发挥这么多（笑）。开玩笑的，龙应台不是为了稿费的，但是你发现没，这里"但是在那么多穿梭纷乱的人群里，我无比清楚地看着自己孩子的背影——就好像……"把人物的心情写出来了。这一段，我想粗讲一下，因为后面还有一段很接近的文字。我们接着往下。

（PPT 呈现第四处）

他在长长的行列里，等候护照检验；我就站在外面，看着他的背影（此处有改动，原文此处 16 字）。终于轮到他，在海关窗口停留片刻，然后拿回护照，闪入一扇门，倏忽不见。

<u>（此处删去约30字）</u>

师：这段文字和前面很接近。推测一下，这个地方龙应台会怎样写呢？我提醒各位同学，前面孩子是“奔”，速度很快；而这里，他在排队，速度很慢。看着背影，龙应台会怎么写呢？有没有同学谈谈自己的看法，刚才同学回答得很精彩。原文此处只有十六个字，这十六个字，写得太妙了。

（有个学生比较犹豫）

师：（走近，很温柔）没关系，允许出错，我们还不是作家。

生：儿子的速度应该会比较慢一点，因为儿子当时还在排队。联系上文“勉强忍受母亲的深情”，我觉得儿子像小时候的眷恋可能减少一点。

师：你把关注点放在儿子身上。但是看着背影，龙应台会怎么写自己呢？

生：她的反应还是出于对儿子的爱。

师：怎么写？对，你说得非常对，那种依恋，那种不舍。但直接说我很依恋，我很不舍，我很难过，那不是龙应台了。人家不直接说比说出来还要让你感触深。你想知道龙应台怎么写吗？（微笑）

生：……（一时回答不上来了）

师：好，你请坐。有无同学再试一下？

生：我先从前面一句话“安华背着一个五颜六色的书包往前走，但是他不断回头”，后面有可能母亲期待儿子上飞机前排队时，再次依依不舍地回头看她几眼。

师：她怎么看的？你一下子说到这个地方了（海关窗口），他在这个地方才消失，倏忽不见。我们看龙应台怎样写的？

（PPT 呈现第四处原稿）

他在长长的行列里，等候护照检验；我就站在外面。用眼睛跟着他的背影一寸一寸往前挪。终于轮到他，在海关窗口停留片刻，然后拿回护照，闪入一扇门，倏忽不见。

师：来，这个男同学起来读一下。

生（读）：用眼睛看着……跟着他的背影一寸一寸往前挪。

师：好，请坐。刚才这位同学一不小心读错一个字，马上改过来了。他说用眼睛“看着”，层次一下子降低了；但用“跟着”，很有意思，“用眼睛跟着他的背影，一寸一寸往前挪”。同学们，这是一个母亲的心啊！写得好啊，一寸一寸往前挪（读得慢速，深情）。一个“跟”，一个“挪”，又加一个“一寸一寸”，各位同学，母亲的心全在这里！

师：儿子消失了，那位同学说了，她多希望儿子能回头看自己一眼啊，而且同学联系前文小时候不断回头看自己，但今天呢？没有。各位，在写作中，这叫什么？这叫意外（板书“意外”）。我们认为情节往某个方向发展，结果它偏偏往另一个方向发展。如果你在写作中会有一些小意外，超出别人预料的，又符合生活常识、生活常理的意外，你的文章就有意思了。你的文章虽然平铺直叙，但平铺直叙得和别人不一样。所以这个“意外”，真让人印象深刻。

师：还有这一处，第六处。这个地方，我就删去了十五个字，这十五个字写得太妙了。各位同学你们推测一下，这十五个字必须交给你们啦。（微笑）

（PPT 呈现第六处）

一会儿公交车来了，挡住了他的身影。车子开走，（此处删去约 15 字）____________

（学生认真推敲）

师（提示）：儿子走了，妈妈站在高楼上，守着窗子往下看。公交车来了，儿子坐车就走了。车子走了就走啦，接下来，还能写什么呢？

生：可能像上面一处一样，龙应台的视线跟着他的车子一起开走。

师：如果说车子走得看不见了呢？“孤帆远影碧空尽，唯见长江天际流。”船也看不见了啊？

生：那她可能心情非常落寞。

师：你怎么写呢？车子开走了，“我”的心情很落寞？

生：大概跟上面有一段在海关排队的那一段很接近。

师：你把龙应台的心情揣摩得非常到位——落寞，但怎么写出落寞呢？有没有同学尝试一下？

生：她的落寞应和下文有一段结合在一起的，下面有一段她慢慢了解到一些事实，应该是从这里了解到的：“你站在小路的一端，看他逐渐消失在小路的转弯的地方”，应该是我的目光跟着车子，随着车子消失在公路的转弯处。

师：消失在公路的转弯处，然后关上窗子坐下来独自流泪？是不是这样的？

生（若有所思）：应该是这样的。

师：大家已深刻体悟到人物的心情。你们才七年级啊，你们有这么好的文本解读能力，能写出来，能体悟到，不得了。看龙应台怎么写的？“车子开走了，一条空荡荡的街，只立着一只邮筒。”刚才我说过一句诗：“孤帆远影碧空尽，唯见长江天际流。”这首诗学过没有？

生（众）：学过。

师：李白把孟浩然送走了，孟浩然的船都消失了，消失在天边了，只剩下长江水无语东流，但是李白还是看着长江水，和这句话异曲同工。但是我认为龙应台写得更简洁、更通俗。由龙应台，我想到李清照的一句话："守着窗儿，独自怎生得黑。这次第，怎一个愁字了得？"什么是作家水平？这句话绝对就是作家水平，你和他就差这十五个字（学生笑）。所以不要自卑，但要努力，怎样把自己的心情表现出来。

师：我们刚才所说的"意外"也好，写景也好，人物也好，接下来有一段文字，我用黑体字表示，我请同学把这段文字读一下。

生（读）：我慢慢地，慢慢地意识到我的落寞仿佛和另一个背影有关。

师：同学，你注意一下标点。

（学生再读）

师：你注意到了逗号，忘了句号，请再读一遍。

生（第三次读）：我慢慢地，慢慢地意识到我的背影仿佛和另一个背影有关——（"有关"读出了拖音，其他学生大笑）

师：（笑）很幽默，生怕大家睡着了。我一直在思考一个问题，这句话能不能去掉一个"慢慢地"？一个"慢慢地"就可以了啊，而龙应台不仅用了两个"慢慢地"，两个"满满地"中间还加一个逗号，更慢，必须停一下。（教师读）"慢慢地，慢慢地意识到"是不是有感情啊？（学生频频点头）同学们，标点会说话啊！"我的落寞"后面为什么加个逗号啊？就形成了一个顿挫，就让人必须停一下，强调"我的落寞"。"我的落寞"，往下走（教师扬起手臂向下）。我们说什么叫顿挫？这就是顿挫。有时候，标点符号真的很重要，重复说"慢慢地，慢慢地"，哎呀，真的写得太好了。

师：接下来想起另一个背影，开始写谁啦？

生(众)：父亲。

师：各位同学，这就是龙应台高明的地方，如果后面不写父亲，就是一般的记叙文。但是写了父亲，这篇文章如果用中国传统说法的话，本来写儿子却写到父亲，叫“放”(板书“放”)。“放”出去啦，但最后一段要把它“收”回来(板书“收”)，高明的作家能够做到收放自如。我刚才所说的《百年孤独》，看似很新颖，只不过做到了收放自如。马上要提到的《爸爸的花儿落了》，实际上也是平铺直叙。但能看出不平常的是什么呢？——收放自如。我们大家写文章时，也可以写着写着突然回忆起某件事，但是一定要找个载体。我们到八年级时要学一篇文章叫《背影》，实际上《背影》就是平铺直叙。除了第一自然段“我与父亲不相见已两年有余，我最不能忘记的是他的背影”，好，开始回忆了，“那年冬天，祖母死了，父亲的差事也交卸了，正是祸不单行的日子……”到结尾再收回来，“在晶莹的泪光中，又仿佛看到他那肥胖的、青布棉袍黑布马褂的背影。唉，不知何时再能与他相见。”你看，又回来了。龙应台写这篇文章可能受到了《背影》的影响，包括后面学生写的那篇文章。朱自清的《背影》为什么影响那么大啊？平铺直叙得非常非常好，很朴实，又很能打动人，抓住了很多细节。预告一下，到八年级你们会学。

(PPT 呈现《爸爸的花儿落了》中部分删改内容)

“大小姐，别说什么告诉你爸爸了，你妈妈刚从医院来了电话，叫你赶快去，你爸爸已经……”

他为什么不说下去了？我忽然觉得着急起来，大声喊着说：

“你说什么？老高。”

“你爸爸已经不在了。大小姐，到了医院，好好儿劝劝你妈，这里就数你大了!”

是的,这里就数我大了,我是小小的大人。

我对老高说:

“老高,我知道是什么事了,我就去医院。”我从来没有过这样的镇定,这样的安静。

师:打开课本对比一下,是不是一样?

(学生翻书,仔细核对)

生:不一样。文章中“你说什么?老高。”后面没有大屏幕上“你爸爸已经不在了”这句话。

师:我是故意的,我觉得我写得好,因为前面老高已经说过“你爸爸已经……”没说完,然后“我忽然觉得着急起来,大声喊着说:‘你说什么?’”老高肯定该回答“你爸爸已经不在了”,他怎么说到其他地方去了?文章不流畅了。

生:如果直接告诉作者他的爸爸已经去世的话,作者心里肯定会更难受,老高不想让自己的小主人心中……(欲言又止)

师:老高不忍心是吧,老高很善良,不忍心把这残酷的事实一下子摆放在小女孩的面前,所以“爸爸已经……”故意不说了。还有没有不一样的?

生:“这里就数我大了,我是小小的大人”,前面本来还有一段“瘦鸡妹妹还在抢燕燕的小玩意儿,弟弟把沙土灌进玻璃瓶里。”

师:我觉得这段文字也多余啊。你看“这里就数你大了”,接下来“是的,这里就数我大了”,多通顺啊!

生:写瘦鸡妹妹还在抢燕燕的小玩意儿之类的,写出弟弟妹妹的幼稚啊,说明“我”在这个家里成熟了。

师:你为什么觉得他们幼稚啊?

生：抢玩意儿，把沙土灌进玻璃瓶里。

师：在什么情况下？

生：他们的爸爸已经住院了。

师：可以看作他们的爸爸已经去世了。“我”能听出老高说的是什么意思，弟弟妹妹能听出来吗？

生（坚定）：听不出来。

师：听不出来，他们还很小。文章里面有一句话：“我今年十二岁”，她下面有四个妹妹，两个弟弟。这样一个家庭，顶梁柱轰然倒地，小孩还不知道，还在争玩具。同学们，写的是弟弟妹妹的欢乐啊，但这种欢乐与当时的场景是多么不合拍啊。各位，你在读文章时，有没注意到林海音的这句话啊！如果你没注意到，你就没体会到作者的匠心。我们一定要善于从课文当中借鉴、吸取他们的绝妙优点，很平淡，但是直到人的内心深处。

师：还有其他发现吗？

（生摇头）

师：真没有啦？（停顿）这里呈现一下，原文“这里就数你大了”，说了几遍？

生（众）：两遍。

师：但我前面的说的几遍？你不要小瞧这重复，没有重复就变成责备了，有了重复，你会发现，“这里就数你大了，就数你大了”，既说给对方听，也说给自己听，变成喃喃自语了，这就是一种意外，一种手段。同学们，看似平淡处，却不平淡。

师：最后，我呈现一个内容。有一次，我出了前文，让同学们写后面。前面是这样的……

（PPT依次呈现学生续写的文字）

让　座

（终于有了一个座位）屁股还没坐热，一个老奶奶挤到了我的旁边，我有点犹豫，让不让座呢？……

我看了看胸前的红领巾，起身把座位让给了老奶奶，老奶奶高兴地说："谢谢小朋友！"我心里别提多高兴了。（学生一）

内心一阵挣扎。但还是把座位让给了她，站起了自己疲惫的身体。老奶奶一屁股坐了下来，看也没看我一眼。我心里真不是滋味，真想把她揪起来。（学生二）

但看到她一头的银发，满脸的皱纹，我还是赶紧站起身让她坐。她一把揽住座位，高声喊一个人的名字：一个比我还高的男生坐在了我的位子上！是她孙子！我愤怒地瞪着他俩。但他们看都不看我一眼。（学生三）

师：我想问大家，这三段文字，你喜欢哪一段？

（学生仔细揣摩，比较）

师：（读学生一的续写内容，学生笑）笑什么？不好吗？你们很不屑，是吧？（停顿一会儿）看第二个同学写的（老师读），这个我觉得好，有意思吧，有一点小意外。这种真实，这种自然，这种意外有时候就让人印象深刻。我们有时好的记不住，坏的能记住。比如说我姓魏，好多次有人打电话问我，你是哪个魏啊？我说魏征的魏。魏征的魏是哪个魏？我不说魏征了，我说是魏忠贤的魏，他一下就记住了（众笑）。

师：好，看这段文字，我最喜欢第三段文字。你看"但看到她一头的银发，满脸的皱纹，我还是赶紧站起身让她坐，她一把揽住座位。"呀，这个"揽"字用得好啊！什么叫"揽"啊？（走近一学生）来，你来做一做这个动作。

（学生趴下身子，试着做"揽"的动作）

师：不让别人来，太绝了。“高声喊着一个男生的名字，一个比我还高的男生坐在我的位子上！是她孙子。我愤怒地瞪着他俩。但他们看都不看我一眼。”这个同学写得很绝妙、很曲折，但是平铺直叙啊。同学们，当你掌握一些技巧时，也许你就能做到平中见奇；当你能创造一些意外，做点收放时，你就能做到直中见曲。各位同学，前提是什么？前提必须有“平”，必须有“直”。我们经常说的一句话叫锦上添花，但是大家一定要记住，花很重要，但没有“锦”，“花”又安插在哪里呢？花和锦，谁重要呢？（停顿）先把锦织好，然后再添上几朵花。而且大家要注意，动人春色不需多，文章就写好了。（顿一顿）我问大家，有没有被我说服啊？平铺直叙的前面可不可以写上“不可小瞧的”这几个字？

（生纷纷点头，学生上台补上“不可小瞧的”）

师：好，今天的课我们就上到这里。但我做了一件让自己很愧疚的事，把龙应台的文章弄得面目全非了。为了弥补我的过错，也为了让大家完成后面的作业，完整阅读《目送》全文，我专门给大家送来完整的《目送》这本书。

今天的课就上到这里。同学们，再见！

（全场响起掌声，完）

《草莓》课堂实录

上课时间：2009 年 5 月 12 日

上课地点：上海市华东政法大学附属中学

师：(板书课题：草莓)马上我们就上课了，可以先做个深呼吸。(师生互相问好)今天讲的课文题目我已经写在黑板上了——《草莓》，大家很熟悉。这篇课文，我们学校顾老师问我有没有事先安排，我说没有。刚才看了一下，我们同学的课本基本是非常干净的，的确是没有做预习，确实也不需要预习。我现在给大家时间，用你最习惯的方式，比如默读，比如放声读，把文章用尽可能快的速度读一下。读的时候，我给大家提两个小要求：首先，把文章里面表示月份的词语画一下，然后是表示季节的词语，还有表示年龄或者年龄段的词语，把它画出来。我举个例子，比如第一句话“时值九月，但夏意正浓”，你把“九月”和“夏意”，或者“夏”画一下，这是第一个要求。第二个要求，在读的过程中，有不懂的地方可以做个标记，读完之后可以向我提问。好，大家开始读，顺手在每个自然段前面加上序号。

(学生开始认真默读，圈画做标记，教师巡视)

师：速度快的同学已经看完啦，看完的同学可以思考一下我刚才提的问题。如果说有哪些地方没看懂的话,你可以做一个标记。等一会儿向我提问。

（学生继续阅读,读完的开始小声讨论）

师:（三分钟后）好,现在把你画的词语所在的整句话看一下,然后我请同学把你画的词语所在的这句话读一下,其他话不要读。语文课代表是谁？语文课代表帮我推荐一个同学,可以是自己,也可以推荐。

（课代表推荐同学,被推荐的同学读自己所找的句子）

师:好,谢谢！先不要坐,你知道我为什么让你读这些话？这些话读完有什么感觉？

生:这些话可以让我们更加深思。

师:深思？好,你请坐。这位同学读得非常好,非常全面。品一品这些话,大家有没有感觉到文章的脉络基本出来了？“时值九月,但夏意正浓”,这是第一句话。“秋收已顺利结束,自从五月到乡下以来,一切基本上都没有变。草莓的香甜把自己的思绪引向六月,然后发现早已不是六月,而今已是九月。空气中弥漫着一股秋的气息,我们总以为自己还是妙龄十八的青年。但只需读一下青年时代的书信,我们就会相信这种想法是何其荒诞！然而,六月的气息已经一去不复返了。”我们把它们连在一起,文章脉络出来了。我们把思路整理一下。

师:作者第一自然段写的是什么呢？

生（纷纷）:九月的夏意。

师:在九月的夏意里,作者一行干什么去了？

生:散步。

师:散步,作者发现了什么呢？

生:硕大的草莓。

师：哦，发现了一颗晚熟的硕大草莓。我们就称它为“九月的草莓”吧。（板书“九月的草莓”）

师：由九月的草莓，这香甜把我的思绪引向六月，那是草莓最盛的时光。由九月的草莓，他想起了六月的草莓。（板书“六月的草莓”）

师：紧接着，作者有一个发现，按照刚才的思路，作者发现了什么？

（学生窃窃私语，但琢磨不定）

师：他想起了什么？（生仍是拿不定主意）接下来看第三自然，作者想起了什么？

生：而今已是九月。

师：为什么而今已是九月啊？

（学生沉思）

师：把第三自然段放声读一下。（教师示范朗读）“每一月，每一周，甚至每一天都有它自己独特的色调。我以为一切都没有变，其实只不过是一种幻觉！草莓的香味形象地使我想起，几个月前跟眼下是多么不一般。那时，树木是另一种模样，我们的欢笑是另一番滋味，太阳和天空也不同于今天。就连空气也不一样，因为那时送来的是六月芬芳。而今已是九月。”由六月的草莓想起了什么？

生（众）：六月的时光。

师：六月的时光或者说六月的夏意。（板书“六月的夏意”）六月的夏意和九月的夏意一对比之后，作者得出的结论是什么呀？

生（小声）：而今已是九月。

师：而且作者去想象了，他去捕捉了，捕捉到什么呢？（走近一学生）你来讲一下，大声讲，有理解有见解要说出来。

生（受到鼓舞，声音大）：捕捉到了秋的气息。

师：我们简单地讲，作者发现了秋气，秋天的气息。（板书“秋气”）我们看一下前三个自然段，有没有发现，从第四自然段开始，这个草莓，这个季节，这个月份好像消失了，它一下过渡到了“我们总以为自己还是妙龄十八的青年”。（板书“青年”）“总以为”，是青年吗？

生（纷纷）：不是。

师：后面告诉我们，“激动不安、若明若暗的青春岁月之后，到来的是成年期成熟的思虑”。哦，成年。（板书“成年”）自己已经成年了，还总以为自己是妙龄十八的青年。咱们来看一下，如果说前三个自然段谈的是草莓（板书“草莓”）、时令或者说季节（板书“时令”），这里谈的是什么？

（有学生小声说“青春”，有的小声说“人生”）

师：有同学不敢大声说出来，其实在嘴里说出来，我已经听到了。我希望大家要把自己的见解说出来。如果不敢把自己的见解说出来，在今后的社会上，你会失去很多机会。有同学已经说到了“人生”，开始思考人生（板书“人生”）。如果来讲的话，这一部分哪几段？（教师指着黑板上的“时令”等）

生：1—3段。

师：（指着黑板上的“人生”）这一部分是哪几段？

生：4—5段。

师：前三段出现“草莓”和“时令”，四、五两个自然段出现“人生”，但最短的最后一个自然段出现的最多。你看“六月的气息”——六月，还有“草莓”，还有“妙龄十八”。这里面“草莓”出现了，“人生”也出现了，当然“时令”作者也没有漏掉，这三个词融合到一起了——第六自然段。我们顺着刚才找的词语，一下子把文章的思路理得非常清楚了。当你理到这里的时候，不用魏老师讲了，文章第一层，文章第二层，文章第三层，出来了。好了，现在上课一刻钟，这篇课文讲完了。讲完了还要干什么呢？还有没有不明白的地方？抓紧时间问我，哪位同学先？

生：我有个地方不太理解，就是第四段最后一句“大凡已成为我们的禀赋的东西，都经得起各种变化和时间的考验”，这句话是怎样理解的？

师：你把这句话的后面一句再读一下，也就是下一自然段的第一句话。

生：“但是，只需重读青年时代的书信，我们就会相信这种想法是何其荒诞”。

师：好，你请坐。后面转折，既然转折，前面那一句话是不是作者认可的一句话？我们把这一句话再来看一下，这个问题提得非常好。“大凡已成为我们的禀赋的东西，都经得起各种变化和时间的考验。”能经得起吗？从作者的“但是”当中可以看出。好，这个问题我先初步解决到这里，后面还会有进一步的解释。还有问题没有？这个同学是敢说话的。

（有男生举手提问）

生：晚熟的硕大草莓的象征意义？

师：这是一个很重要的问题。文章的题目就是“草莓”呀，草莓到底是什么呢？象征意义？晚熟？草莓？如果说晚熟的草莓和人生相对的话，你们觉得是哪个阶段？

生（众）：成年。

师：好，点到这里就可以了，后面讲的内容，你会把它连起来。还有问题没有？刚才是这位男同学，有没有哪位女同学呢？（学生还是沉默，教师微笑）不敢看我，提问题都不敢啦？待会儿我问问题，就专门找女同学啦！（微笑，停顿）我要问啦，这是一篇翻译作品。我刚读这篇文章时，文章有一句话，我第一感觉就是翻译得不好。大家来看一下第五自然段，有一句话是这样说的："每日朝霞变化，越来越深刻地改变着我们的心性和容颜，似水流年，彻底再造了我们的思想和情感。"这里有两个词语我当时觉得很奇怪，这个"改变"能不能换成"改善"？"再造"能不能换成"优化"？我们长大了呀，我们知道什么是对的，什么是真善美，我们要追求。可以独立思考，也可以和其他同学讨论一下。

（学生有的独立思考，有的小声讨论）

生：不能吧。

师：我觉得把一个字去掉，要么能，要么不能。为什么不能？

生：语气比较强烈吧。

师：这几个词语在这里重点在表语气吗？

生：所表达的意思……（一时说不上来了）

师：好，你先请坐。（微笑）也许是可意会不可言传。

（有男生举手）

师：好，那位男同学举手了，我发现今天男同学表现特好。

生："改善"是往好的方面；"改变"有好处，也有不好的，所以用"改变"较好。

师：好，请坐。这个同学意会了，也言传了，但是我觉得还有一点是不够到位的。我们发现"改变"和"改善"这两个词的区别没？"改善"是褒义词，"改变"是什么啊？（学生答：中性词）"优化"呢？（学生答：褒义词）褒(bāo)义，不是褒(bǎo)义。"再造"呢？中性的。也就是说人生的改变，最起码在作者那里，他认为随着年龄的增长未必增添的都是真善美，这句话我理解到这里后豁然开朗。我说一句可能不太合适的话，最起码在我见到的学生当中，幼儿园的小孩子道德水准比小学高；小学生的道德水准比中学生高；中学生的道德水准比大学生高；大学生的道德水准比我们成人高。当然是从整体上来说而不是个别。有时候想一个很简单的问题，如果我们社会上所有的人都能遵守小学生守则，那么这个社会会多么美好啊！但是我知道，这种想法是何其荒诞！（语速慢而有感情）人生就这么奇怪，我们随着年龄的增长，随着教育的加深，我觉得有一句话非常耐人寻味：良好的教育未必等于有良好的教养；高深的知识并不代表就拥有高尚的人品。当然作为老师，真的很希望随着我们年龄的增长，我们增添的是我们想看到的，剥夺的的的确确是我们无法改变的，比如白发，比如皱纹。所以，这两个翻译的词，我们品味一下是不是特别有味道？

（学生凝神静听）

师：我发现大家都思考了，再提第二个问题。刚开始我还说过初读的感受，我发现第一层和第二层之间是两张皮，它怎么衔着草莓时一下子过渡到“我们常以为自己还是妙龄十八的青年，还像那时戴着桃色眼镜观察世界”？太突兀了。后来，我发现一点都不突兀。有一句话，第三自然段结尾的这句话“还有一会儿，还有一天，也许两天……”。我现在抛出我的第二个问题，这个省略号省的是什么？或者变换角度也行，“还有一会儿，还有一天，也许两天……”能不能换成“还有两天，还有一天，也许一会儿……”？（停顿）品一下，两个问题都可以考虑，实际殊途同归。你喜欢哪个问题就考虑哪个问题。省略号代表什么？第一个问题，如果把省略号省略的内容补充出来的话，补的是什么？另外一条路，能不能把顺序换一下？

（学生沉思，面露难色）

师：我想举个例子，你和你同桌上体育课了，结果同桌有点事耽误了，你一个人进班了。然后语文老师问你，某某某怎么还不来啊？他什么时候来啊？你有两种回答："也许一分钟，也许两分钟，也许三分钟……"，这是第一种回答；还有一种回答是"也许三分钟，也许两分钟，也许只有一分钟……"你觉得区别是什么啊？

（学生还是琢磨不定）

师：联系上下文看看，你边思考，你也可边听我读。我把这句话读一下："空气中弥漫着一股秋的气息，这是翻耕了的土地马铃薯和向日葵散发出来的芳香。还有一会儿，还有一天，也许两天……我们常以为自己还是妙龄十八的青年"，这个省略号读不出来，绝对是把文章的文气给破坏了，文脉给隔断了。省的是什么呢？会不会是也许三天，也许四天，也许一个月，是这样的吗？

（学生继续埋头苦思）

师（微笑）：这一下子有难度了，我发现大家不敢抬头看我。有没有同学初步考虑的？来，课代表。

生（课代表）：应该是离秋越来越近了。

师：离秋越来越近了，近到什么程度呢？能不能说一下？

生（课代表）：近到空气中已经弥漫着一股秋的气息，感受到这种芳香。

师：好，已经感受到秋的气息了，请坐。在这里，由长到短，由短到长，真的意味不一样。我先不说这个难题答案是什么，大家发现没，这篇文章并不难。刚才让大家向我提问时，你也没感觉到太难的问题，但是我提的问题已经让大家为难了。为什么？

平常很多文章我们并没有沉浸进去，去思考。我们错过了很多优美的风景，所以我们有时候感觉到语文课，可能没有发现你想得到的风景，因此你感觉到语文课听起来有点索然寡味。不是没风景，而是我们没发现。风景在这里是什么呢？由短到长，实际上告诉我们，哪怕还有一个月，但秋天的到来是不可抗拒的，即便现在是夏意浓浓，但秋天的到来不可抗拒，也许两天就来了。而且作者的用语是“还有一会儿，还有一天”，前面“肯定”，后面“也许”，两天他都不敢确定。这就告诉你，秋天马上就要来了，而且它的到来是不可抗拒的。不要以为还是夏天，所以一下过渡到“我们常以为自己……”假如由长到短，强调的是什么啊？很快。只强调了一个“快”，没强调必然性。就相当于刚才我说的“他什么时候来啊？”也许一分钟，也许两分钟，也许三分钟……如果后面再加上一句话，反正早晚会来的。是这样的吧？如果倒过来讲：还有三分钟，还有两分钟，还有一分钟……很快就会来的。所以，这个省略号不能忽略。一个标题，两个词语，耐人寻味吧。

师：还有一个小问题，这个问题比前面还要难，大家做好思想准备。答不出来没关系，但是我觉得遇到了必须去接触它。这篇文章写景很多，第一自然一整段写九月夏意，然后写秋天的气息时，秋天还没真正到来。但作者是这样写的：“天气就会变得灰惨惨的，树叶就会枯黄啊，鸟儿要飞走啊”。我们来看一下，对尚未到来的秋天，对九月夏意，对六月夏意，你自己感觉到，作者最喜欢哪个时候啊？

生（纷纷）：六月。

师：但是作者写六月怎么写的呢？我们来看一下，作者写六月是这样写的：“树叶是另一种模样”，是什么模样呢？没讲；“我们的欢笑是另一番滋味”,是什么滋味呢?也没讲;“太阳和天空也不同于今天”,什么不同呢?也没讲;“空气也不一样,是六月的芬芳”,六月的芬芳是怎样的芬芳呢?也没讲。九月的夏意,他详而又详;尚未到来的秋季,他也点到了;但是他最喜欢的,最心爱的六月的夏意,作者却闪烁其词。他回避了,他不写了,他为什么不写?夏天的景色不好写吗?你看“毕竟西湖六月中,风光不与四 时同。接天莲叶无穷碧,映日荷花别样红。”如果写出这样的场景多好啊,多让人留恋啊!但作者为什么就不写了呢?

(学生有的沉思,有的跃跃欲试)

生:因为文章的主题主要在作者对青年的省查,所以重点应该放在后面。如果写年轻的时光如何如何努力的话,那么那些后面的思考就没有意义了。

师:好,你是从文章的整体布局来考虑的。大家去海滩,去沙滩玩过没有?一个非常简单的比喻,你手里抓着一把沙,然后你想把它抓紧,牢牢地抓住,紧紧地攥住,你发现什么问题了吗?你越想抓住它,怎么样?(停顿)渗漏的越多。不要小瞧这个问题,实际是揭示了我们人类共同的心理:有时候,你越盼望的,越想得到的,比如说你非常想念某个人,你非常想念他,你想想起他的模样,你越想越感到模样很模糊,就像手抓到沙子一样。所以作者非常留恋六月的夏意,真去想的话,可能想不起来了。如果套用我们中国古代的一句古诗就是:“此情可待成追忆,只是当时已惘然。”(学生附和)这就是作者那种无限的留恋,在留白当中我们体会到了。好了,说实在话,当讲到这里,稍微有一点伤感啊,毕竟我是成年人了,妙龄十八已经过去了。那么来看一个问题,文章里头有一句话给我一点安慰。哪一句话呢？我也不考大家了。我读书的时候，我读到这一句话，我感触非常好。这一句话是这样讲的："到来的是成年期成熟的思虑，是从容不迫的有节奏的生活，是日益丰富的经验，是一座内心的信仰和理性的大厦的落成。"读到这里，文章到此结尾该多好啊！卒章显志了，升华主题了，多好啊。尤其对成年人感觉多好啊，这几句话把我们成年人的优势说出来了。它真的让我感觉到，你们很年轻，你们有日出江花红胜火的那种奔放，我们有停车坐爱枫林晚的淡定；你们有春来江水绿如蓝的浪漫，我们也有霜叶红于二月花的自信啊！但是读到文章最后一自然段的时候，我的内心就不平静了。"然而六月的气息已经一去不复返了"，作者为什么要写最后一段啊？他为什么不到第五段结束啊？这样，我把最后一自然段读一下，大家听一听它的味道。

师（深情朗读）："然而，六月的气息已经一去不返了。它虽然曾经使我们惴惴不安，却浸透了一种不可取代的香味，真正的六月草莓的那种妙龄十八的馨香。"最后一自然段，可不可以去掉？为什么不留一个光明的尾巴呢？

（学生思考）

师（微笑）：（走近最先发言的学生）好，最后一段交给你，你开始的，还是你来结尾。

生：我觉得他写最后一段，也表达他自己的一种态度，或者是给作者的一种建议：在人生道路上……

师：假如是说给我听，你告诉我什么？

生：告诉我……（不理解所指对象）

师：（指着自己）告诉我。

生：告诉我（全班大笑）。

师：（指着自己，笑）如果针对我的话，作者想告诉我什么？我是成年人，告诉成年人什么？

生：虽然已经是成年了，思想都很成熟了，但是过去的一些美妙的时光是一定要放在心里不能忘记的，它是无可取代的，是人生中的一个必然的风景，所以不能去忘记的。

师：非常好。好，再换一个角度，你作为正在享受青春年华的妙龄十七八的青年，作者告诉你了什么？

生：告诉我一定要去享受这一段时光。

师：享受这个时光，把握这个时光，珍惜这个时光。好，请坐。这就是最后一自然段，一下子把读者群扩大了，不仅仅写成年人，他告诫我们在座的我们这群年轻人：青春年华要好好珍惜，否则的话，六月的气息就会一去不复返。好了，还有一点时间，我们这一节课是三刻下课，可能会占用大家再多一点时间。因为这篇课文，我在备课过程当中，我把它背下来了。我们大家对这篇文章的理解，也许随着我的背诵，会进一步加深。如果在背的过程中，有些地方忘了，我会看一眼，大家不要笑我。

师：（深情地背诵全文）……

（全场响起热烈的掌声）

师：今天的课就上到这里。同学们，下课！

一节“被迫”抛开课本的语文课

有这么一次上课经历让我至今难忘。

那节课要讲《廉颇蔺相如列传》。考虑到课文比较重要，而学生又对文言文的学习兴趣一直不高，我就劝学生要重视这篇课文，同时希望大家能在文言文学习上加大投入。

这本来是例行公事的话居然受到了挑战。

一个平时对语文学习根本不在乎却常爱出点风头的同学——李浩存①，站了起来，很大声音地说：“请问魏老师，学习文言文有什么用?”他的声音很响亮，全班同学目光刷地集中到他身上，——带着兴奋，带着崇拜；又刷地转到我身上——带着同情，甚至是幸灾乐祸(有时候教师出点丑学生很快乐的)。我知道，李浩存说出了几乎所有同学的心声。虽然他平时在班里并不很受欢迎，但此时他成了同学心中的英雄。同学们的眼光分明也助长了他的“气焰”，他用挑衅的眼光看着我。

我没有回避他的目光。当老师的都知道，遇到这种情况，躲避学生的目光就等于投降。我微笑着问他：

“李浩存，你刚才问我问题的时候，用了‘请问’一词，你能不能

---

① 因为内容需要，本文必须出现该同学的姓名，但该同学不愿以真实姓名示人，故保留其名，姓为杜撰。

告诉我‘请问’是什么意思?”

他显然没想到我会利用他的话来反问他。他想了一会儿,又抓了抓头,又用求助的眼光看了看周围的同学。但其他同学纷纷躲避他的目光,因为他们也没弄明白老师葫芦里卖的是什么药。刚才的英雄一下子变得很无助。但我的眼睛一直紧紧盯着他。他开始躲避我的目光。

我接着说:“你回答不上来,就请坐(我故意重读了“请坐”),但在坐下去前你能不能告诉我,‘请坐’的‘请’和‘请问’的‘请’意思是否一样?”我把问题的答案简化为“是”或“不是”,他很聪明,知道我在给他台阶,很认真地想了想说:“不一样。”

我说:“你的回答是正确的。你可以坐下了。但如果你能告诉我这两个‘请’为什么不一样更好。”

他没有马上坐下,认真地在思考。全班其他同学都在跟着思考。个别同学在议论。

他似乎明白了,说:“老师,是不是这样(他和老师说话从来没有这么客气过),‘坐’和‘问’的主语不一样啊?”

我说:“你请坐。你抓住了问题的实质,但有点答非所问。”

他不好意思地笑了(让他这样发自内心地不好意思不容易)。

我把目光转向其他同学,说:“李浩存同学说‘请坐’的‘坐’和‘请问’的‘问’主语不一样,说的有道理。谁能告诉我为什么不一样?”

一个同学起来回答说:“好像‘请问’的‘请’是‘请我’的意思,而‘请坐’的‘请’是‘请你’的意思。所以主语不一样。”

我肯定了这个同学的理解,并且进一步解释了“请”的意思。“请”表示恭敬,在古汉语中有两种用法:一是请对方做某事,比如请坐;二是请对方允许自己做某事,比如请问。

然后,我接着说:“今天我们要学习的课文《廉颇蔺相如列传》中就有这样的例子。”我把文中的这段话当场背了出来:

“臣所以去亲戚而事君者,徒慕君之高义也。今廉君宣恶言,而君畏匿之,恐惧殊甚。且庸人尚羞之,况于将相乎? 臣等不肖,请辞去。”

在我背诵这句话的时候,所有的同学,包括李浩存,都在翻书找这句话。没有要求,没有指令。

等大家都找到后,我说:“‘请辞去’的意思就是请允许我们告辞离开。这里的‘请’和‘请问’的‘请’意思一模一样。也就是说,这个‘请’字2 000多年前的司马迁说过,我们今天还在说,这个字已经有了至少两千年的生命! 屈原说过,李白说过,杜甫说过,苏轼说过,曹雪芹也说过,面对这么厚重、绵延千年仍不朽的语言文字,我们不应该了解吗?”

班里鸦雀无声,全班同学很庄重、很严肃地看着我。

看到全班同学如此全神贯注,我索性丢掉了课本,一个大胆的想法快速在我脑海里酿成——丢掉事先的安排,“信口开河”,继续呈现古典文化在现实生活中的痕迹。

我进一步指出,文言在现代白话中的存在可谓比比皆是。我列举了文言中两种比较少见的情况来说明我的观点,因为少见的情况在现代尚且还能见到,更能说明的问题。

(1) 偏义复词,现代汉语中照样存在。学生开始有点不信,因为偏义复词即便在文言中也不是很常见。我指着窗户,说“窗户”就是偏义复词,“户”意为“门”,但在“窗户”中,“户”的意义已经消失,意思偏在了“窗”上,因此意思就是“窗子”;我又指着地面,说今天的地打扫得很干净,“干净”也是偏义复词,偏在了“净”上;接着我又列举了“国家”、“好歹”、“得失”等词语来让学生感受到,偏义复词不仅在现代汉语中存在，而且他们自己也还在使用。

(2) 兼词。古汉语中的兼词常见的有“诸”、“焉”、“叵”等。“诸”作兼词的情况现代汉语中还经常能见到，比如“诉诸笔端/武力”、“付诸实施”、“公诸大众”等。“叵”作兼词在成语“居心叵测”、“心怀叵测”中还保留着。

我在讲的过程中，学生无一例外的都在记笔记，包括李浩存，看得出他们很感兴趣。学生浓厚的兴趣进一步激发了我的“表现欲”。

我把话锋一转，又接着说：“我们上海的《新民晚报》大家都熟悉吧?”我顿了顿，环视全班，学生都在冲我点头，那认真劲儿真是前所未见。“那谁能告诉我‘新民’是什么意思?”

学生再一次“面面相觑”，看得出他们从来没想过这个问题。我不再难为他们，我说《大学》是朱熹所说的“四书”之一，大学的第一句话就是：

大学之道，在明明德，在亲(通“新”)民，在止于至善。

我把这句话板书在黑板上，并做了简单讲解，重点讲了“新民”。“新民”即为“使民新”，体现了《新民晚报》的办报追求，就是通过自己的报纸不断使百姓的思想得到更新，使百姓的心灵不断得到陶冶，取意高远而且古朴高雅。学生在若有所悟的同时都赶紧把这句话记了下来。我要求他们当场背下来，不到一分钟，全班同学都已会背。我知道，他们中的好事者放学回家就会以此向自己的家人“卖弄炫耀”了。(需说明的是，课堂上我对《新民晚报》的出处解释并不完全对。事后查阅资料得知，创办于 1929 年 9 月 9 日的《新民晚报》，原名《新民报》，一是继承孙中山早年创办的《民报》，二是来自《诗经 · 大雅》中“周虽旧邦，其命维新。”我的解释只是课堂上的即兴联想，解释比较“现代化”，但也许更契合如今《新民晚报》的追求和理想,也能为学生所理解和接受。)

在大家的背诵中,我把目光又转向了李浩存,冷不防问了他一句:"李浩存,你的名字叫'浩存',能不能告诉我你名字有什么含义?"

李浩存有点紧张,他没想到我还没有忘记他。看他那么紧张和茫然,我笑了笑,温和地说:"我没有'算账'的意思,老师可没有那么小心眼儿。我得感谢你激发了我那么多的灵感,让我想起了那么多的东西。我只是真的很想知道你父母给你取'浩存'这个名字有没有什么用意。"

李浩存这才说:"老师,我的名字真没什么含义的。我爸妈都没有多少文化。"

这倒是我没想到的,我当时的想法就是这个名字很有来历,他的父母应该很有文化底蕴。我于是接着说:"虽然你说爸妈没多少文化,但你爸妈给你取了一个很有文化的名字。你的名字和孟浩然、张养浩有着同样的来历。"我把"孟浩然"和"张养浩"写在了黑板上。

李浩存瞪大眼睛看着我。全班同学也竖着耳朵听我和李浩存的对话。

我趁热打铁,旁若无人地开始背诵《孟子》中关于"浩然之气"的一段话:

> (孟子)曰:"我善养吾浩然之气。""敢问何谓浩然之气?"曰:"难言也。其为气也,至大至刚,以直养而无害,则塞于天地之间。"

背诵完毕,我把"我善养吾浩然之气"板书在黑板上,而后指着黑板接着说:"孟浩然的'浩然'和张养浩的'养浩'即来自这里。孟浩然的字已不可考,他姓孟,与孟子同姓,他父母希望他们的儿子能像孟子一样拥有浩然之气。张养浩的字是'希孟'(顺手把"希孟"写在"张养浩"之后),意思就是希望自己能成为孟子所说的善养浩然之气的人。李浩存的名字'浩存'不是可以理解为'浩然之气存在胸中'吗?"

听了这番话,李浩存一脸的激动,全班同学也都以羡慕的目光看着他,因为他有一个很有来头的好名字。

我抬腕看了看手表,快要下课了。我语重心长地对全体同学说:"文言文和白话文之间有着千丝万缕的联系,几千年来,两者并行不悖,互相滋养。在现代社会,文言文虽然不在前台登场,但他永远不会退出历史舞台,中华几千年的文化几乎都是用文言写成,如果不懂文言,那么中华文化的血脉就会被割断,现代白话就会成为无源之水无本之木,传承文明,当从学好文言做起。"

最后我布置了一个作业,让学生回去查阅资料,了解"上海市格致中学"、"上海市位育中学"和"上海市省吾中学"三所学校取名的来历和用意。

铃响。下课。全班同学意犹未尽,有的还在议论,甚至有的已迫不及待地用手机在上网查资料做作业了……

这是一节完全丢掉教材的课,这是一节完全丢掉预设的课,这也是一节几乎"一言堂"的课。但这节课无论从课堂反应还是从课后反馈,效果都出乎意料的好。这节课几乎彻底改变了不少学生对文言学习甚至是对语文学习的态度。看来,教师的教学应该适时适地地有自由发挥的时候,完全以课本为限度,完全以进度为准则,完全以考试为标尺,学生也许也会努力去学,但学生对语文甚至对母语的兴趣都会大打折扣。

曾经听过一个语文学得很出色的优秀高三毕业生说过这样一句话:"我学好语文就是为了一辈子再也不要学语文。"虽然她不是我教的学生，但至今回想这句话我都有点不寒而栗。因为，如果学生学习语文的动力仅仅是考试的需要，那是语文的悲哀，是语文老师的悲哀，也是母语的悲哀。

那么学生语文学习的动力还可以来自哪里？答案可以有很多，比如个人素质的需要，文化传承的需要，国家的需要等等。但有一种需要最实际最真切，那就是生活的需要。

现在的语文教学却往往有意无意地割断语文和生活的联系，使学生感到语文学习和日常生活没有关系，只要识字，语文学习的任务就完成了。学生有了这样的意识，学习的动力必然会大大减弱。这节课之所以能激发学生的学习兴趣，并且能产生持久的影响，就在于让学生深切意识到了原来生活中处处有语文，看似古老高深的语文知识原来在生活中是那么的鲜活实在，触手可及。

后记：这节课的主角李浩存，后来给自己取了一个字：梦轲。“梦轲”既与孟子的姓名“孟轲”谐音，也寄托着他的内心追求，即梦想成为孟子所说的拥有浩然之气的大丈夫。

考试有道

关于2009年上海市初中毕业统一学业考试语文试题的几点商榷

2009年的上海中考命题,取材独到,构思新颖,贴近考生生活,跳动时代脉搏。更为难得的是,试卷除了能考查学生的知识和能力之外,还做到了寓教于考。无论是文言选段体现的“幼吾幼以及人之幼”之“慈”,还是《城市景观花卉装饰》一文对上海现实的巧妙关注,还是《在可可西里回头》中高中生思贤具有代表性的心路历程,尤其是对父母亲情的反思彻悟,都在无形中洗涤考生的心灵,陶冶考生的情操,提升考生的品位,可谓踏雪无痕,润物无声。可以相信,这一届考生,在若干年之后,仍然会记得思贤这样一个人物,甚至会经常拿思贤来自警自省自励。倘能如此,一次考试的意义就远没有结束。所以,2009年的上海中考试题是一套难得的独具匠心的好题。

但智者千虑,必有一失。试题和所给答案也出现了一些考虑不周的地方,虽然瑕不掩瑜,但也有说明的必要。但愿不全是吹毛求疵。

一、第(四)题文言选段的知识性甚至常识性错误

文言选段如下:

福安居盛家园,畜二母鸡,黄白各一,桑麻掩映,分棚而

栖，各养数雏。晨夕带雏出入，二雌同行，宛如人之洽比其邻者。一日，黄者被人窃去，失母之雏，悲鸣不已。白者频来顾视之，若代为悯恻。然自后得食相呼，归栖逐队，盖亡形于黄白，而皆视为己子矣。

鸡虽微禽，而于五德[注]之外，竟复具一德。盛君之友因呼之为“慈鸡”。

［注］五德：指仁、义、礼、智、信。

（一）断句错误

“白者频来顾视之，若代为悯恻。然自后得食相呼……”如果“然”字属后，那么上下是转折关系，但此处明显不能是转折；所以，此处“然”应属前，意思相当于“……的样子”。即原文正确的断句应为“若代为悯恻然。自后得食相呼……”如此方能上下通畅。

（二）注解错误

试卷对“五德”的注解：“指仁、义、礼、智、信。”这样的注解明显是想当然。鸡在中国古代有特别的地位，被称为“五德之禽”。但鸡的“五德”别有所指。《韩诗外传》卷二：“君独不见夫鸡乎？首戴冠者，文也；足傅距者，武也；敌在前敢斗，勇也；得食相告，仁也；守夜不失时，信也。鸡有此五德……”因此正确的注解应为：“文、武、勇、仁、信。”

二、第20题商榷

原题如下：

2010年5月1日，学校为庆祝上海世博会开幕，计划在校门口摆放花卉。请依据文中花卉装饰设计原则，从下表中选择两种最合适的花，并从欣赏角度写出观赏效果。（6分）

花　名	花　期	花　型	花　色
雏菊	12—5月	较小	白、黄
大丽花	6—8月	较小	红、橙、紫
一串红	5—11月	较小	红、紫
向日葵	6—10月	大	黄、橙
郁金香	4—5月	较大	白、黄、粉
水仙花	11—3月	较小	白、黄
香雪球	3—7月	较大	红、白、紫

选择花卉：(1) ＿＿＿＿＿＿　(2) ＿＿＿＿＿＿

欣赏效果：＿＿＿＿＿＿

【答案】选择花卉：(1) 黄色或粉色郁金香(2分)　(2) 红色或紫色香雪球(2分)

欣赏效果：绚丽多彩，给人热烈、喜庆的感觉

本题很有创意，既不离开文本，又巧妙考查考生学以致用的意识，同时具有强烈的现实感。题目设置令人拍案。

毫无疑问，命题人提供的答案是完美的，除此之外其他的答案都应是不正确的。而且，对“欣赏效果”的回答，应该与前面所选的花卉吻合。

因为题目给出的背景是“2010年5月1日，学校为庆祝上海世博会开幕，计划在校门口摆放花卉”，这当然应该属⑤段中提及的“布置庆典场所”，题目还明确提示(或者说是限制)“依据文中花卉装饰设计原则”，“选择两种最合适的花”。那么⑤段中的这段话就显得至关重要：

> 布置庆典场所时应选择色彩鲜艳热烈的花卉，使用时间通常是不需太长的，因此无需考虑花卉材料的耐久性，大多选

用花大色艳富丽华贵的插花花篮或盆花，如粉月季、红牡丹等。

这段话就是选择花卉的标准，花期、花形、花色甚至效果都已明示。依据这一标准，命题人所给答案几乎是不可更改的。但在阅卷操作中，如果考生答“红或紫的一串红”也给分（实际不能给分，因为一串红不符合庆典用花“花大”、“富丽华贵”的原则）。

对“欣赏效果”的回答包括两点：花卉形态特点(1 分)，带给观赏者的情感体验(1 分)。实际阅卷操作中也不要求与所选花卉挂钩，也就是说，只要回答与庆典的氛围相吻合就至少可以得 1 分。

之所以放宽尺度，是因为这道题确有难度，考生做题时往往顾此失彼或者不明就里(对此后文再作分析)。

考生出现的最大问题是顾此失彼，相当多的考生只考虑到花期，而忽视了对颜色的要求，因此只回答出花名，比如只回答“郁金香”、“香雪球”，而没有回答是什么颜色，造成失分。

第 20 题是本试卷中最有创意的一道题。但美中也有不足。

1. 在贴近时代的同时，又背离了时代。

哪里背离了时代呢？在当今社会，科技如此发达，在温室中，现代人几乎可以在任何时候让任何花卉成长开放。本题把学生视角引向尚未到来的 2010 年 5 月 1 日，选择花卉却要以早已落后于时代的“花期”为主要标准，值得商榷。

2. 题目表述可以更明确、更到位。

本题有这样的表述：“在 2010 年 5 月 1 日，学校为庆祝上海世博会开幕，计划在校门口摆放花卉。”应该说这个表述已足够清晰，但不少考生还是没弄明白命题人的意思，即校门口的鲜花究竟要摆多长时间？是 1 天，还是更长？虽然命题人已经点明是“为庆祝上海世博会开幕”，但不少考生还是想到上海世博会将持续 5 个月,从2010年5月1日到10月31日,因此选择的花卉要尽可能长时间地在这个时段开放,于是不少学生选择了“一串红”和“向日葵”。实际上使本题表述更清晰明白并不需要更多的言语,只需在首句最后加一个词,即“计划当日在校门口摆放花卉”,就可以使不少考生不走弯路甚至避免走入歧途。

三、第22题答案商榷

原题如下:

第③段中“大家总是莫名其妙地被彼此感动”的原因是__________。(3分)

【相关说明】这道题的答题情况不尽如人意。有代表性的错误答案有如下几种:

(1) 因为藏羚羊的亲情所感动

(2) 因为藏羚羊不远千里去可可西里繁衍后代感动

(3) 因为藏羚羊是藏族人的神物

(4) 思贤由母羊的亲情而想到自己的母亲,理解了父母

(5) 在见证了真正的忧伤之后,深深地明白了一种爱

(6) 因为志愿者们实现了自己的理想而感动

纵观上述错误答案,会发现出错的原因一是考生只注意到“感动”,而没有注意到“感动”的主语是“大家”,“感动”的对象是“彼此”,从而错误地把藏羚羊作为感动对象,或者把思贤个人的感动当作“大家”的感动;二是考生没有注意到此处的感动原因应从前文寻找,而不应该拿后来的感动强行拉郎配。

命题人所提供的答案是:

彼此间都感受到了对方心中蕴含的高尚情感。

之所以说这道题的答案值得商榷,是因为该答案忽视了思贤

所说话语的完成性，我们来完整地品味一下这句话：

> 虽然我们干的事情很简单，但大家总是莫名其妙地被彼此感动。

必须注意前后句之间的转折关系：虽然……简单，但……感动。而且思贤还特别指出是“莫名其妙地”被感动。如果所干的事情轰轰烈烈，那么此处还需转折吗？还能用“莫名其妙”一词吗？答案当然是否定的。也就是说，此处感动的原因与前文所说的“我们干的事情很简单”紧密相连，不可分割。但所给答案却丢掉这一重要信息，委实不妥。

更好的答案应该是：从所干的简单事情中大家感受到了彼此心中的高尚情操。(原来答案中的“蕴含”可以不要；“情操”比“情感”更贴切)

四、第23题答案商榷

原题如下：

> 第⑧段中的“这样”指的是__________。(3分)

和本题相关的段落是：

> 他把我们送到路上，然后亲切地和我拥抱、道别。不知道这是为什么，大概是为他那年少却执著的梦想吧。路上，我一直在想，这个孩子应该回家，家长应该接纳他，认可并鼓励他。只有这样(着重号为原题所加)，他才能活得快乐，才能走向梦想。

应该说本题比较简单，也许正因为简单，命题人在拟答案时似乎没有细加推敲，大意之下，有了重大瑕疵。

该题答案是：

> 这个孩子应该回家，家长应该接纳他，认可并鼓励他。

"这样"是近指代词,回答指代内容,往往就是前面内容的照搬照抄。但本题照搬照抄还真不行。"这样"前面的内容是:"我一直在想,这个孩子应该回家,家长应该接纳他,认可并鼓励他",两个"应该"表示"回家"、家长"接纳他,认可并鼓励他" 还只是"我"的想法和意愿;"只有这样"后面的内容是"他才能活得快乐,才能走向梦想",两个"才能"引导的理想效果只能在前面的想法和意愿成为现实之后方能实现。也就是说,"这样"所指不是"应该怎样",而是"已经怎样"(用英语的时态来讲,是将来完成时),因此,答案中决不能出现"应该"。

正确的答案应该是:"这个孩子回家,家长接纳他,认可并鼓励他。"用简单的代入法验证一下,即可发现原来答案在逻辑上不成立。

五、第24题答案商榷

24. 第⑮段"思贤忽然泪如泉涌"这句话运用了__________修辞方法,其表达效果是__________。(4分)

【答案】比喻(2分) 形象生动地表现了思贤因母羊之爱引起了对母亲的深深思念。(2分)

本题原来的答案没有"夸张",只有"比喻",在阅卷中"夸张"也算对,此处不再赘述。答案中对具体内容的表述仅为"思贤因母羊之爱引起了对母亲的深深思念",似乎还不够到位。作者是这样描写已经是高中生的17岁大男孩思贤的:

忽然泪如泉涌,他握住我的手哭道:"大哥,我要回家!我妈妈一定找我找疯了!"

细品这一段话,我们不应只读出思贤对妈妈的深深思念,不可忽视思贤所说的最打动人心的一句话:"我妈妈一定找我找疯了!"

这句话还包含着思贤对妈妈的深深愧疚，甚至还有对自己所作所为的深深自责，岂一个“思念”所能包容？

因此，这道题答案对具体内容的概括至少应该是：“思贤因母羊之爱引起了对母亲的深深思念和愧疚。”

六、第26题商榷

原题如下：

请将上文缩写成“思贤的故事”。(80字左右)(8分)

【参考答案】高中生思贤爱好摄影无心读书，与父母闹翻离家出走，到可可西里从事保护藏羚羊的工作。在丧崽母羊的悲伤哀号中，顿悟了母爱，懂得了亲情，决定回家。

不言而喻，26题的关键词是“缩写”。缩写的基本要求是尊重原文，一般不能改变原文的基本特征，在原文基础上进行“压缩”。《在可可西里回头》的主要人物当然是思贤，但叙述角度是“我”，也就是说，原文是通过“我”的所见所闻所感来写思贤的。那么，根据缩写的一般要求，“我”在缩写后的“思贤的故事”中不能“消失”。但本题难就难在题目要求的“缩写”是“缩写成‘思贤的故事’”，从命题人所给答案中我们看不到“我”的影子，看来命题人是想让考生转换叙述角度来写“思贤的故事”，但如果这样的话，就不是“缩写”，而应该是“改写”。不少考生(往往是审题清楚，语文素养较好的学生)严格按照“缩写”的要求做题，结果造成在规定字数范围内难以表述清楚，从而造成不应有的失分。毕竟用80字左右的篇幅，既要提及“我”，又要突出主角思贤，难度太大。如下面的答案：

去年，我在去那曲时，在保护站遇到了思贤，他因为热爱摄影，所以当他爸爸因为对他的不满，把老相机摔碎而离家出走，来到保护站当志愿者。我返回时他乘着我们的车回家，因为他见证了真正的忧伤。

这个答案顶多给4分。但着实冤枉,因为这个考生真正吃透了题目,但却因为吃透题目而不知所措,命题人的表述确实含混不清,把"缩写"和"改写"杂糅在了一起。

按照命题人的意图,应该把"缩写"换成"改写",有了"80字左右"的限制,考生自然会进行压缩。

七、作文题目存在歧义

恐怕事先谁也想不到,居然有部分考生把作文题目"在学海中游泳"理解成"在学海中游泳"。我们在抱怨学生粗心的同时,是不是也应该反思一下该题目本身是不是存在问题?学生的理解是不是无中生有、毫无道理?实际上是题目本身的歧义造成了考生的误解。2007年上海高考作文题目是"必须跨过这道坎",应该说题目简单明了,且没有歧义,但是居然有个别考生把"道坎"看作一个名词,理解成"必须跨过这道坎"!我们在惊诧之余,不要忘了考生是在高度紧张的情况下进行思考的。紧张状态下进行的思考,任何人都可能犯低级的错误。因此,命题应该尽可能使表意清楚明白,让考生避免不必要的误解。

还记得2002年上海市中考作文题目是"为自己竖起大拇指",应该说该题目表意已足够明确,但当年的命题人还是担心考生可能会出现理解偏差,特意加上下面一段话:

提示:"竖起大拇指"常用来表示鼓励,夸奖,赞美,自豪;也可以用来表示有决心,有信心,有志气。

这样的"提示",令人赞赏。因为它不仅体现了命题人事先的周到考虑和对考生的人文关怀,而且更有利于考生展示自己真实的写作水平。

鉴于今年把题目理解成“在学海中游泳”的考生为数不少，阅卷中对于这一类作文并没有一棒子打死，首先要看有没有写出“学”的过程，如果学习的过程写得很具体，就算扣住了一个“学”字；其次看在“学”的过程中有没有感悟启示，如果有，那么就可以给到基准分或稍高于基准分。但这类作文得分注定普遍较低。

该作文题目如果更改为“学海游泳”，就不仅简练醒目，而且还避免了歧义，同时也完整保留了命题人的命题意图和价值取向。

八、试卷前后用语的不一致

这是一点小瑕疵，有吹毛求疵的嫌疑。

语文试卷的阅读题会经常用到“段”的概念。关于“段”的称谓现在比较杂，有称“段”的，也有称“自然段”的，还有称“节”或“小节”的。此处不讨论哪一种称谓更规范，但作为同一套试卷，前后对同一概念的称谓应该保持一致。本试卷共有 10 次提及“段”，但前后的表述却不尽一致。第(三)题 11 题涉及“段”时，用的是“自然段”，文章中没标序号，题目中直接用汉语数字表序，如“第二自然段”。两篇现代文阅读，在文中用阿拉伯数字加圈表序，称谓变成了“段”，题目中提及某段直接用文中的阿拉伯数字表示，如“第①段”。作为一套高水平并且受到高度关注的试卷，这样的不一致还是避免为好。

2010年上海市中考作文评析及升格示例①

【真题回放】

题目：黑板上的记忆

要求：(1) 写一篇600字左右的文章。

(2) 不得透露个人相关信息。

(3) 不得抄袭。

【文题诠释】

该作文命题贴近学生生活，文字简洁明了，通俗易懂，开放度很大，人人有话可说。毕竟学生天天与黑板打交道，甚至在置身考场的时候，前后也有黑板，熟悉而又亲切，容易让学生在轻松的状态下，触发写作灵感，打开思想阀门。

从写作范围讲：

可以把目光投向教室——写老师的精彩一课，写同学的歪歪扭扭的演板，写一次内容独特的黑板报，写一次难忘的主题班会课，写一次有趣的涂鸦，写一次有欢迎辞的家长会……

可以把目光投向校园——写一次荣登光荣榜，写一张社团招员海报或开会的通知，写一次卫生评比统计，写一次篮球比赛的计

① 原载《中文自修》2010年第12期。

分，写一次寻物或招领启事……

也可以把目光投向校外——比如社区黑板上，捐款捐物的名单、善意的留言、五好家庭的喜报、天天准时出现的天气预报等等，比如家庭里爷爷奶奶在小黑板上教自己认字的往事告诫，父母在小黑板上给自己的留言：或提醒，或告诫，或鼓励……

可写人，可叙事；可围绕一人写，也可塑造群像；可写一件完整的事，也可写连缀多个生活片断。总之，撷取记忆中与黑板有关的生活"浪花"，皆可成文。

该题目有效规避了套题，需要考生现场发挥，有利于表达真情实感，有利于检测考生的真实水平。文题不难，但有新意。

【审题误区】

本命题虽然审题难度不大，但也不可不假思索，动笔就写。也就是说，题目虽贴近学生的生活，符合学生的认知与体验，选材范围较宽，但实际上该题的写作仍有相当的区分度。一不小心，审题会陷入以下三个误区：

首先，"黑板"成为跳板，即重视"记忆"，轻视乃至忽视"黑板"，写作时对"黑板上"视而不见，或者只是蜻蜓点水，一点即过，没有留下任何痕迹。黑板应成为贯穿文章始终，牵动思绪与情感的重要载体。文章当从"黑板上"发散开去，写人记事抒情论理，需与"黑板上"时有联系。

其次，只重"黑板"，轻视乃至忽视"记忆"。"记忆"当是重点，文章内容虽务与黑板相关，或者是出发点，黑板是线索，或者是情感的载体，但这一切都是为"记忆"服务。"记忆"的品质、品位将决定文章最终的等第。学生需将视野拓展到学校生活、家庭生活或社会生活的某一方面，或写出自己的真情，或写出自己的思考，如果感情能打动人，或思考能启迪人，"记忆"自然为上品，文章的等第自不待言。

最后,“黑板上”与“记忆”是两张皮。文章看似既重视“黑板”又重视“记忆”,但两者之间没有必然联系,或者根本没有联系,是两条平行线。两者应该融为一体,而且最好能融合得自然巧妙,不能牵强附会,生拉硬扯。

【评分细则说明】

等第	综合评分	中心与材料(25分)	语　言(25分)	思路与结构(10分)	评分细则
A	60—53分	切合题意 中心突出 选材恰当,有新意 感情真挚 内容充实	语言流畅、简洁、得体,有一定的表现力	思路流畅 层次清晰 结构完整 详略得当	A等基准分56分。基本符合三项条件得基准分;三项中有一项富有特色,其他两项达到B,可评为A。
分项得分		25—22	25—22	10—9	
B	52—43分	符合题意 中心明确 选材恰当 感情真实 内容较充实	语言通顺、简洁 用语规范	思路连贯 层次较清楚 结构完整 能注意详略	B等基准分47分。基本符合三项条件得基准分;中心运材料或语言有一项较好的,酌情加分;其中有一项有欠缺的,酌情减分。
分项得分		21—18	21—18	8—7	
C	42—33分	基本符合题意 中心基本明确 选材基本恰当 内容不够充实	语言基本通顺 用语基本规范	思路基本清楚 层次基本清楚 结构完整,但不够合理 详略安排不够恰当	C等基准分36分。基本符合三项条件得基准分;其中两项较好的,酌情加分;有欠缺的,酌情减分。
分项得分		17—14	17—14	6—5	

续表

等第	综合评分	中心与材料(25分)	语　言(25分)	思路与结构(10分)	评分细则
D	32—24分	题意理解偏颇 中心不明确 选材不合理 内容空洞	语言不通顺 用语不恰当 病句比较多	思路不清楚 结构不完整	D等基准分28分。基本符合三项条件得基准分;其中一项在C、D之间,酌情加分。
分项得分		13—11	13—11	4—2	
E	23—0分	偏离题意 无中心	词不达意,表达混乱	思路混乱 结构残缺 文不成篇	严重偏离题意或有严重语病或字数不足300字,18分以下。
分项得分		10—0	10—0	1—0	

说明:

(1) 题目不写扣2分。

(2) 字迹不清楚,书写不规范,卷面不整洁扣1—2分(符合任意两项即扣2分)。

(3) 错别字总扣1分(满2个即扣)。

【阅卷现场】

本次作文阅卷,鼓励当场作文,真实为文。作文批改对于穿靴戴帽类的文章严格把关;保护那些当场书写、情感真实但在语言表达、写作技巧上有欠缺的学生;避免"唯语言华丽"的倾向,关注那些语言质朴但有真情实感的文章;杜绝趋中,敢打高分。

阅卷以上海市中考语文阅卷标准为指针,相关具体细则如下:

1. **A类文**

能够与"黑板"紧密结合,并且能够表达出真情实感的文章给予53分以上的高分。

"黑板"可以是学校里的,也可以是家中的,同样也可以是联想出来的，但是必须与所表述的内容相一致；立意新颖，有与众不同的视角，能够深入表现生活；情感要真实并且能够感染读者，通过具体的事件表现具体的情感，这类作文才能够成为A类文；语言优美，能够很自然地运用修辞及其他表现手法，对于具体的描写内容能够流畅的表述；结构完整，内容设置合理，详略得当，结尾能够突出点题。

2. B类文

（此类作文在本次中考中居多）能与“黑板”结合，情感真实但表达不细腻给予43—52分。与“黑板”有一定的结合，但并不紧密；在情感上，有一定的抒情，并且有相应的描写，能够真实表达自己的内心感受；语言通顺、流畅，有一定的感染力，能够运用常见的修辞来表现文章内容；结构上，较完整，内容上有一定起伏，能够有一部分内容详写，一部分内容略写，首尾能够呼应。

3. C类文

虽然点到“黑板”，但内容与“黑板”没有相融之处一般给37—42分。选材与主题相去甚远，只在文章开头与结尾点“黑板”二字，内容却与黑板没有一点关系，这样的文章一般只给37—40分；情感表达相对较为真实，能够就一件事表达自己的情感；结构相对完整，不能体现内容的详略，首尾相对呼应。

4. D类文

没有点题，也没有相应的“记忆”，但能完整表达一件事的文章，给分在及格线以下。

5. E类文

虽点题，但字数不够300字，最高只给18分，一般给15分左右；只写三四行字，或者只写一两个句子的，给10—15分；只写题目的，给2分。

此外,文章中出现2个或2个以上错别字的文章在作文总分上扣除1分,只出现1个,或者出现相同的一个错别字,不扣分。

从阅卷来看,以下问题是失分的主要原因:

(1) 选材狭窄。

(2) 立意浅显,缺少对生活的深入思考。

(3) 材料与"黑板"的结合不够紧密。

(4) 缺乏写作技巧,缺少真诚的情感。

【标卷作文】

● 一类标卷层级解析

◆ 一类上Ⅰ(60分)

黑板上的记忆	
那一方黑板,不大,却似一片天空,我们在您构筑的天地中尽情飞翔;不远,却似一片大海,我们在您宽广的怀抱中不断探索;不宽,却似一片草地,我们在您温暖的土壤中奋力发芽。那黑板上的记忆,是如此深刻悠长……	① 开篇用三个比喻组成排比,生动且饱含深情,句式长短相间,整齐中有变化。同时自然点题。
上课铃响了,您走进教室,一眼瞧见未擦干净的黑板,愣了愣,又回头望了望伏案奋笔疾书的我们,笑了。我看到负责擦黑板的同学脸涨得通红,紧张地想起来道歉,却又看到你一声不吭地拿起黑板擦,转过身,抬起手,一下又一下地擦着黑板,手用力地挥着,画出一道道优美的弧线。在阳光下飘飘扬扬的粉	② 一"愣"一"笑",颇有表现力,真实细致,如在眼前。 ③ 阳光下,粉尘中,挥舞翅膀的天使——观察细致,想象奇特,赞美与感激充溢字里行间。

尘中,你像一只挥舞着翅膀的天使。我知道,您是心疼我们负担重,于是默默替我们分担着。老师啊,您的那双手一下又一下挥着,像天空中鸟儿不知疲倦的翅膀……	
下课后,我和同学来找您问题目。您收住匆匆的脚步,放下已背起的包,耐心地看题目替我们讲解,您拿起粉笔在黑板上"刷刷"地算着。我第一次近距离看您的手,那一双手粗糙却宽大,许多地方生出了老茧,指缝里,手背上,手心里都落满了星星点点的粉笔灰。题刚讲完,就有其他老师来催促您了。您一边手忙脚乱地提起包,一边关切地对我们说:"听懂没?没懂再来问!"我望着黑板上的字迹,想起停留在黑板上的那只手,心中涌起无法平息的波澜。老师啊,您的手是记忆中最美的,正是它托着我们,让我们看得更远……	④"收住匆匆的脚步,放下已背起的包",简单的叙述,不简单的捕捉。 ⑤ 对"手"的描写让人印象深刻,特征抓得准确恰当,有力地凸显了人物的形象。
闷热的初夏下午,每个人都昏昏欲睡。正当我们要沉进梦乡时,您总是用右手指关节用力地在黑板上敲两下。那"咚咚"的声音无数次让我清醒过来,打起精神听课。"咚咚"的声音又响了,"同学们听好,这是个重点!"您的声音又响	⑥"闷热的初夏下午"之场景,让人感同身受。 ⑦"右手指关节",具体如在眼前,"咚咚"声,清晰如在耳畔。

起来了。我曾试着模仿您用指关节在黑板上敲，手指一阵钻心的疼，却怎么也敲不出那样振奋人心的响度。从此，每当我在课上走神，心中总会响起“咚咚”两声，像是您慈爱的目光在注视着我。那响声像是嵌入了黑板，让我不断警醒。老师啊，那“咚咚”的两声是永远敲响的警钟，叩开了知识的大门，也叩开了我们的心门……	⑧ 妙在“模仿”。“模仿”妙哉！“钻心的疼”让人回味感叹！ ⑨“那响声像是嵌入了黑板”，“嵌”用得妙。
黑板上的记忆像一杯香茗，散发着悠长的香味，是您挥动的手，是您黑板上的字迹，是您敲在黑板上的声响，是温暖，是教导，是警醒，都会印刻在我心中的那块黑板上，密密麻麻……	⑩ 回扣前文，呼应开头，点明主旨，并再次点题，结尾令人回味。

[考场得分]

中心与材料 25 分＋语言 25 分＋思路与结构 10 分＝60 分

[写作借鉴]

本文有如下几点值得借鉴：

取材和组材。文章以黑板为线索，串起了三件事情。三件事情角度各异：体谅学生擦黑板，耐心讲题在黑板上写字，提醒学生敲黑板。以黑板为媒介，以黑板为载体，一“擦”，一“写”，一“敲”，“擦”出了“您”的体谅，“写”出了“您”的真诚，“敲”出了“您”的期待。取材巧妙，篇幅虽小，容量却大。在材料的组织上，作者并没刻意显摆，而是用了三个简单的状语“上课铃响了”、“下课后”、“闷热的初夏下午”，设置了三个不同的场景，自然平实，不事雕琢，令人称道。从开头和结尾看，文章收放自如，分合得当，亦见匠心。

记叙与抒情水乳交融。文章对三件事情的回忆，叙述到位，“您”的形象具体可感，如在眼前。在每件事情的结尾处，作者都用同样的句式“老师啊，……”发出情不自禁的深情赞美，表达了心声，揭示了意义，升华了主旨。尤其是第二人称“您”的运用，使全文形成一种面对面谈话的氛围，亲切自然，使抒情更加充分。妙的是作者杂取多人形象塑造了“您”的形象，虽有生活原型，但作者并没具体化个别化，而是虚化泛化。虚化和泛化在文中起到了一种意想不到的效果，那就是作者所回忆所赞美的就是你，就是我，就是他，就是我们身边的每一位平凡的老师，当然包括阅卷者本人！这样的作文当然能“取悦”并打动阅卷老师。

另外，本文语言也颇见功底。如精到的细节描写，精彩的修辞运用等，不再赘述。

◆ 一类上Ⅱ(59分)

黑板上的记忆	
黑板，无非是老师书写课堂内容、演算公式的一方天地。然而对我来说，记忆中那块黑板上那一方小小的天地，却勾连了我们全班学生与老师的心。	① 开门见山。点明记忆中的黑板勾连的是学生与老师的心。
“咦？这是谁贴上去的？”一天早上刚进教室，就看到黑板上贴了长长的一条白色胶带，将黑板左侧隔开约半米的距离。转头望向我们那金发碧眼的班主任，却见她并无惊讶之色。真是奇怪。	② 这一叹一问有先声夺人的作用。“我们”奇怪，班主任却“并无惊讶之色”。设置了悬念。

四年级时，我随爸爸来到美国休斯敦上学。班主任老师亲切又漂亮，常与我们谈心。	③ 补叙。在交代背景的同时，也增加了新鲜感，同时与上文的“金发碧眼”呼应。“常与我们谈心”也为下文黑板上的“新闻”作了很好的铺垫。
那天上完体育课回来，却见黑板上那被隔开的地方多出了一行字： “同学们，恭喜我吧，我要有小宝宝了！”	④ 揭开了黑板被隔开的谜底，也拉开了记忆的序幕。内容独特，出人意料，引人注目。
底下的签名是班主任的。班级里顿时沸腾起来。班主任告诉我们，她将在这半米空间内写下小宝宝的“最新资讯”，让大家都能了解他的情况。从此，每天围在黑板前抢先看“新闻”，便成了我们的习惯。	⑤ 当之无愧的“新闻”，可以想象当时的“沸腾”。
“二月九日，我感觉它好像踢了我一下。” “三月十一日，我们知道她是个女孩！” “三月十七日，我希望她也有一头金发。” “四月二十二日，她的名字叫萨拉，好听吧！” ……	⑥ 必要的罗列，显示了记忆的深刻。单独成段的安排，让人一目了然。

记忆中，黑板上的那一方小小天地内每天都会有新的话，不论是去医院检查的结果，还是仅是班主任的感想，每天都不一样，而兴奋与喜悦却透露在字里行间。在阅读的时候，我们一起分享着班主任的快乐。	⑦ 必要的概括归纳，继续罗列就会变成蛇足。同时也初步点明了老师留言的意义。
“五月八日，同学们，从明天起，我要回家休养了……”	⑧ 意料之中的留言，意料之中的结局，却让人心生无限眷恋和怀念。
这是黑板上的最后一条留言。很多人都哭了，我也一样。老师离开后，那条留言也一直留在黑板上，没有人擦。我们是多么喜欢我们的班主任老师啊！	⑨ 平实的记叙。看似不动声色，实则真情涌动。
五年级毕业后，我回国了。坐在现在的教室里，眼前的黑板却常与记忆中的那块重叠。对于我来说，那黑板上的一条条留言不仅让我了解了老师孩子的成长情况，它更是班主任老师喜欢我们，把我们学生当成家人来看待的象征。	⑩ 再次点题，并呼应开头。
哦，对了，记忆中，黑板上五月八日的留言还有后半句：“老师爱你们！”	⑪ 巧妙的安排，精妙的构思！点明了主旨，升华了主题。

［考场得分］

中心与材料25分＋语言25分＋思路与结构9分＝59分

[写作借鉴]

真实的经历,独到的选材。同样是由黑板引发的记忆,但本文的记忆却与众不同,让人印象深刻,过目难忘。本文的选材如果没有真实的生活经历作基础,任是高明的编剧也难以想象出这样的情节。作者聪明地撷取了大量有关黑板的往事中的一朵最奇最美的花朵,展示给我们,让我们领略了师生之间一段至纯至美的情感。“班主任”的真诚与坦诚,学生们的关心与热心,如在眼前。作者身居异国,但那种跨越国度超越种族亲如一家的情感怎不让人感动,让人感叹?

而且,本文的这种来自异国的“黑板上的记忆”,在给所有阅卷老师新鲜感的同时,也能给阅卷老师以震撼,乃至反思:我们的黑板上能允许能容忍出现这样的一块内容吗?我们的师生之间能这样坦诚无间亲密无碍吗?这就使文章不仅仅是一篇一般的叙事抒情之作了。

本文的语言平实朴素,没有华丽的辞藻,没有刻意的修饰,表现力却很强。比如倒数第3段:

> 这是黑板上的最后一条留言。很多人都哭了,我也一样。老师离开后,那条留言也一直留在黑板上,没有人擦。我们是多么喜欢我们的班主任老师啊!

前面的叙述不动声色,似乎很客观,很冷静,只是在交代当时的事实,但深情涌动在字里行间,沛然可感。最后一句直抒胸臆,可谓水到渠成。

再如文章最后一段,更是用完全口语化的语言,补充交代最后一条留言的后半句“老师爱你们”,可谓“清水出芙蓉,天然去雕饰”,留下无穷的回味空间。

◆ 一类上Ⅲ(58分)

黑板上的记忆	
黑板加一支粉笔，是一堂课；黑板加一盒粉笔，是一期板报；黑板加一双眼睛，是一场阅读。阅读黑板，阅读黑板上被擦去的记忆。	① 起笔不凡，排比之中逐步扩大，逐步延伸。最后一句，更是耐人寻味，温馨又略带惆怅。
小时候，住弄堂，弄堂口的黑板是绚丽的天地。国庆节，是一面花团锦簇的国旗；劳动节，是一位背着锄刀戴草帽的农民。童年的记忆里，那几笔勾勒却显得亲切干净，仿佛是真的有人站在黑板上，向你介绍——从新闻到坊间趣争，从预防感冒到灭蚊灭蝇。黑板上娟秀的字迹总是成为模仿的榜样，好想再看一次，那字迹；好想再看一次，那摇着芭蕉扇凑得老近的老人的阅读神情；好想再看一次……	② 回忆弄堂口的黑板，内容简约而不简单，勾起多少人温暖的回忆？ ③“摇着芭蕉扇凑得老近的老人”，传神！
黑板上仿佛还镀着夕阳的金色，让我闻嗅出弄堂生活那简单又温煦的气息……	
长大一些，搬进新房，弄堂的板报换成了家门上的一块小黑板，无论是独自在家还是家人团聚，小黑板上的那一角是一块跃动的天地，不得不佩服父母造句的能力，“7:30必须回家”，祈使句，	④ 以黑板为媒介，巧妙借助四种句式，敏锐而精巧地传达出浓浓的亲情。语

命令的语气不容置疑，而铁面的背后是对儿女晚归的担心；“楼下的野猫母子平安啊！”感叹句，是善于发现的父亲对生命诞生的喜悦，没有目的的感慨，点滴的发现总能让我会心一笑，黑板前还沉着脸，黑板后笑容灿烂；“女儿，昨天妈妈的话有些过头了，你还生气吗？”疑问句，是母女冰释前嫌惯用的手法，一声询问，母亲大人立刻从高不可攀变成了一介平民，让她的女儿乐呵一番；“女儿，今天你十六岁了。”一个句号，一句陈述，没有激动也没有期许，母亲写这句话的心情猜不透，但我知道句号或许应该换成省略号吧！	言淡而有味，亦庄亦谐，精彩。 ⑤“应该换成省略号”，巧妙地传递出作者对母亲的理解和感谢，既有对往日的回忆，更有对未来的期待。
黑板上还有老师们的神采飞扬，刚才还是磁感应线与“……2012……”的巧妙配合，引来我们的哈哈大笑；下一秒变成了历史风云，记载过程的血与泪，引来我们的沉思。是她吗？疾呼我们要会明辨是非；还是她吗？告诉我们要见不贤内自省。	⑥三言两语写出教室中黑板上的“风云变幻”和对“我们”的影响，“是她吗”、“还是她吗？”两个看似不确定的语气却明白无误地传递出老师们通过黑板表达的期许。
写上去再被擦掉，这是黑板的命运，黑板也因此被人嫌弃过于单调，有人用	⑦与开头呼应，依旧是深情中带点惆

电脑代替黑板,有人用小报代替黑板,因为那方便、快捷……然而我的心中依然有一块黑板,上面永远写满爱,永远写满了朴素的东西,那些消逝的,在此将永远不逝!	怅,叙中有议,忆中有情。"那些消逝的,在此将永远不逝!"掷地有声,余音绕梁。

[考场得分]

中心与材料24分+语言24分+思路与结构10分=58分

[写作借鉴]

本文内容丰富,显示了作者较强的驾驭题材的能力,也显示了作者独到的构思和开阔的视野。文章以黑板为媒介,笔触涉及三个场景:社区弄堂、家庭和学校。当别人都局限在教室里走不出的时候,本文作者把眼光投向了社区弄堂和家里的黑板。这里别有洞天,别有韵味,在不长的篇幅里,作者以黑板为屏幕,给我们展现了一幅幅令人回味的画面,透出浓浓的生活气息和浓浓的真情。文章也写到了教室里的黑板。在对三个场景的处理上,作者注意了详略的安排。三个场景呈梭形排列:略写前后两个场景,即弄堂和教室;详写中间,即家里。

本文作者非常善于捕捉生活中的闪光点,别人司空见惯甚至熟视无睹的点点滴滴,在作者笔下都熠熠生辉,这得益于作者敏锐的洞察力,也得力于作者扎实的语言功底。弄堂黑板上,国庆节"花团锦簇的国旗",劳动节"背着锄刀戴草帽的农民","从新闻到坊间趣争,从预防感冒到灭蚊灭蝇",还有"那摇着芭蕉扇凑得老近"的看黑板的老人,相信能勾起很多人美好的回忆。家里的黑板,四种不同情况下的四个不同句式,用"最语文"的方法巧妙地打动了阅卷的语文教师。四种情况,四种句式,写尽了父母与孩子间血浓于水的亲情，也从一个侧面写出了人物的性格，比如父亲那一句没有目的的感慨——“楼下的野猫母子平安啊！”——一个温柔慈祥的父亲形象已跃然纸上。

正如作者所说，黑板是“绚丽的天地”，是“跃动的天地”，作者妙笔串联，前后呼应，记叙、议论、抒情巧妙结合。尤其是最后一段，叙中有议，忆中有情，深情中带点惆怅，惆怅中显出坚定。“我的心中依然有一块黑板，上面永远写满爱，永远写满了朴素的东西，那些消逝的，在此将永远不逝”一句，掷地有声，余音绕梁。

● 二、三类标卷升格示例

◆ 升格示例

▲ 原作亮相	▲ 升格作文
黑板上的记忆 说起黑板，有人说它是冷冰冰的；有人说它是充满智慧的；我说它是我梦想的源泉。我的职责就是要让它打扮得很漂亮，用粉笔书写出亮丽的篇章——宣传委员的职责所在。(开头似乎起笔不凡，但涉及面太广，重点不明：到底是强调职责还是要突出梦想？看了全文会发现，这两点在后文都没有得到交代。而且，第一段既没有体现“黑板上”，也没有突	**黑板上的记忆** 在我写字台的玻璃板下面，压着一张照片。照片拍的是我办的一次黑板报——一次我很欣赏但却没有观众无人喝彩的黑板报。看着照片，我又一次沉浸到那并不遥远的黑板上的记忆中。(采用倒叙手法，犹抱琵琶半遮面地说出事情的结果，设置一个不大不小的悬念) 我对黑板可谓情有独钟，不仅是因为作为学生与黑板朝

出“记忆”，作为应试文章，这一点需要警惕) 黑板就是我的舞台，尽情发挥我的创意，(最好在“尽情”前面加上“在黑板上”)也让我学会用行动处理事情。(“让我学会用行动处理事情”看来是作者想突出的一点，甚至应该是本文的关键所在，但这句话在后文同样没有得到支持) 在今年我们过15岁生日前夕，学校要求我们每班都要把教室布置一新(黑板呢？该出现时居然隐身了！)。我接到这个任务，就立马准备起来，先要画上一个大大的蛋糕，蜡烛也一定不能少，还有我成长的脚步……(这里必须进一步突出一下布置黑板的重要意义，否则后文的坚持就显得不够令人信服)当我正在如火如荼(应该换成“热火朝天”)地准备动工时(后文说是“三层蛋糕已见雏形”、“烂尾楼”，看来不是“准备动工”而是“已经动工”，前后	夕相处，更重要的是，多年来我一直担任班级的宣传委员，黑板就是我的舞台，在黑板上尽情发挥我的创意，把黑板打扮得漂漂亮亮、耐人寻味是我的职责。(突出“我”对黑板的特殊情缘，也突出黑板对“我”的特殊意义) 作为老资格的宣传委员，多年来我办过无数次的黑板报，每一次的黑板报我都会精心构思，细心勾勒。我的创意，我的绘画，得到了老师的认可和同学的赞赏，为班级赢得了不少荣誉。理所当然，黑板上也留下了无数的美好回忆。不过，印象最深的还是写字台玻璃板下的那张照片……(呼应开头，再次设置悬念，那张照片到底为什么如此与众不同?) 那是中考前最后一次班会，学校以庆祝15岁生日为主题，要求各班都要把教室布置一新，尤其要对黑板进行精心设计，届时全体同学的家长也

脱节)，却又接到通知，由于家长太多，活动只能集中在大礼堂举行，教室也就不用布置了。我听到这个消息的时候，感到天崩地裂，似乎一道(应为“把”)长剑刺在我胸口。(此处的心理描写用“天崩地裂”、“一道长剑刺在胸口”，似乎有点过度)我望着黑板，那个三层蛋糕已见雏形，材料也已准备就绪，难道真的要把黑板变成一个烂尾楼?

仔仔细细地思考了一个下午，最后还是决定，既然已经开始了，就不能半途而废，要直达顶峰，我依然备战(应为“奋战”)在黑板上，继续完成。最后的效果非常之好，只是无人观赏，很多同学都和我说，做的是无用功，但我并不这样认为，我以我这次工作而骄傲，如果我没有继续，也许长大后的某一天，我会后悔!(本段应该对为什么坚持有所交代，不能泛泛地说“不能半途而废”，一件

会莅临班会，共庆我们的15岁生日。学校还要对此进行评比。设计黑板，我义不容辞，我责无旁贷。

我迅速投入到自己的工作中。毕竟这也许是我初中阶段设计的最后一次黑板报，而且全班同学的家长也会欣赏到我的作品，我的父母也在其中。我下定决心要设计出最好的作品。(突出本次黑板报的意义)

我绞尽脑汁，设计了多种方案，又推翻了多种方案。最后决定坚持平中见奇、平中见真情的原则，先画上一个大大的蛋糕，蜡烛当然不能少，还有我们成长的脚步……注意打定，我马上付诸行动：准备材料，设计图案，勾勒线条……(突出自己的重视和付出)正当我聚精会神干得热火朝天时，却接到通知，由于家长太多，活动只能集中在大礼堂举行，教室也就不用布置了。如同一盆冷水兜头浇来，我目瞪口呆，第

事情为什么值得回忆不能让读者体会到，那么“回忆”的价值定然大打折扣） 黑板上的记忆，我把它拍了下来，珍藏着，这是一份永恒的记忆。黑板见证了我的成长，从原来的图文幼稚到后来的排版精巧，有创意，就是一步一个脚印走来的。（“见证我的成长”在前文没有任何交代，因为前文只记叙了一件事情，看不出从“幼稚”到“精巧”的变化）它让我学会了坚强，有毅力，让我学会顶住压力，越战越勇，勇攀高峰！（“压力”何来？“坚强”何来？“越战越勇”更是无从谈起。不自然地拔高难以让人信服） 我感谢黑板上的记忆，让我记住，承担好肩上的责任，跟随着我，走在漫漫人生路上！（“责任”更是显得突兀） ★ 考场得分 中心与材料 21 分＋语言	一次深刻体会到什么叫泄了气的皮球。 我呆呆地望着黑板，那个三层蛋糕已见雏形，快要插上生日的蜡烛了，成长的脚印刚刚画上一个……难道真的要把黑板变成一个烂尾楼？我拿起黑板擦狠命地想擦去黑板上已见雏形的蛋糕，但手骤然停在了空中。“不！不能！”一个声音在心中喊。（这里的心理描写是必要的，毕竟这里是在作思想斗争） 最终我下定决心，继续我的创作！开弓没有回头箭，我不能半途而废。 我定下心来，又心无旁骛地开始了我的工作。很多同学都劝我说，别做无用功了。我都淡淡一笑，继续我的工作。 最终，我完成了我的作品。凭我多年的经验，我认为效果非常好，看着我的“杰作”，我笑了，笑得极坦然。这至少是我送给自己的15岁生日礼物。

18分＋思路与结构7分＝46分	虽然无人欣赏，无人喝彩，但我不后悔，因为我努力过，付出过。在人生的旅途上谁能保证每一次努力每一次付出都能赢得掌声得到回报呢？（这是必要的也是自然的升华，要善于挖掘事件的普遍意义） 我拿出手机，拍下了黑板上我的作品，留存为永久的记忆。（呼应开头） ★ 模拟评分 中心与材料24分＋语言23分＋思路与结构9分＝56分

◆ 对比讲评

★ 失分点

原作的记叙单薄单调。缺少必要的铺垫，缺少必要的心理描写，读来索然寡味。

原作存在多处前后脱节的现象，思路不够连贯。

原作选材较好，但没有挖掘出材料的意义和价值来。这是考场作文易犯的错误之一，即没想清楚就仓促动笔，结果使本来可以出彩的材料黯然失色。

原作也想在立意上取胜，因此在结尾三段拼命议论和抒情，从多处使用了“！”不难看出作者的心情和意图。但作者的议论和抒情很明显与记叙脱节，离开了记叙之基础，议论和抒情就成了无源之水无本之木。

★ 提升点

结构上的调整：采用倒叙，设置悬念，能引起读者的阅读兴趣；首尾呼应，文章结构完整。

立意上的调整：原作立意显得牵强，修改之后用倒数第二段点明中心，自然，贴切，令人信服。尤其是“在人生的旅途上谁能保证每一次努力每一次付出都能赢得掌声得到回报呢?”一句，令人回味。

细节上的补充：修改后的文章，突出了那次黑板报的意义，突出了作者付出的努力和心血，突出了作者的思想斗争，这些细微之处的添补，有力地突出了“黑板上的记忆”——照片，在作者心目中的地位。

★ 应考攻略

作文如做饭，虽然说巧妇难为无米之炊，但我们必须注意，在同样有“米”的情况之下，有人做出的饭软硬适中，喷香可口，有人做出的饭却让人有味同嚼蜡的感觉，甚至还可能夹生，即便“米”是一样的“米”。原因其实简单：火候是否把握好？水加得多与少？程序是否正确?

火候是否能掌握好，在这里主要指对立意的把握。在记叙文写作中，夹叙夹议是不少同学的追求，这当然是正确的。但务必注意记叙是议论和抒情的基础，议论和抒情必须自然贴切，不能生拉硬扯，牵强附会。如果不能正确把握三者的关系，宁可只将记叙进行到底。

水加得多与少，在这里主要指在记叙时是否有必要的“辅助手段”，比如是否有恰当的环境描写，是否有必要的人物描写(动作、心理、肖像、语言等)，是否运用了适当的修辞手法等等。不少同学的记叙要么干巴无味，要么啰唆累赘，这些必要的“辅助手段”使用时没把握好“度”。

程序是否正确，在这里主要指文章的结构与顺序安排是否合理有效。在记叙中，究竟是采用顺序还是倒叙（初中不必考虑插叙、补叙），结构上能否前后呼应，能否设悬念、埋伏笔，能否巧妙过渡自然衔接……都应该是动笔前构思时必须考虑的内容。

【新题演练】

题目：这也是考试

要求：(1) 写一篇600字左右的文章。

(2) 不得透露个人相关信息。

(3) 不得抄袭。

【文题诠释】

读这个题目可以分两步走：

第一步，这是考试；第二步，这也是考试。品味一下有“也”和无“也”的不同。

通过第一步，应该判断出要求写作的是一场考试，考试是本文的主体。

通过第二步，应该品味到，这场考试与一般的考试不一样，或者说不是一般意义上的考试。那么就需要考虑，一般意义的考试是什么？当然是指有试卷有人监考、在规定时间规定地点完成的考试，比如中考和高考等。

明白了一般意义的考试是什么，就要进一步考虑非一般意义的考试可以是什么。思考的基点还是考试，即虽然不是一般意义上的考试，但毕竟可以称作是考试。既然是考试，那就不是轻而易举可以完成的，必须是有一定难度的，是费思量的。以此为出发点，就可以打开思路，比如公交车上是否给老人让座，比如拾到自己心仪的物品是否交还失主，比如面对诱惑是否出卖良知，等等。

【审题误区】

审题上最容易陷入的误区有二：

(1) 丢掉“也”，把文章写成一次一般意义上的考试。

(2) 虽然关注到了“也”，但走向另一个极端，忽视了虽然要求写的是非一般意义的考试，但必须能算作是考试。既然必须能算作是考试，就必须具备考试的一些特点，如具有挑战性、有难度等。所以在写作时必须突出“难度”，突出挑战性，适当的心理描写和必要的铺垫应该在行文中得到运用。否则“考试”的意味就会大打折扣甚至荡然无存。

2011年上海市中考作文标卷层级解析及升格示例①

【真题回放】

题目：悄悄地提醒

要求：(1) 写一篇600字左右的文章。

(2) 不得透露个人相关信息。

(3) 不得抄袭。

【文题诠释】

题目由两部分组成“悄悄地”和“提醒”。主体是“提醒”，但重点在“悄悄地”。

按照《现代汉语词典》的解释，“悄悄”意为“没有声音或声音很小”，“提醒”意为“从旁指点，促使注意”。“悄悄地”理解容易表现难。“提醒”的意义在实际生活中可以有引申，比如启迪、警示等，如果处理得当，均可归入“提醒”的范畴。

题目要求中虽然没有出现文体的限制，但这个题目本身就具有很强的叙事性，这和上海语文中考作文一贯注重记叙文的风格一致。

动笔前，必须先想清楚几个问题：谁提醒？提醒谁？为什么

① 原载《中文自修》2012年第4期。

提醒？为什么悄悄提醒？怎样表现“悄悄地”？提醒的结果怎样？

题目的关键词是“悄悄地”，生活中“悄悄地提醒”有很多方式，或者一个眼神，或者一个手势，或者一条短信，或者一则留言，或者一句意义含蓄的话，或者一个意味深长的笑……方式选得巧，文章就能写得好。

【审题误区】

本命题虽然审题难度不大，但也不可不假思索，动笔就写。也就是说，题目虽贴近学生的生活，符合学生的认知与体验，但本命题的选材范围却相对较窄。“提醒”范围本来就不宽，加上“悄悄地”的限制，范围进一步缩小。

从阅卷来看，主要有以下几个误区：

首先，部分学生对“提醒”的理解不够准确，把“提醒”写成了循循善诱的教导，或者苦口婆心的劝说。这些和盘托出式的言行不应该属于“提醒”的范畴。

其次，不少考生关注到了“提醒”，却忽视了“悄悄地”，把“提醒”写成了耳提面命的教导，甚至声色俱厉的训斥，全然不顾“悄悄地”。正如前文所言，“悄悄地提醒”应该有相应的方式：或者一个眼神，或者一个手势，或者一条短信，或者一则留言，或者一句意义含蓄的话，或者一个意味深长的笑……这些方式，考生不是不知道，而是根本没想到；没想到的原因主要是根本没有想。一道事关成败，几乎占语文试卷半壁江山的作文题，连想都不想就仓促动笔，实属不该。

【评分细则说明】见前文“2010年上海市中考作文评析及升格示例”。

【阅卷现场】

1. **中心与材料**

从阅卷来看，考生选材大致有以下三种情况：

(1) 新鲜的选材：

取材新鲜的考生只是极少数。这类取材，在众多平庸的选材中真给人以鹤立鸡群的感觉。

如：车上，小偷偷我包里的手机，旁边有个人写了一张便利贴悄悄地塞到我的手里，使我免受损失，而我回头，却没有找到是谁；

宝石花起死回生，悄悄地提醒我：先前的积蓄为了更好的奋进；

蜘蛛织补破损的网，悄悄地提醒了我：亡羊补牢，为时未晚；

公交车上，一个老伯用微笑的眼神提醒我给需要帮助的人让座……

这一类的选材有新意，“中心与材料”得分在22—25分。

(2) 大众化的选材：

很多同学写的“提醒”，都是或亲人，或老师，或同学提醒我；或是我提醒别人，“提醒”的主体和客体高度集中，过于一致，显得单调，而且其中很多同学都是提醒“要好好学习”。这类选材当然没有跑题偏题，但这些大同小异的题材难得高分，“中心与材料”得分在20—22分。

(3) 不恰当的选材：

① 有“提醒”但没有“悄悄地”。

如：早晨上学，爸爸大声地提醒我：要带好准考证啊！

再如：黑板上写着中考倒计时，悄悄地提醒我：还有一个星期就要中考了。

这些材料，都不是“悄悄地”提醒，不完全符合题意。

② 思想不正确。

如：考试时监考老师悄悄地提醒我某一道题做错了，我很感激老师，因为他悄悄地提醒让我向重点高中的大门又迈进了一步。

以上不恰当的选材会在"中心与材料"的档次上下降2—4分。

2. 语言

对语言的要求,历年来基本是一致的。语言干瘪单调,甚至不够通顺的文章得分会随之下降;而语言表达流畅优美,有一定文学才华的文章依然受到青睐。

3. 思路与结构

(1) 写一件事的:

只要内容充实,过程具体,扣题严谨,可给高分。但内容不可过于单薄,一定要充实,详细,写出细节。

(2) 写多件事的:

写两件事、三件事都可以,只要围绕中心,内容充实,几件事表现的主旨是统一的,亦可给高分。

【标卷作文】

● 一类标卷层级解析

◆ 一类上Ⅰ(59分)

悄悄地提醒	
每一片土地在历史天空中都有其独特的光芒,也许你没发现,但它会用自己的方式悄悄地提醒着你。 慵懒的午后,我信步于云南丽江古城的四方街,嘴里回荡着过桥米线的香味。走在五花岩石板路上,脚下发出哒哒的响声。两旁古老的水利系统,溪流潺潺,在江南式的亭台楼阁边,杨柳依依,一树一荫凉。	① 出语不凡,显示出不同的视角,不同的品位。 ② 本段结尾如果加上"使我恍然又回到了家乡江南"这句话,就与下一段联系得更为紧密。

就在我认为这与江南水乡无异时，凭栏远眺，那百面“酒旗”都印刻着的纳西族东巴文字，悄悄地提醒我——这是“异域”，是云南。	③ 让东巴文字担当“提醒”的主体，独特。
我与母亲走向更安静的民居。两旁青灰色的屋瓦阶檐间隔成的羊肠小道，没了外面的喧嚣，只是偶尔有“鸡犬之声相闻”。	④ 行文如同一般游记的文章，但有了前一个“提醒”，读者就对下一个“提醒”充满期待。
“路转溪桥忽见”，我们望见不远处有家古色古香的小店，也许是卖纪念品的吧。我们避开风铃踏进门，只见满屋的纳西雕饰。一位老妇人上前招待，她并不急于做买卖，让我们细细观察，并低声给我们建议。	⑤“路转溪桥忽见”，似乎一语双关，期待中的“提醒”该出现却未出现。悬念。
我们准备离开，她又重新坐下，拿起手中的绣品，我一怔，她绣的竟是纳西族的东巴文。一个普普通通的老妇人竟用双手把祖先的文明传承，传承在密密的针线中，那一针一线，似乎都在悄悄地提醒人们，一个民族对传统文化的敬重和虔诚。	⑥“我们准备离开”，期待中的“提醒”在看似不该出现的时候出现了，意料之外，有意料之中。 ⑦ 本段中如果能对老妇人刺绣的动作进行点描写会更出彩。

落日余晖中，我们回到古镇，道上赤彤彤一片。忽见前方闪着异样的光，走近一看，满墙东巴文字。朱红、靛蓝的漆刷在了匠人一笔笔、一凿凿刻下的凹凸痕迹中，无声地提醒世人这里拥有的灿烂文明。	⑧ 如果说前文东巴文字是“闪现”的话，那么此处是东巴文字的集中展现；由“提醒我”到“提醒人们”再到“提醒世人”。层次逐步提升。
我走近，轻轻靠于墙上，想听听当年茶马古道上悠远的驼铃声，想看看东巴长者的传统祭祀场景，想感受载歌载舞的庆典活动。 手轻轻触摸这凹槽，我不禁惊叹于纳西人民的智慧，隔着千年岁月，挡着外界喧嚣，躲着纷飞战火，把唯一“活着的象形文字”传承至今，令人赞叹。	⑨ 面对东巴文字，前文作者是无意中地被“提醒”，到这里有意识地，甚至是情不自禁地去触摸去赞美，彰显了“悄悄地提醒”的作用。
东巴文化如中华民族各种灿烂文明一样，用历史的印迹悄悄地提醒国人，提醒世界——这儿有一份古老的文明，这儿有一份千年传承的古韵。	⑩ 收束全文，点明中心。

[考场得分]

中心与材料25分＋语言24分＋思路与结构10分＝59分

[写作借鉴]

本文是一篇特殊的游记。作者按照游踪记叙自己的所见所闻，所感所悟，行文井然有序，有条不紊。难能可贵的是作者在这篇游记中,紧紧抓住东巴文字这一无声的信息,精心构思了“悄悄地提醒”这一命题。说其精心,是因为作者所写的“提醒”不是一次性的,而是连续多次。连续多次的提醒,也不是并列的简单重复,而是层层深入,逐步拓展的。

第一次“悄悄地提醒”,行走在宛如江南的亭台楼阁边,百面印刻着东巴文字的酒旗,“提醒”我这是“异域”;

第二次“悄悄地提醒”,普普通通的老妇人用双手刺绣本民族的文字,“提醒人们,一个民族对传统文化的敬重和虔诚”。

第三次“悄悄地提醒”,“满墙东巴文字……无声地提醒世人这里拥有的灿烂文明”。

由前文东巴文字的“闪现”,到老妇人虔诚地刺绣东巴文字,再到东巴文字的集中展现;由“提醒我”到“提醒人们”,再到“提醒世人”;由“提醒”不是江南,到“提醒”对本民族“传统文化的敬重与虔诚”,再到“提醒”纳西族的“灿烂文明”,层层深入,步步拓展。作者也由无意中地被“悄悄地提醒”,到后来有意识地,甚至是情不自禁地去触摸去赞美东巴文字代表的灿烂文明。这一切都显示了作者构思的精心。

◆ 一类上Ⅱ(58 分)

悄悄地提醒 宝石花的起死回生,蜘蛛织补破损的蜘蛛网……生活中那些看似不起眼的琐事,却是对我悄悄地提醒,提醒我生活的真谛。	① 开篇即点明文章的主要内容,从不起眼的琐事,感悟生活的真谛,这种“悄悄地提醒”令人眼睛一亮。

去年冬天，出于好奇买回了一盆宝石花。但由于我疏于照顾，加上刺骨寒风的折磨，等我再见它的时候，盆中已是一片狼藉。叶子所剩无几，泥土上覆盖了一层枯萎发黑的残叶。我惋惜地将它放在了墙角，不舍得丢弃。不料，春天一过，原本死气沉沉的宝石花却长出了新的嫩叶，焕发出勃勃生机。	② 文笔简练，寥寥数笔，交代了宝石花的"生死"经历。 ③ 由"冬"到"春"，由"枯萎发黑"到"一抹绿意"，由"惋惜"到"惊讶"——"悄悄地提醒"水到渠成。
望着墙角那一抹绿意，我很是惊讶。这是宝石花在悄悄地提醒我：先前的积蓄是为之后更好的奋进做足准备。我领会了它的用意，在初三最后这一关键时期，我丝毫不敢松懈，不断充实自己的知识，积攒着一点一滴的努力，如一支蓄势待发的利箭，冲刺最终的胜利。	④ 以上是宝石花的"提醒"，无声无息，却让人印象深刻。
一次补习归来，瞥见小区楼下的屋檐下竟结了一张蜘蛛网。我玩心大起，捡起一块石子，扔去，正中蜘蛛网。瞧着破了一个大洞的蛛网，我满意地离开了。过了几天，猛地又想起来那片蛛网。我好奇地猜想，那张网是否已经在我的摧残下破败不堪了？下楼时，我特地又留意了那个屋檐。令我惊异的是，那里又是一张完整的网，丝毫没有破损的痕迹。	⑤"玩心"，符合小孩子的特点。 ⑥"满意地离开"——好一副胜利者的姿态。 ⑦ 好奇中透出小孩子的特有的"坏"——想重温"破

我仔细察看，那天被我戳破的地方已被细致地接上，而那只蜘蛛正悠闲地在角落里等待猎物。	坏”的快感。
望着那张细密的蛛网，我由衷地钦佩蜘蛛这位伟大的艺术家。我想，这也是它在悄悄地提醒我：亡羊补牢，为时未晚。将残破的地方补上，又是一派美好的景象。于是在学习上，我学会蜘蛛执著的精神，遇到不懂的地方及时询问老师，填补自身不足之处，更好地完善自己。	⑧ 蜘蛛网被“细致地接上”，蜘蛛在“悠闲地”等待猎物——在不动声色中与前文自己作为胜利者的“满意”形成对比。
在成长的道路上，细心观察，身边的景物总能在你迷茫无助时给予你悄悄地提醒。它们让你在不知不觉中感悟生命中的美好与坚持，指引你向正确的方向阔步前行。	⑨ 蜘蛛不愧为“艺术家”！ ⑩ 此处的升华还不到位，甚至不太准确。 ⑪ 总结上文，升华主题。

[考场得分]

中心与材料 24 分＋语言 24 分＋思路与结构 10 分＝58 分

[写作借鉴]

本文有如下几点值得借鉴：

1. 以小见大的写法。本文视角独特，以小见大，生活中的两件琐碎小事，在作者笔下折射出令人回味的生活哲理。这样的哲理并不高明，因为这样的哲理似乎人人都知都懂，但高明的是作者能在“悄悄地提醒”这一题目下，想到了宝石花、蜘蛛网这样的琐事，并以这样的琐事恰到好处又自然而然地领悟了生活中的哲理。类似的生活琐事也许人人都经历过，但在考场上能想到并写出来的考生为数并不多，而这不多的考生，当然应该得到应有的奖赏——高分，因为作文不仅仅是写作功底的展示，也是应变能力、思维品质等综合素养的集中展示。

2. 结构简单实用。文章开篇即点明本文要写的两件事情，说明作者在动笔前已经想得很清楚，成竹在胸；同时也自然点题。两件事情并行不悖，共同指向“悄悄地提醒”，揭示来自生活的启示，构成文章的主体。最后一段总结全文，升华主题，与开头遥相呼应，使文章结构严谨，分合得当。

美中不足的是对“蜘蛛结网”所折射意义的揭示和引申不很妥当，因为蜘蛛所做的并不是“亡羊补牢”的事情：蜘蛛网原本完好，但遭到了外力蓄意的破坏，而“亡羊补牢”是指“牢”原本就破而不去“补”，“亡羊”之后再“补”。这是性质完全不同的两件事情。本文中蜘蛛结网折射的是面对挫折淡定从容，不怨天，不尤人，并及时采取措施克服挫折的坚韧乃至豪迈。

◆ 一类中Ⅲ(56分)

悄悄地提醒	
细雨湿衣看不见，闲花落地听无声。 ——题记	①“题记”常见，但扣题如此巧妙如此紧密的“题记”并不多见。
人生步履匆匆，踩过春夏秋冬的肩膀，让爱穿过心灵深处，你会发现每个地	②“踩过春夏秋冬的肩膀”，用语似

方都有爱,伴着你茁壮成长。	乎不妥。
春　水杯篇 用感动为春揭幕,用无声让爱延续。 乍暖还寒的春,像孩子的脸,说变就变。班上喷嚏声整天此起彼伏,显然经受不住寒流的扫荡。 天天,我的水杯里都有一大杯混合着浓浓药味的抗病毒冲剂,强忍着苦到头皮发麻的折磨,咕咚一声吞下,连着一个星期,都是如此。	
这天,终于忍不住了,对妈妈吼道:“你别再弄了。我不是还没病吗?用不着天天喝药!”说罢,又觉得唐突。妈妈的脸上,闪过了一丝尴尬。随即,笑脸漫过了那张有着岁月痕迹的脸:“好吧,明天咱们不喝了。”	③ 妈妈的表情变化很有代表性,作者表现得很到位。 ④ 妈妈的话中“咱们”用得好,仅这一代词的使用即可看出这样的对话来自真实的生活经历。
第二天,水杯里是一大杯热气腾腾的果汁。这一刻,热气温暖着我的手,也温暖着我的心。它悄悄地提醒着我:无论苦药还是甜汁,都承载着无言的爱。 春雨无色,爱无言。	⑤“悄悄地提醒着我……”这一点题的话,使原本平常的一段生活经历一下子增色添彩,让人回味咏叹。

春　风铃篇	
春天真的脚步近了，我喜欢把风铃挂在门上，聆听风吹过的声音。	
某夜，春寒料峭。我拥被而眠，到了半夜竟被冻醒。正待找寻，忽听得风铃微响，门开了。我换了个姿势假装熟睡，便觉身上一阵温暖：被子又回来了。我把眼睛眯成一条线，看见妈妈轻轻关门出去了。那一刻，温暖的被子下包藏着一颗温暖的心。	⑥“风铃微响”，着一“微”字，尽见母心之慈之细。
风铃声声，似乎在悄悄地提醒我：在这宁静幽雅的夜里，你又收获了一份深情的礼物。	⑦ 点题。
春　柳絮篇	
昨夜，一阵春风使路旁和河边的柳树都绽开了绿芽。我站在树旁，呼吸着春天的气息。等了很久，公交车还没来，只得拦了辆出租车。刚坐下，便觉书包异常地鼓，打开一看，是一包热腾腾的锅贴，定是妈妈怕我饿着了，趁我穿衣时去买的。吃着锅贴，温暖着焦急的心。	⑧ 语言简练。只是犯了一个常识性错误，初春时节，柳芽刚发，何来柳絮？
飘飞的柳絮，如母亲那随我飘飞的心。	⑨ 此处应该再次点题更为保险妥帖。可改为：飘飞的柳絮，似在悄悄地提醒我，母亲的心在随我一起飘飞……

后记：当时间掺杂着阳光闪耀过命运，我不会忘记，生活中有那么多无言的事物，悄悄地提醒着我：无论在何时，只要爱陪伴在你身边，你都会收获着一份纯情的赠品：一颗慈母心！	⑩ 再次点题，并呼应开头。

[考场得分]

中心与材料 24 分＋语言 23 分＋思路与结构 9 分＝56 分

[写作借鉴]

本文最大的亮点有二：

(1) 巧妙选择了叙事和抒情的“载体”。“感情”没体积，没重量，没颜色，没味道，看不见，摸不着，表现“感情”往往有难度。本文作者巧妙地用水杯、风铃、柳絮作为“载体”，使叙事有了切入点，抒情有了着力点，让叙事和抒情变得具体可感。三个“载体”，如同三个道具，把原本并不关联的三件事情串联起来，既独立成“篇”，又相辅相成，共同“提醒”“我”领悟母亲的爱。水杯、风铃、柳絮，都是不会言传的物品，善感者自能体味其“悄悄地提醒”。

(2) 文章结构清晰，前有题记，后有后记。题记引用巧妙贴切，后记点明中心，各司其职，分工明确。在主体部分，作者用“春”作明线，用母爱作暗线，串起“水杯篇”、“风铃篇”、“柳絮篇”，使三者各自独立，又相辅相成，有力表现了文章的中心。这样的结构不可没有，但也不可都去效仿，用得多则会有做作的嫌疑。

明显的不足之处是文中“我”、“你”的运用过于随意，指代有点混乱。另外，常识性错误的出现，虽然在评分时没有苛求，但也应尽力避免。

● 二类标卷升格示例

◆ 升格示例

▲ 原作亮相

悄悄地提醒

我一直是个成绩优秀的学生，考试名次名列前茅，老师偏爱我，交给我班中大小事务，我都能顺利完成；同学喜爱我，问我的问题，我都能给他们满意的答复；爸妈宠爱我，孩子的优秀总能使他们脸上贴金。

（第一段中“偏爱”、“喜爱”、“宠爱”加于一身，可见“我”的“风光”。为下文的转折埋下伏笔）

我就这么风风光光地过着，直到小A出现。（转折）

我本以为，她转来无非给我增加个“粉丝”而已，但她第一次考试，就给我个下马威，她名列前茅（此处“独占鳌头”更为准确），我屈居第二，老师报名次时，她笑嘻嘻的模样使我气不打一处来。

从此我的生活有了天翻地

▲ 升格作文

悄悄地提醒

我一直是个成绩优秀的学生，考试次次独占鳌头，老师偏爱我，交给我班中大小事务，我都能顺利完成；同学喜爱我，问我的问题，我都能给他们满意的答复；爸妈宠爱我，孩子的优秀总能使他们脸上贴金。

我就这么风风光光地过着，总以为自己是班级的核心，同学羡慕的目光总让我觉得很受用。直到小A出现……

我本以为，她转来无非给我增加个“粉丝”而已，但她第一次考试，就给我个下马威，她独占鳌头，我屈居第二，老师报成绩时，她笑嘻嘻的模样给我的感觉就是对我的讽刺。

从此我觉得我的生活有了天翻地覆的变化：小A是主角，我变成了陪衬。我开始感觉老师的目光在她身上停留的

覆的变化：小A是主角，我变成了陪衬。老师把注意力聚集在她身上，同学有问题纷纷向她请教。（名次的变动居然发生如此“天翻地覆的变化”，似乎有点言过其实，与前文的老师的“偏爱”、同学的“喜爱”对比过于分明。要么前文要有伏笔，要么把此处的“现实”写成自己的“感觉”）想着昔日的光芒都不复存在，我骄傲的心开始挣扎，在学校里，我和谁都能聊上几句，就是与小A话不投机；放学后我与谁都顺路，就是与小A相反。 （此处缺少过渡，“停电”出现得突兀、生硬） 而一次停电，家陷入黑暗的恐慌之中，我摸索着找到蜡烛，用打火机将其点燃，黄色的烛光摇曳，虽然不是很亮，也使我的心静了下来，扑灭了我骄傲的焰火。（烛光让“我的心静了下来，扑灭了我骄傲的火焰”，在缺少铺垫的情况下，显	时间比在我身上停留的时间长，我开始发现同学眼中对我的羡慕在消失。想着昔日的光芒都不复存在，我骄傲的心开始挣扎。在学校里，我和谁都能聊上几句，就是与小A话不投机；放学后我与谁都顺路，就是与小A相反。 我的心情一团糟。 父母看在眼里，急在心里。想尽一切办法帮我调整我的心态，但都无济于事，直到那次悄悄地提醒—— 那天晚上，我正在做作业。突然，灯灭了，停电？记忆中突然停电的情况几乎没有。急步走到窗前，撩开窗帘，只见大街上路灯明亮，四周万家灯火，我心中纳闷：怎么只有我家停电？ 房门开了，一束亮光挪进了我的房间：妈妈捧着一根点燃的蜡烛走了进来，放在了我的写字台上，一言不发，只是静静地看着我，然后悄悄走了出

得突兀,不可信)妈妈推开门走了进来,手上是另一个烛台,一时间两支蜡烛照亮了大半个房间。 原来是这样,我恍然大悟,烛光不仅照亮了我的房间,更照亮了我的心:两个烛光(可改为"蜡烛")可以使房间更亮,但都没有想到要抢去相互的光芒,小A是另一个蜡烛,我怎么能嫉妒她呢!(领悟之快让人不敢相信) "叮"地一下,电又回来了,台灯又亮了起来,我心中默念,谢谢爸妈"处心积虑"地提醒我("处心积虑"在前文没有得到交代,此处是文中唯一的一次点题,还缺少了"悄悄地")。 我那光辉的岁月马上就会回来。(与第一段呼应,但"光辉的岁月"就是因为自己成绩出色而得到老师的"偏爱"、同学的"喜爱"、父母的"宠爱",境界似乎低了点) ★ 考场得分 中心与材料22分+语言	去。烛光昏暗。接着,爸爸进来了,手里拿着一根点燃的蜡烛,像妈妈一样放在写字台上,走出房间。烛光仍然昏暗,但毕竟亮堂了些。突然,我发现一团明亮的光在门前移动,爸爸妈妈各自擎着一个插满蜡烛的烛台走进了我的房间,房间里顿时如同白昼。 爸妈仍然没说一句话,悄悄地走了出去,带上了门。我发现,烛台上挂着一个小纸板,上面写着一句话:你是一根蜡烛,小A也是,你的每个同学都是;一根蜡烛不能照亮房间,两根也不能,只有点亮更多的蜡烛,房间才能如同白昼——是妈妈的字迹。 我豁然开朗,我恍然大悟。我的心一下子被烛光照亮。那点燃的蜡烛,那深情的留言,正是对我悄悄地提醒。 在温暖的烛光下,我郑重地坐了下来,在心中默念:爸

20分＋思路与结构8分＝50分	**爸妈妈，谢谢你们“处心积虑”地提醒，我不会让你们失望的。** ★模拟评分 中心与材料25分＋语言24分＋思路与结构9分＝58分

对比讲评：

(1) 失分点。

应该说，原作显示了作者很好的写作功底，文笔流畅，构思也很独到，选材上独具匠心，但在行文细节上考虑不周，使文章难进入一类卷，殊为可惜。最突出的问题有二：

一是在关键的地方缺少铺垫或过渡。“停电”根据后文所用的“处心积虑”，可以看出不是偶然，而是妈妈的一次精心安排，但作者在前文缺少必要的交代。蜡烛一出现就“让我的心静了下来”，已显得突然，第二根蜡烛出现就马上“恍然大悟”更显得突兀。好文章应该顺理成章，水到渠成，这就需要必要的过渡和衔接。

二是立意值得商榷。应该说作者的感悟“两个烛光可以使房间更亮，但都没有想到要抢去相互的光芒”已经发人之所未发，想人之所未想，但只把“我”和小A当成蜡烛，那其他同学呢？文中的用语措辞都是唯成绩论，成绩第一即志得意满，是班里的主角，令人仰望，老师偏爱，同学喜爱，父母宠爱；成绩第二即成配角，老师偏爱马上转移，同学即刻“倒戈”，成绩决定了同学关系，师生关系。即便这些有生活依据，但也有些言过其实。“我”的眼里只有成绩，即便后来我不再嫉妒成绩比我好的小A了，但其他成绩差的同学在作者眼里似乎仍然不值一提。这样的价值观令人担心。

(2) 提升点。

注意了衔接和过渡。原文为“停电”这一父母“处心积虑”的事件做的铺垫太少,使该事件的出现显得突兀。修改中,加入了“我的心情一团糟”和“父母看在眼里,急在心里”,并采取措施调整我的心态这样的交代,为后文父母的蓄意“停电”埋下伏笔。

丰富了“停电”事件。“停电”事件是本文的关键,文章成败全系于此。故在点燃蜡烛上作了补充,由一根到两根,再到两个插满蜡烛的烛台,使该事件更有撞击力,同时增加了一个写有父母留言的纸板,这一连串“悄悄地提醒”,更能显示父母的苦心,也更能使自己的顿悟来得自然,来得可信。

立意上的调整。如前文所言,原作“我”的眼中只有小 A ,立意之基础是成绩,这样的立意不仅难以赢得青睐,甚至还会遭到质疑。修改后用“你是一根蜡烛,小 A 也是,你的每个同学都是;一根蜡烛不能照亮房间,两根也不能,只有点亮更多的蜡烛,房间才能如同白昼”这句话作为点睛之语,就使文章的境界提升很多。

另外,原作很不注意点题,只有一处点题还不很明确,不很到位。这在考场作文中不是一个好习惯。修改之后,在关键事件“停电”前后都适时点题,并且在结尾再次点题,这些都是必要的写作技术。

【新题演练】

题目:真没想到

要求:(1) 写一篇600字左右的文章。

(2) 不得透露个人相关信息。

(3) 不得抄袭。

【文题诠释】

题目“真没想到”是生活中很多人都说过的一句话，但作为一个作文题目出现，说不定不少人会脱口而出：“真没想到！”也就是说，虽然是生活中的常用语，但写文章却并不容易。

是否能写出更高的境界？“真没想到”有两种境界：一是一般的没想到，比如没想到某人会来，或者某人做出一件让人想不到的事情，等等；二是对生活的顿悟，让人有豁然开朗甚至醍醐灌顶的感觉。两种境界没有对错之分，但有高下之别。一般来说，后一种境界明显要高。

应该说本命题的选材比较丰富，以下几类选材都可以：

(1) 兴趣爱好类：

如阅读、弹钢琴、钓鱼、打乒乓、学习书法、射箭、品茶等，可以写起初不感兴趣或有畏难情绪，但在学习过程中有了新的感悟或享受了成功的喜悦等。

(2) 校园生活类：

如某种集体活动使原本似散沙一样的班集体有了凝聚力；与竞争对手或平时关系一般的同学成了知己；对一些不被关注或不受欢迎的同学有了新的认识；在学习中发现向来严厉的老师竟也有可亲的一面……

(3) 家庭生活类：

如发现平时总是板着面孔的父母(长辈)也有顽皮的一面；随着时代的进步，原本以为落伍的家中老人也跟上了潮流；突然发现父母(长辈)因操劳而衰老突然醒悟自己原来如此自私从没关注过父母(长辈)在慢慢变老……

(4) 社会生活类：

如被人们歧视的民工或一些打扮另类的年轻人能在别人有困

难时伸出援手……

【审题误区】

越是没有审题难度的题目越要静心考虑一下怎样写才能高人一筹。“真没想到”这个题目在审题上并没有太多误区,但仍有需要注意的地方:

(1)“没想到”的对象到底值不值得写?正如前文所言,“没想到”有两种境界,要认真整理自己的生活经历或阅历,写出能让人眼睛一亮的“没想到”。

(2)是否能突出“真没想到”中的“真”?如果所写的事件让人看了根本没有“真没想到”的感觉,写作就是不成功的。所以,在行文中必须注意铺垫、伏笔乃至悬念等,为后文的“真没想到”做好准备。同时,为了突出“真没想到”的“真”,还要有一定的心理描写。

张扬人文精神,关注语文素养[①]

——近五年上海市高考语文现代文阅读试题述评

上海是全国各省市中最早开始高考单独命题的。多年来,上海的语文高考命题一直在探索中前进,在前进中创新,积累了经验,形成了特色。有理由相信,屡开风气之先的上海,在高考语文命题方面所做的探索,值得所有单独命题的省市学习和借鉴,实际上,从酝酿省市单独命题到2004年部分省市开始单独命题,上海的命题就一直备受关注。

在这里,笔者谈一谈上海市高考语文试卷现代文阅读部分的选文及命题特色,希望能给关注语文高考命题走向的人士带来启示,也希望能给考生备考提供帮助。

我们首先回顾一下上海市自2001年以来的高考现代文选文。

2001年高考的第一篇选文是关于假山的散文,全文看似在写假山,实际在谈论如何进行艺术创造的问题,文章以小见大,见解新鲜,发人所未发,想人所未想,给人以启迪。第二篇选文是针对如何进行科学研究提出了建设性的也是必须关注的见解,即不仅

---

① 原载《语文教学通讯》(高中版)2006年第1期。

要敢于创造，更要善于创造。第三篇选文分甲、乙两个文段，都写“河”，甲写的是历史的长河，乙写的是家乡的小河；历史的长河催人猛醒，家乡的小河永远撩起游子思乡的心绪，是游子永远的心灵家园。历史的沧桑感与浓浓的乡情亲情交织在一起，使考生的心灵在受到震撼的同时又受到洗涤。

2002年，第一篇选文谈如何读书，深入浅出，实用性强；第二篇选文谈的是成语，对汉语中的成语的内容和形式都做了精妙独到的解说，让考生大长见识；第三篇选文是一篇游记，但又不同于一般的游记，文章通过游览谈绘画，笔涉中外，让考生得到艺术熏陶。

2003年，第一篇文章是一篇风格独特的“说明文”，从物理光学特征的角度说“目光”，文笔纵横，摇曳多姿，关于社会、生活、艺术、人生、历史等巧思妙悟尽现笔端，美不胜收。第二篇文章是来自《中国青年报》的一段采访录，采访对象是已故音乐家王洛宾，王洛宾先生富有传奇色彩的独特人生经历以及他对音乐的独特感悟，让人回味，让人深思。第三篇文章是一篇关于桥的散文，语言极具古典美，融会了大量古典诗文，旁征博引而又巧妙自然，读来如饮醇酒，如沐春风，既让人得到文化的熏陶，又让人得到人生的启迪。

2004年开始，上海语文高考的现代文阅读的选文数量有了变化，由三篇相对较短的文章变为两篇相对较长的文章。

2004年的一篇选文，我相信所有考生看了都会觉得豁然开朗，受益多多，甚至永志难忘，这篇文章就是《我看舞蹈的美》。这篇文章以极具表现力的语言，生动形象的述说舞蹈的特别的美，绘声绘形绘色。懂舞蹈的人，看了会有新的感悟；不懂舞蹈的人，读后不仅会对舞蹈有一个比较深入的了解，而且会对舞蹈产生无限的向往。

2005年，第一篇选文是关于中国民间剪纸艺术的，该文介绍了剪纸艺术的起源和发展过程，剪纸艺术所体现的人类艺术最基本的审美观念，以及新兴的剪纸艺术的特征及其成因。将有关民间剪纸艺术内容搬上试卷，并配以优美的剪纸图案，给考生带来一种阅读心理上的愉悦感和新鲜感，同时也拓宽了对当今多元文化内涵的认识和思考的空间。第二篇选文《回望昨日的感伤》，介绍的是奥地利作家茨威格的回忆录《昨日的世界》，以感伤的笔触述说两次世界大战给文化带来的巨大灾难，以及目睹这种灾难的茨威格内心的无限痛楚。《回望昨日的感伤》紧扣2005年是反法西斯战争胜利60周年这一重大话题，引导考生在凝重的思考中学会关注现实、关注社会、关注人类的命运，驻足历史展望未来。文字凝练流畅，题旨清楚又言犹未尽，读后会让人油然而生一种历史责任感，是一篇匠心独具的选文。

顺便说一下2005年上海春季高考现代文阅读的选文。第一篇是关于如何振兴国粹京剧的演讲稿，让考生对京剧的现状和未来有了一个较为清醒的认识，同时又有一种紧迫感。文章配以贵妃醉酒的经典剧照，图文并茂，让人心生愉悦，备感新鲜。第二篇选文是著名作家龙应台在台湾大学所做的演讲《百年思索》的一部分。文章通过对沙漠玫瑰惊天动地的“复活”过程的思考，启发读者如何看待历史，如何看待文化，发人深省，令人警醒。

如前文所析，上海市连续五年的高考现代文选文，张扬人文精神，导向健康明朗。既有文化含量，又渗透了人文思想；既极具时代特征，又富有生活气息；既关注本民族的传统艺术，又关注全人类的优秀文化。学生阅读文章的过程，已经不单单是在做题，而是在学习，在享受，在接受文化的熏陶，在经历心灵的洗涤。这些给考生带来的，是审美的愉悦，是语文底蕴的充实，是文化品位的提升。在美的享受中，考生当然能充分发挥自己的水平。在紧张的考试中，能给考生美的享受，而且不是偶尔，而是五年一以贯之，坚持不懈，这是一种执著的坚守，一种深沉的人文关怀。

以上所谈是选文。下面来谈一下上海市语文高考现代文阅读部分的命题视角或者说考查取向。

先来看一下2001年的第15题：

如前文所言，该年度的第三篇选文分甲、乙两个文段，都写“河”。但取材角度迥异，立意各不相同。

15. 两个文段你更喜欢哪一段？就你最欣赏的一点说说理由。（4分）

（评分要求：理由充分，文字流畅3—4分；理由单薄，文字较通顺2分；理由勉强，文字欠通顺1分）

这是一道开放性的题目，没有标准答案。命题人把做题的自主权充分交给了考生自己。考生必须充分调集自己的“鉴赏储备”，说出自己喜欢的理由，不仅要言之成理，而且要言之有据，言之可信，当然，还要文字流畅。这已经不是单纯的语文知识的考试，而是真正的语文素质的较量。

2002年的第9题：

现实生活中经常看见“乐在骑中”“默默无蚊”“食全食美”等广告语，请你从成语运用的角度，对这种语言现象做具体分析。（4分）

教育学生热爱祖国的语言文字，是语文课程的重要目标之一，正确运用祖国的语言文字是热爱祖国语言文字的重要体现，也是每一个公民的重要义务，但是在社会上，类似肆意篡改成语的不规范的语言现象比比皆是。这道题的设计充分体现了命题人对这些语言现象的关注,巧妙地引导考生关注生活中成语运用的不规范问题,不仅是对考生语文能力的考查,也是对考生进行的传统文化教育,有利于增强考生的语言规范意识。

2003 年:

4. 请联系生活举两个具体的例子说明目光还有不同的"温度"(2 分)

(1) ______________________________

(2) ______________________________

16. 本文意蕴丰富。请由"桥"展开联想,谈谈你对"桥"的感悟。(80 字左右)(5 分)

这两道题都既来自文本,又不拘泥于文本。

第 4 题,让考生联系自己的生活,举两个具体的例子来说明目光的不同"温度",问题的设计独具匠心。回答这道题,考生必须要结合自己的生活体验,重温往事,方能做出令人满意的回答。

第 16 题,考生需要展开自己联想的翅膀,写出对"桥"的感悟。让学生见而有感,感而有悟,正是语文教学追求的境界之一。

这两道题的导向无疑会引导学生在语文学习中,关注生活,注重体验,学会思考,保持敏锐的生活洞察力。而只有和生活结合起来,语文的教与学才能保持永久的不竭的动力和魅力。

2004 年:

6. 在你常读的报纸中,你最喜欢哪一种(报纸名称)? 请从两方面作简要介绍。(4 分)

充分的课外阅读是学生提高语文素养的必要途径。课外阅读的重要性不言而喻,但不可否认,不少学生和家长,甚至包括一些老师,生怕课外阅读影响学习成绩,对学生的课外阅读严加看管,甚至禁止。但是，面对这道题目，平时不看报纸，或很少看报纸的考生，必然一筹莫展，束手无策。胡乱编造在这里行不通，因为报纸是大众媒体，某一报纸的内容、风格、特色等等是很多人所了解的，没有根据的胡言乱语必定会露出马脚。

值得关注的是，随着《上海市中小学语文课程标准》的颁布实施，这种关注生活，关注能力的开放性语文题目在 2005 年的高考（包括春季高考）中加大了分量。我们不妨来看一下 2001—2005 年这类试题所占当年现代文阅读总分值的比例（见下表）：

年份	2001	2002	2003	2004	2005	
					春季	秋季
分值	4	4	7	4	11	13
总分值	45	44	47	40	40	40
比例	8.9%	9.1%	14.9%	10%	27.5%	32.5%

从中我们不难看出到 2005 年，这种开放性的试题比例陡增。

接下来先看看 2005 年的春季高考题：

5. 作者认为当前有四件事要抓紧做。请你联系文意，提出两条具体可行的建议。（4 分）

如：开设《京剧艺术》的选修课，普及京剧知识。

(1) ____________________

(2) ____________________

8. 依据上文第②段，给沙漠玫瑰写一份说明书。（3 分）

13. 沙漠玫瑰的开放给了作者认识历史的方法，请联系生活实际，谈谈它给你认识事物带来的启发。（4 分）

第 5 题，针对如何振兴京剧，让考生自己提出两条具体可行的建议，考生从被动的考试者一跃成为振兴京剧的参与者。第 8 题，要求考生根据文本写一份说明书,这样的命题创意真是神来之笔,要求考生从散文中搜集信息“转换”成说明文,没有过硬的语文素养不会做出令人满意的答案。第13题,要求考生联系生活实际,谈谈文章给考生自己认识事物带来的启示。这道题,不仅是对学生语文能力的考查,更是对考生的辨别能力和思想认识的考查,学生不仅需要从文本中汲取营养,而且需要联系自己的生活体验和生活感悟做出回答。

再来看2005年秋季高考语文试题:

4. 从全文看,民间剪纸在两方面“体现了人类艺术最基本的审美观念”。(3分)

内容:

形式:

(答案要点:内容:表现了劳动者对理想与美好生活的追求。形式:追求丰富多彩的式样)

5. 你将受邀参加全国民间工艺研讨会,请就如何振兴剪纸艺术准备一份发言提纲。(4分)(要求:建议合理,措施可行,富有创意)

12. 假如让你来回答文末“又该说些什么呢”,你会这样说:(100字左右)(6分)

(要点:感悟,引申,如牢记历史教训、不让悲剧重演、珍惜和平、光明战胜黑暗等)

第4题要求考生从内容和形式两方面来概括民间剪纸艺术是如何体现人类基本审美观念的。让考生通过这道题,领略人类基本的审美观念,命题人真是用心良苦,值得称道。值得注意的是,这是1978年恢复高考以来上海卷第一次测试考生在审美情趣方面的感悟能力,命题导向不是偶然而是必然。在最新出版的《语文课标》中,“增加文化积淀,提升学生的文化品位”是基本的课程理念之一,而形成审美意识、审美情趣、审美能力正是实现这一理念的重要途径之一。

第 5 题,设置场景,让考生以发言人的身份准备一份“命题”的发言提纲,命题人开阔的视野,独特的角度令人叹服。既让学生了解了传统的民间工艺,又让学生真切透视了这种传统工艺的现状,并以主人翁的身份考虑其未来。

第 12 题,同样做了一个假设,要求考生回答《回望昨日的感伤》末尾的问题。给学生留下了宽广的发挥余地,但是,这里的“宽广”宽而有度,广而有际。没有对全文的正确把握,没有对当今世界重大问题的深切关注,想“说”的有见地有水准恐怕很难很难。

面对这里的第 5 题和第 12 题,考生已经不是单纯地参加考试,而是在关注民族传统文化,思考当今世界的重大问题,人文旗帜同样高高飘扬。这里的考试已经不是单单考查考生的语文学习成果,其本身又是一个学习的过程,并且不是单纯的接受性学习,而是接受性、体验性、研究性相结合的学习。而考生做的,就是展示自己的学习成果。值得关注的是,这里展示的不仅是考生一时的思考结果,更是展示考生的语文素养和语文能力,甚至还有研究性学习的成果。

以上所列试题,虽然所占比例有限,但是,我们不能否认这种开放性试题的比例在加大,而且,这类试题分值虽少,却是真正能拉开距离、显示水平的试题。

细品上海进入新世纪以来的高考语文现代文部分的选文和命题之后,我们不能不被上海试题深厚的文化底蕴深深吸引,也不能不为其对学生语文素养的真切关注深深折服。实际上,上海高考语文试卷的每一部分都富有文化含量,皆张扬人文精神,关注学生的语文素养和语文能力。这种对文化底蕴的情有独钟,这种对语文素养的真切关注,不仅是今后上海语文命题的方向,而且也必将引起其他省市高考语文命题组的关注,乃至效仿。

文章须要耐心读

现代文阅读是高考语文试题的重要组成部分，很多同学对现代文阅读题束手无策，往往寄希望于临场发挥，甚至完全寄希望于运气。运气当然不可靠。更有同学觉得不是自己做题不靠谱，而是现代文命题本身不靠谱，甚至认为现代文命题本身就没谱。这种看法当然不对。文章有谱，根据文章所命之题就有谱；命题有谱，做题就必须靠谱。

本文主要谈一个最基本的问题：耐心读懂文章。

之所以在“读懂”前加“耐心”，是因为很多同学读文章只盲目求速度，而且读文章时不专心，不投入。有同学可能会说，高考那么重要，我怎么可能不专心、不投入？正因为高考重要，很多同学在考试时就更容易走神。岂不知当一个考生在考场上一再告诫自己“要专心”的时候，其实正是走神的时候？专心是一件很奇怪的事情，正如同睡觉，你越想睡着，偏偏越睡不着。专心的前提是“耐心”，不能急躁，不能一味求快。

需特别指出的是，如今部分试题甚至需要对文本进行细读细品，没有耐心，不够专心和细心，这类试题根本无从做起。

比如 2005 年上海高考语文有这样一道题：

第⑦段提及“今天”的维也纳新年音乐会是为了抒发作者________________的情感。（3 分）

当年的选文是有关奥地利著名作家茨威格的一篇文章——《回望昨日的感伤》,第⑦段如下:

写完这部回忆录后不久,茨威格就告别了人间,那是1942年。他未能看见希特勒的覆灭,未能看到他的祖国重又恢复文化的创造。今天,当一年一度的维也纳新年音乐会通过现代化媒体手段向全世界现场直播时,亿万听众沉醉在文化的魅力之中,而他所亲身经历的苦难,似乎已成为遥远的回响。

这段文字的前两句话很多同学在阅读时没有引起足够重视。这两句话完全可以这样表达:

1942年茨威格写完这部回忆录后告别了人间。他未能看到希特勒的覆灭和他的祖国重又恢复文化的创造。

改后的文字似乎更简洁,表意上也没有区别。但没有了语序的错综,没有了短句的顿挫,没有了两个“未能”的重复,改文和原文的境界就相去甚远:改文是一杯白开水,无滋无味;原文是一杯浓茶,感情充沛。我们常说“表情达意”,改文只起到了“达意”的作用,却失去了原文既“达意”又“表情”的功能。何谓“字里行间”?这就是。也只有读出了字里行间的“情”,才能准确回答出“对茨威格未能看到法西斯覆灭和祖国恢复文化创造的无限痛惜”这样的答案。

不仅文字需要细读细品,有时候标点符号都不能忽略。

2010年上海春考的选文是铁凝的《你在大雾里得意忘形》。有这样一道题:

第②段中多次用“不知所措”的作用是什么?

参考答案:第一个“不知所措”总起下面路灯、车辆和人的“不知所措”,强调大雾使城市失去了往常的秩序与规则,为下文“我”的得意忘形铺垫。

第②段如下:

后来我在新迁入的这座城市度过了第一个冬天。这是一个多雾的冬天，在城市的雾里，我再也看不见雾中的草垛、墙头，再也想不到雾散后大地会是怎样一派玲珑剔透。城市有了雾，会即刻不知所措起来。路灯不知所措起来，天早该大亮了，灯还大开着；车辆不知所措起来，它们不再是往日里神气活现的煞有介事，大车、小车不分档次，都变成了蠕动，城市的节奏便因此而减了速；人也不知所措起来，早晨上班不知该乘车还是该走路，此时的乘车大约真不比走路快呢。

读这段文字，如果忽略了第一个“不知所措”后面的句号和后三个“不知所措”中间的分号，就会看不到四个“不知所措”之间的关系，从而可能失去答案中至关重要的第一点。

但是，不能否认，在考场上，尤其是高考考场上，不能耐心地读文章的大有人在。当读文章不能“耐心”，当对文章的阅读支离破碎，而且又没有时间再回头去读时(这几乎是必然的)，提醒考生注意两点：抓文章的关键词；找文章里抒情性或议论性的语句。

先说抓关键词。

高考选文一般来说都是比较规范的文章——脉络清晰，层次清楚，主题集中——无论是文学类还是语体类。这样的文章中，关键词往往都是文章的着力点，甚至是文章的核心。下表所列是2009—2013年上海秋季高考现代文的选文及关键词。

年份	语体类		文学类	
	选　文	关键词	选　文	关键词
2013	选自《舒卷的粉墙》	卷轴	惠特曼访问记	惠特曼
2012	应该认真对待文献综述	文献综述	冬阳·童年·骆驼队伍	童年

续表

年份	语体类		文学类	
	选文	关键词	选文	关键词
2011	家园城市	家园	又见鹭鸶	鹭鸶
2010	笔墨的超越	笔墨、超越	天目山	树
2009	专家和通人	专家、通人	春声和春深	春、故乡

以《又见鹭鸶》为例。当年的题目及答案如下：

7. 第③段描写河边令人陶醉的风景，是为了____________________。（2分）

参考答案：突出鹭鸶的美。

8. 简析第④段中画线词“扑飞”的精妙之处。（3分）

参考答案：“扑飞”一词充满动感，准确地写出了记忆中的鹭鸶生动、鲜活的形象；把记忆中的鹭鸶和眼前的鹭鸶联系起来，虚实结合，极具感染力。

9. 第⑥段“又见鹭鸶！又见鹭鸶！”在文中有何作用？（3分）

参考答案：运用反复的手法，强烈地表达了作者阔别多年又见鹭鸶的惊喜；从回忆回到现实景色，承上启下；照应题目。

10. 第⑧段画线句运用比拟的表达效果是____________________。（2分）

参考答案：形象地写出鹭鸶优雅大度的姿态。

11. 对作者的思想感情理解不正确的两项是（　　）（　　）（6分）

A. 阔别多年又见鹭鸶，作者惊叹不已，不禁勾起了对往事的回忆。

B. 不见鹭鸶二三十年，作者深深留恋，却不存再见的企冀和奢望。

C. 鹭鸶朝北岸村庄飞去，作者苦苦守候，盼望鹭鸶倩影再次出现。

D. 沿着河流上下寻觅鹭鸶，作者忐忑不安地想要知道鹭鸶的归宿。

E. 重见鹭鸶，作者欣喜地感到，鸟类与人类的和谐可以重新建立。

F. 悄然而坐，隔水远眺鹭鸶，作者思绪起伏，更崇拜这一对圣物。

答案：DF

12. 联系全文，鉴赏文章结尾引用《蒹葭》诗句的好处。(4 分)

参考答案：引用《诗经》名句呼应了作者寻觅鹭鸶的过程；寄托了作者人鸟同处、人与自然和谐相处的美好理想；增强了文章的文学色彩和抒情韵味。

不用多说，我们已发现当年选文的关键词和命题、答案之间的微妙关系——题目及其答案都和文章关键词鹭鸶密切相关，甚至可以说，每道题的答案中都有关键词的身影。第 7、10、12 题，言在他而意在“鹭鸶”；第 8、9、11 题，题目直接围绕“鹭鸶”。当然，我们不能据此就认为每一年每一道题都如此，但绝大多数都是如此。感兴趣的同学可以看看表中其他年份上海高考现代文试题和答案，甚至可以扩大范围，看看历年来(包括春考)上海高考现代文的命题及其答案，以印证笔者的判断。

再来说说找文章里抒情性或议论性的语句。目前上海高考的文学类作品的选文以散文为主。也许是顾虑阅读的难度，所选散文几乎没有含蓄委婉类的。也就是说,选文往往都有点明主旨的语句,这也难怪,很多作家写文章都会情不自禁地在文中抒发感情,发表议论。这些语句我们可以称之为“主旨句”。阅读时如果能找到这些语句,往往就能直奔正确主题。

2009年的上海高考选文是《春声与春深》,有一道题是这样的:

作者从“春声”写到“春深”,表达了怎样的思想感情?(3分)

在阅卷中发现对绝大多数考生对这道题的解答都不准确,或者不全面。这道题参考答案是这样的:

表达对故乡的思念和少年生活的怀恋,也暗含报国之情和憧憬未来之意。

笔者个人以为,2009年的选文是近年来上海高考选文中难度最大的一篇,考生拿不到满分属正常。但是,如果考生在阅读中能抓住如下几句话,也许可以轻而易举地拿到高分甚至满分:

◇ 你这个游子不但不知身在何处,还不知道童年永不离身。

◇ 那是故乡故土的呼叫。

◇“大地春如海,男儿国是家,龙灯花鼓夜,长剑走天涯。”那时候我们喜欢这样的诗。我看见了少年时代,看见了“龙灯花鼓夜,长剑走天涯”。看见了老手艺人,手冷望天。在艰难的风沙里,忽然看见了想也想不起来的故乡的春天,又朦胧看不透,看不透又盛得住一生所有的思念。

再如2012年,选文是林海音的《冬阳·童年·骆驼队伍》,阅读时如果能抓住以下几句话,文章的主旨便唾手可得:

◇ 夏天过去,秋天过去,冬天又来了,骆驼队又来了,但是童年却一去不还。

◇ 可是，我是多么想念童年住在北京城南的那些景色和人物啊！

◇ 看见冬阳下的骆驼队走过来见，听缓慢悦耳的铃声，童年重临于我的心头。

文章主旨抓准了，以下两道题便可迅速走上正道：

11. 最后三段和前文叙述视角不同，传递的情感也有差异。请根据前后两部分内容，对此加以分析。（4 分）

参考答案：前一部分以孩子的视角，写出了“我”对世界的好奇以及童年生活的美好；后一部分，即最后三段，以成年人视角，表现出作者对童年的追念和珍惜。

12. “冬阳”在行文中着墨不多，却是标题的一部分。联系全文，对此加以分析。（4 分）

答案示例：“冬阳”在行文中虽然着墨不多，但与全文都有内在联系，“冬阳”点出了故事发生的时间，冬阳的温暖烘托了童年生活的温馨美好，为全文奠定温暖的基调，这样写足见作者构思之巧。

以上所举选文都是多主旨句（包括同意句反复出现），更多的文章是单主旨句。

如 2010 年上海春考选文《你在大雾里得意忘形》的主旨句是：

然而意义又是什么？得意忘形就不具意义？人生又能有几回忘形的得意？

2011 年秋考选文《又见鹭鸶》的主旨句是：

哦！鹭鸶对人类的信赖毕竟是可以重新建立的。

看到这两句话，考生就会全面、到位地理解文章主旨——对《你在大雾里得意忘形》的理解就能从大雾中作者的一次偶然经历上升到普遍的人生感悟的高度；对《又见鹭鸶》的理解就能从作者本人和鹭鸶的离合上升到从全人类的角度来思考人与自然的关系的高度。

可以肯定的是,如果不能上升到这样的高度,注定有个别题目是拿不到分数的,至少是拿不到高分的——而这些题目恰恰又是最能拉开距离的题目。

我的"地盘"我做主[1]

——你敢对作文命题"自定义"吗？

谈写作，还得从老掉牙的一句俗语说起——巧妇难为无米之炊。"米"从何处来？

古人云："一物不知，士人之耻。"谁不想上知天文，下知地理，谁不想学淹古今，道贯中西，从而在写文章时信手拈来，旁征博引？但能达此境界者古今中外能有几人？尤其是在如今这个信息充斥天地、学问天天刷新的时代，想达此境界更是有点痴心妄想。在这种情况下，与其左冲右突，欲博览群书，不如静心了解一个小领域，把这个小领域培育成自己的"地盘"，划为自己的"势力范围"，在写作中，只要能把命题引入到自己的"势力范围"中，就能以不变应万变，立于不败之地——我的"地盘"我做主。

一、敢于"自定义"

高考和中考的考查对象往往来自不同地域，即便来自同一地域也很可能有着不同的家庭背景和文化背景。这就决定了高考、中考的命题往往具有相当的开放性，取材不受限制（反动言论除外），让不同地域、不同文化背景的学生都有话可说。这就为培育

---

① 原载《中文自修》2014 年第 3 期。

自己的“势力范围”，形成自己的“地盘”提供了可靠的基础和合法的依据。

我们以上海 2006 年以来的秋季高考作文命题为例进一步说明：

2006 年命题：

以“我想握住你的手”为题，写一篇文章。

2007 年命题：

以“必须跨过这道坎”为题，写一篇文章。

2008 年命题：

平常大家关注更多的也许是“我们”，如果把视线转向“他们”，你会看到什么，又会想到什么？请以“他们”为题，写一篇文章。

2009 年命题：

根据以下材料，选取一个角度，自拟题目，写一篇不少于 800 字的文章(诗歌除外)。

郑板桥的书法，用隶书参以行楷，非隶非楷，非古非今，俗称“板桥体”。他的作品，单个字体看似歪歪斜斜，但总体感觉错落有致，别有韵味，有人说这种作品“不可无一，不可有二”。

2010 年命题：

根据以下材料，选取一个角度，自拟题目，写一篇不少于 800 字的文章(不要写成诗歌)。

丹麦人去钓鱼会随身带一把尺子，钓到鱼，常常用尺子量一量，将不够尺寸的小鱼放回河里。他们说：“让小鱼长大不更好吗?”两千多年前，我国孟子曾说过：“数罟不入洿池，鱼鳖不可胜食也。”意思是，不要用细密的渔网在池塘里捕捞小鱼，这样才会有更多的鱼。

实际上，其中的道理也贯穿在我们现实生活中的许多方面。

2011 年命题：

犹太王大卫在戒指上刻有一句铭文：“一切都会过去。”

契诃夫小说中的一个人物在戒指上也刻有一句铭文：“一切都不会过去。”

这两句寓有深意的铭文，引起了你怎样的思考？自选角度，自拟题目，写一篇文章。

2012 年命题：

根据以下材料，选取一个角度，自拟题目，写一篇不少于 800 字的文章(不要写成诗歌)。

人们对自己心灵中闪过的微光，往往会将它舍弃，只因为这是自己的东西。而从天才的作品中，人们却认出了曾被自己舍弃的微光。

2013 年命题：

生活中，大家往往努力做自己认为重要的事情，但世界上似乎总还有更重要的事。

这种现象普遍存在，人们对此的思考也不尽相同。请选取一个角度，写一篇文章，谈谈你的思考。

以上列举的是最近八年上海市秋季高考的作文命题。虽然命题各异，但共同点同样很明显，即都具有发散性辐射性，指向生活的方方面面。2006 年命题中的“你”、2007 年的“坎”、2008 年的“他们”、2011 年的“一切”、2012 年的“微光”、2013 年的重要或更重要的“事”，这些词语都含义多元，指向多样，需要考生自定义。2009 年和 2010 年的命题虽然不是以词语为辐射点，但材料所反映的现象或揭示的道理却涵盖生活的方方面面，正如2010年命题人在题目中所说："其中的道理也贯穿在我们现实生活中的许多方面。"到底写哪一方面，同样需要考生自定义。自定义，是考生的权利，但很多考生都不知利用，这是年年大量高考或中考作文千篇一律、千人一面的重要原因。

敢于自定义，需要勇气，更需要底气。底气来自哪里？来自考生自己培育的"势力范围"。

二、善于自定义

2008年上海高考有一篇满分作文，引起各方关注。这篇作文最大的亮点是取材新颖，视角独特。当很多考生都把目光投向父母、老师，尤其是陶渊明、李白、苏轼等年年高考都很忙的文化名人的时候，这位考生把目光投向了外来务工人员的子女。写"他们"的艰辛与希冀，挣扎与憧憬，没有华丽的词藻，没有时尚的包装，却打动了包括阅卷老师在内的许多人。从文中可以明显看出，该考生曾持续关注过农民工及其子女的问题，在这方面积累了较为丰富的资料，进行了较为深入的思考。所以，当他(或她)把"他们"的指向纳入到这个"势力范围"后，当然可以立于不败之地——我的"地盘"我做主。

我们把眼睛再往前推，再来看看2004年江苏省的高考作文命题：

水有水的性格——灵动，山有山的性情——沉稳。水的灵动给人以聪慧，山的沉稳给人以敦厚。然而，灵动的海水却常年保持着一色的蔚蓝，沉稳的大山却在四季中变化出不同的色彩。

请以"水的灵动，山的沉稳"为话题，写一篇不少于800字的文章。

当年江苏省的满分作文中有一篇题目叫《爱似高山流水》。当很多考生都在挖空心思出奇出新的时候，该文作者巧妙地把“水的灵动”定义为母爱，把“山的沉稳”定义为父爱，信手写来，轻轻松松搞定一篇满分作文，俗中见新，朴中见色。

还有一篇满分作文，题目是《山水中走来的沈从文》。从文中可以很明显地看出，该文作者很了解沈从文先生，肯定看过沈从文的传记，甚至看过关于沈从文的评论。该文的前两段是这样的：

喜欢《边城》，喜欢沈从文；喜欢沈从文，于是喜欢上了沈从文笔下的山山水水。

人们常说：一方水土养育一方人。喜欢上沈从文的我突然悟到：从文先生就是一条河，从文先生就是一座山。

作者巧妙地把话题纳入自己“势力范围”中，而后从“灵动”和“沉稳”两方面展开，每一方面既写沈从文之文，也写沈从文其人。结尾处两线合一：

这就是我们可亲可爱的从文先生：一条汩汩流动永远不会停歇的河流，一座四季常青生机盎然的大山。

在那沅江之畔，你去走一走，去看一看，去听一听，你看见一位书生在书写、在吟唱吗？

书写，书写山的传奇；吟唱，吟唱水的多情。

一个人物成就一篇满分作文，真可谓四两拨千斤。很多考生也知道沈从文，但了解得很肤浅很狭隘，根本没形成“势力”，在这块“地盘”上自己做不了主。

需要特别指出的是，自定义绝非自说自话，必须找到作文命题与自己“势力范围”的结合点，站稳脚跟，同时要注意适时点题。

三、怎样开发自己的"地盘"

实际上每位同学都有自己的"势力范围",因为每位同学都有自己的兴趣爱好,只是这个"势力范围"厚度和广度有不同。为了在考场上谁都输不起的作文,可以根据自己的情况开发新"地盘",或巩固夯实原有"地盘"。首先,学生应知道哪些"地盘"值得开发,或者明白自己原来所拥有的哪些可以称得上是"地盘"。"地盘"没有贵贱,只有广狭之别,厚薄之分。学生首先可以把自己的特长作为自己的"势力范围",比如琴、棋、书、画、篆刻、雕塑、体育(某一门类)等,也可以把自己的爱好作为"势力范围",比如建筑、历史、地理、军事,甚至剪纸、动玩等等,也可以把自己关心的话题作为"势力范围",比如环境问题(某一方面)、经济走向、地区局势(南海问题、巴以关系等)、国际关系(中美关系、中日关系等等),或者是自己最敬佩或最讨厌的某个人物(大人物、小人物均可)或某个群体(辉煌如乔布斯者可以、卑微如陈贤妹者亦可),只要能持续关注,能了解来龙去脉,前因后果,知道具体的地点、时间及相关数据,就能在该领域内形成自己的"势力",划定自己的"地盘"。在很多同学都不知道培育"势力范围",或有"势力范围"不知道利用的时候,有"势力范围"且知利用的同学注定会立于不败之地。

四、习作示例

【例文一】

于无声处

手谈,坐隐,皆是围棋别称,以手谈之,坐而隐之,无声,却更胜有声。

闲暇时,喜欢叫上一好友,泡上一壶香茗,寂静斗室,茶香袅枭，摆开棋局。如此静谧，无需言语，纵横网格、黑白云子将表达一切。

有人说：“围棋是一种对搏的艺术。”纵然环境宁静，但棋盘上却是拼杀激烈，险象环生。白方诱敌深入，黑棋孤子逃出，白子欲将其置于死地，黑方却试图寻求活路，搜根、腾挪尽展，欺着、鬼手频现，黑白棋子纠缠在一起，就如同一场不见鲜血的厮杀。此时，无声的棋盘透出的却是刀剑碰撞，以及那“气吞万里如虎”的豪气。

所谓棋如其人，从棋风中更可以读出一个人的做人风格、处世原则，灵秀飘逸或脚踏实地，大开大阖或谨小慎微，光明磊落或阴险毒辣。总之，看棋就是看人，抛开了言语的虚华，于纹枰中读其内心。

然而，无声的黑白世界似乎告诉着人们更多的内涵。据考证，围棋起源于原始社会后期，历经千年，传承至今。仅仅黑白两色，十九路网格，却暗合太极八卦，周天之数。黑白两色并存，混沌澄清同在。手握棋子，逐鹿中原，可以不必在乎最后的成败，却要踏好每一步，无论对方怎样瞒天过海、暗度陈仓，都必须将局中的黑白棋子一一看清。如同这人生，再多的纷乱、诱惑也不能左右自己，将世间的黑白辨明，秉持自我那颗是非之心。

方圆无声，它需要感悟。日本棋院门口有一卷条幅：“得好友，得人和，得教训，得心悟，得天寿。”这也许是对黑白世界的最好诠释。

弈，

手谈，坐隐，

得人和，得心静。

纵横似网，落子如星。

厮杀不血刃，争战无刀兵。

任凭左右迷惑，誓将黑白分明。

局中不念胜负数，人间长存是非心。

烂柯之间，无言之处，至理无声。

点评及启示：这位同学对围棋很了解，换句话说，围棋是这位同学的“势力范围”。题目是“于无声处”，“无声”的东西很多很多，建筑、雕塑、绘画、文字、书法，一株草、一棵树、一片云、一座山，都是无声的，该同学大胆而巧妙地把“无声”纳入自己的“地盘”上，游刃有余，成就一篇难得的好文章。需特别提醒的是，即便在自己的“势力范围”内纵横驰骋，该同学也没有忘乎所以，而是保持清醒的头脑，几乎每一段都有点题的语句。这是很好的习惯。

【例文二】

生活是一盏茶

我们家中有一个传统，从爷爷到我，都很是嗜茶。小时候，记得每每晚饭一毕，老茶客的爷爷就沏一壶香茗，一把藤椅一张小几地静坐养神，而我就也会学着端一杯在旁坐下。于是，爷爷两眼一眯，各种各样关于茶的故事关于茶的典故就伴茶香水气弥散开在我面前。

爷爷说，茶分很多种，有不同境界的味道，因此也适合各色不同的人。像我这样的娃儿，好比是生茶。什么是生茶？生茶就是从茶树上新摘下的嫩叶，现摘现泡，讲究的就是个鲜字，水温不能过高，叶甫一入水，一抹绿色便荡开晕出，不一会儿整杯茶便是一句“春来江水绿如蓝”，艳得不可方物。一入口，只觉香阵阵、娇滴滴、甜丝丝的，爽口但却仅止于此了。这样的茶不耐放不经泡不可细品，这样的生活充满热情奔放却只有三分钟热度，只是年轻人的冲动，热烈但却经不起时间的考验。嫩着哪！

还有这西湖龙井。知道这龙井像谁吗？爷爷说了，那是我爸。龙井是天下名茶之一，真正的雨前龙井，采的是春天第一批茶芽里最嫩的部分，用的最好的师父炒成，产量极少，称得上是茶叶中百里挑一的精英。挑上少许，沸水一冲，片刻间色作琥珀的茶汤便会让你惊艳不已。品这龙井最妙的是头三杯。头三杯的茶，鹅黄的色，馥郁的香，清润的味，好比是甘露是仙汤！但第四杯起，仿佛锐气尽失般，迅速转为平淡。我爸爸便是年少得志，而后却仕途徘徊不前，中年渐至而失意渐浓。原来龙井冲泡过多后淡淡的那股茶腥，就是爸爸嘴角不经意带起的那丝苦涩……

爷爷最多喝的是碧螺春，但每次我想尝，他都不允许。他说我是他的孙子，是一定要有大作为的。碧螺春香则香矣，可是如此甘香的茶绝对磨不出少年英气的锋利。爷爷让我喝苦丁茶，粗大卷起的叶子，很糙；沉褐浓重的茶汤，真苦。我皱着眉不肯喝时，爷爷都会面容一肃，告诉我，这才应该是我的生活。尝尽苦味才知道哪里是甜，什么是甜，怎样从苦中辨出那一丝甜意。于是我喝着，从家乡喝到青年。苦能养人，这话一点都没错。

记得临来上海前，爷爷告诉我有一种西北的梭梭茶，应该去喝一次。那是用铁罐小火煮起来的至陋的茶。我问他为什么，他说，生活就是一杯茶，苦丁再苦，都只是泡着喝下；而真正的生活，却是要熬的。

我想我始终会记得爷爷的话的，以后天南地北间，把我的生活，熬成一杯深深沉沉的酽茶，慢慢，喝下。

点评及启示：原题是半命题作文，即“生活是______”。本文作者把生活定义为“一盏茶”。这位同学太懂茶了，娓娓道来一番茶经，娓娓道出自己的生活感悟，短小的篇幅里写了三代人，五种茶。生茶、龙井、碧螺春和苦丁茶，把生活的滋味写得生动形象，具体可感。最妙的是倒数第二段，梭梭茶如异峰突起，令人有醍醐灌顶的畅快与顿悟。同样值得关注的是，该同学在写茶与生活时，没有自说自话，没有写成两张皮，而是水乳交融，一脉相承。

不要错过试题中的答题信息①

上海中考是两考合一,即高中招生考试和初中毕业学业考试合而为一。为体现毕业考的评价功能,大多试题很平易;为体现招生考的选拔功能,也有少量试题颇有难度。这少量的难度较大的题目也就成了拉开分数距离的关键所在。

怎样突破这些难题呢?根据笔者的观察,考生面对难题出错的主要原因是读文不细,审题不清。

每位考生都知道一个简单的事实,阅卷老师是凭写在试卷上的答案来评判得分高低的。所以不少考生至少潜意识里以为"写"是最重要的事情。实则不然,在考试中,还有两件事情同样重要——"看"和"想"。"看"明白、"想"清楚之后,"写"就会成为很简单的事情。

何谓"读文不细"?我们不妨看一道试题——2009 年中考课外文言阅读第 15 题(附原文第二段及注):

鸡虽微禽,而于五德[注]之外,竟复具一德。盛君之友因呼之为"慈鸡"。

[注] 五德:指仁、义、礼、智、信。

15. 文中的"一德"指的是__________。(3 分)(答案:慈)

---

① 原载《文汇报》2013 年 5 月 16 日。

这道题设计得巧妙，切口小，却可以考查考生是否细心去捕捉前后句之间的逻辑关系。在“复具一德”之后，作者紧接着说“盛君之友因呼之为‘慈鸡’”，这里的“因”字紧承上文，其后省略了“之”，而这个省略的“之”指代的恰恰就是前句的“一德”。由此可知答案为“慈”。但遗憾的是，不少考生答案是“慈鸡”，多写一字，3 分尽失，原因何在？因为本题考查的是“一德”，“鸡慈”还可勉强，但“慈鸡”谬以千里。更何况，命题人对“五德”已作了注解，即“仁”、“义”、“礼”、“智”、“信”(有必要指出，试卷对“五德”的注解是错误的。“五德”应为：“文、武、勇、仁、信。”见《韩诗外传》卷二)。也就是说，答案应是能与“仁”、“义”、“礼”、“智”、“信”并列的 1 个字的词语。命题人所给的“五德”注解是回答“一德”的参照。但不少考生对命题人提供的“注”视而不见，这是不应该的，也是读文不细的重要体现。一般来说，可有可无的“注”，命题人往往会省去，毕竟试卷是有长度限制的。既然命题人提供了“注”，那就说明这个“注”对理解文章甚至对做题都是必不可少的。

需注意的是，部分考生虽然关注到了“注”，但所选答案是“五德”中的某一德，比如“仁”或“义”。这同样是读文不细的后果。因为文章说得非常清楚：“于五德之外，竟复具一德。”(着重号为笔者所加，下同)只要关注到“于……之外”和“复”，便不会出现这样的错误。但考生在读文言文时经常会忽视这些看似不重要，实际却能体现文章前后关联的虚词，从而铸成大错。

再来说说“审题不清”的问题。有人说，走进考场智商就降低。此说法虽然有点言过其实，但也不无道理。不少人都有这种经历，平时一般不会出现的低级错误，往往会在考试中尤其是在重大考试中出现，令人追悔惋惜，痛心扼腕。避免低级错误的一个重要策略就是认真审题，准确把握题意。

有一句话也许很多人不信，但却是实话：命题人其实很善良。命题人在试卷上对不少题目尤其是大题难题，都会提供一定的暗示甚至明示，指出答题的方向或方式。但很多考生对命题人的良苦用心不领情。这些或明或暗的信息，如果考生看到并引起注意，那就找到了做题的桥梁，相反，就必然会掉入命题人设置的陷阱。到底是把“陷阱”变成“桥梁”还是把“桥梁”变成“陷阱”，就看是否审清题意。考试时间固然宝贵，但认真审题绝不是浪费时间。

我们仍以中考试题为例来谈。2009 年中考试题第 20 题(原文略)是这样的：

2010 年 5 月 1 日，学校为庆祝上海世博会开幕，计划在校门口摆放花卉。请依据文中花卉装饰设计原则，从下表中选择两种最合适的花。(4 分)

花　名	花　期	花　型	花　色
雏菊	12—5 月	较小	白、黄
大丽花	6—8 月	较小	红、橙、紫
一串红	5—11 月	较小	红、紫
向日葵	6—10 月	大	黄、橙
郁金香	4—5 月	较大	白、黄、粉
水仙花	11—3 月	较小	白、黄
香雪球	3—7 月	较大	红、白、紫

选择花卉：(1) ________________ (2) ________________

答案：(1) 黄色或粉色郁金香(2 分)　(2) 红色或紫色香雪球(2 分)

题目给出的背景是“2010 年 5 月 1 日，学校为庆祝上海世博会开幕，计划在校门口摆放花卉”，根据这一信息，考生应该马上联系到原文第⑤段提及的“布置庆典场所”，同时必须高度重视命题人的提示——“依据文中花卉装饰设计原则”，而文中“布置庆典场所”的“花卉装饰设计原则”就是第⑤段中的这段话：

“布置庆典场所时应选择色彩鲜艳热烈的花卉，使用时间通常是不需太长的，因此无需考虑花卉材料的耐久性，大多选用花大色艳富丽华贵的插花花篮或盆花，如粉月季、红牡丹等。”

根据这段话提供的原则“花大色艳”，答案只能是“黄色或粉色郁金香”和“红色或紫色香雪球”。比如考生答“红或紫的一串红”，就不应给分，因为“一串红”不符合庆典用花“花大”、“富丽华贵”的原则。阅卷中发现，绝大多数考生只考虑到花期，而忽视了对颜色的要求，因此只答出花名，比如只答“郁金香”、“香雪球”等，而没有回答是什么颜色，造成失分。这仍与上文提到的读文不细有关：上面那段话不仅提供了选择原则，还给出了考生可以模仿的例子：粉月季和红牡丹，但考生对此视而不见。不仅如此，考生对上表中命题人提供的“花色”这一列信息也是视而不见。考生必须清楚，命题人在题目中提供的信息都是精心取舍过的，如果答题时题目中提供的一些信息根本没用上，十有八九是考生的回答出了问题，失分是必然的。

把日常考试当成“排雷”行动①

升入高三，大多数学生都打算在这一年大干一场，但不能蛮干，必须讲究策略。下面从两个角度来谈谈高三语文备考应注意的问题。

一、几个知识板块的备考

（一）现代文阅读

绝大多数学生都不太愿意做现代文阅读题。原因很简单：学生认为做题没有成就感，现代文阅读题“对”与“错”的界线不分明，似乎全在模棱两可之间。这是误解。认真研究试题就会发现，每道题都有其做题的思路和线索，每道题的答案都是有来历有讲究的。只有找到了做题的线索或思路，才能发现正确的答案，从而明白“对”为什么对，“错”为什么错。如果学生做题能逐步做到“对”的清清楚楚，“错”的明明白白，就会找到做现代文阅读题的成就感，从而提升做题的信心和“技术”。

（二）古诗词默写

这道题共 6 分，不少学生觉得这道题是食之无味、弃之可惜的“鸡肋”。实际上这道题不可小觑，因为这道题几乎是语文试卷里

① 原载《文汇报》2013 年 7 月 19 日。

为数不多的在考场上就知道对错成败的试题——做得好，提振信心，消除紧张；做得不好，挫伤信心，增加紧张。所以这道题有时会成为语文成绩的晴雨表，需认真对待。不少学生平时不准备，往往是在考试前突击背诵，不仅难免出错，而且还会打乱整体备考的节奏，得不偿失。所以，背诵的功夫必须分配到平时。

（三）古诗文

古诗文历来是难点。不少考生面对古诗文未战先怯，因怯而败。古诗文的阅读一定要先整体把握。不少学生读古诗文时，逐字逐句的解释，走一步停一步甚至停两步，结果不仅严重影响阅读速度，而且对文章的理解也支离破碎，甚至丢三落四，没有整体感知。读古诗文要连续地读下去，如古人所言“未晓不妨权放过，切身需要急思量”，这样才能建立对文章的整体把握。这里所说“切身”是指在对文章有了整体把握后，再结合题目本身去细致思考和推敲。

（四）作文

高三学生最关心最上心的无疑是作文，毕竟满分 70 分的作文是语文的半壁江山。作文当然输不起，但学生必须明白语文学科单靠作文赢也并不保险，把语文考试成败的赌注压在作文上的学生往往会失算，毕竟多数的学生的作文水平很接近。每年一类卷的作文比例很小，在语文试卷中分值最大的作文在得分上往往拉不开距离。在阅卷中发现，言之无物往往是考生作文丢分的主要因素之一。高三这一年，学生的阅读量应该比之前的任何一年都大，因为这一年学生要做大量的试题，每套题中都有好几篇文章。这些文章一般来说都是文质兼美的好文章，建议学生在做题时不仅把阅读文段作为做题的材料，还应把选文当作汲取作文营养的资源。一举两得，何乐而不为？

二、正确看待平时的考试

高三这一年考试多,不说铺天盖地,也可说接二连三。面对考试,有人疲于应付：给钟就撞,如同苦海无边的苦行僧;有经就念,如同有口无心的小和尚。也有人不管风吹浪打,胜似闲庭散步,考好自舒心,考差也坦然。对考试的不同理解决定了学生对待考试时的态度和表现。有的学生完全把考试作为学习目的,整天昏昏然跟着考试转,考好了觉得工夫没白费,喜笑颜开;考差了觉得辛苦皆徒劳,情绪低落。心情的阴晴完全取决于考试成绩的高低。如果是高考,这样的心态可以理解。但平时的考试毕竟不是高考,而是手段。一句话,就是备战高考的手段。既然是备战,就要充分发挥其备战功能。

从备战的角度来说,平时考得不好未必是坏事。高考备战是一项不断重复的路程。必须意识到,考试结束后,自己不是站在新的起点,而是又重新回到原来的起点。每次考试基本上都是以高考为“假想”的终点。也就是说,备战的终点只有一个——高考。每次考试都是一次重复。重复的价值即在于发现隐患并消除隐患。打一个比方,模拟考试就是“排雷”行动,那些让你丢分的知识点就是地雷。每一次考试就是一次征程。在这一过程中,布满了地雷。在前进的路上,能发现地雷并成功排除地雷当然可喜可贺。但是,在考试中踩响地雷也同样可喜可贺,即便被炸得血肉模糊遍体鳞伤也无所谓。因为踩响一颗地雷就等于在你迈向高考的征途中少了一颗地雷。当然,前提是你必须真正弄明白这颗“地雷”的来龙去脉,并切实做到此后碰到同样的“地雷”能够识别,能够排除。如果能做到这一点,那么考试中踩响的“地雷”越多越好,因为这样,征途中就可以减少更多的地雷,为最终进军高考铺就坦途。

如果平时的考试顺风顺水，一马平川，从某种意义上说倒应该引起警惕，说不定会有一些隐藏很深的"地雷"在高考的考场上爆炸，那可就惨了。

需要指出的是，历年来的高考原题是最好的模拟试题，不少老师和学生都有一个看法，认为考过的题不可能再考，所以对以往的高考原题往往置之不理，这种看法和做法大可商榷。因为高考命题遵循的原则是"稳中有变"，而且"稳"的是绝大多数，"变"的只是极个别。考过的原题当然不可能再考，但同类的题目同样的考点依旧会粉墨登场。而且，平心而论，高考原题毕竟是深思熟虑、精心琢磨的产物，到底比各级各类模拟试题的品质更高，训练价值更大，置之不理，委实可惜。

省思有获

紫罗兰的宽恕[1]

——由课堂上学生一段的对话引发的深层思考

一只脚踩扁了紫罗兰，它却把香味留在那脚根上，这就是宽恕。（澳大利亚　安德鲁·马修斯）

——题记

不久前听了一节初二的语文复习课。复习内容是比喻。

课堂上，老师首先举了三个自选的比喻例句。其中一个例句是：

敌人的死尸像谷子个似的在山前堆满了。

老师在讲解时，下面有两个男生在悄声议论：

学生甲：哇，死了那么多人。

学生乙：那是敌人。

学生甲：哦。

老师选择的例句令人深思，学生的对话更是令人警醒。目前，中小学新课程改革在全国各地正如火如荼地进行着。新课程改革的三维目标是知识与技能，过程与方法，情感、态度与价值观。但上面老师选择的比喻例句无意中折射出我们的课堂仍然存在着置

---

① 原载《河南教育》2009 年 9 月。

情感、态度和价值观于不顾的事实。老师在选择复习例句时只关注例句作为比喻的正确性，而忽略了例句本身包含的与比喻正误无关的信息对学生情感、态度和价值观的影响。学生甲和学生乙的对话已经很鲜明地反映出学生关注到的不仅是比喻的正误，也关注到了句子本身包含的信息：

学生甲：哇，死了那么多人。——对死了那么多人感到震惊。

学生乙：那是敌人。——也关注到死了很多人，但是他不吃惊，因为死的是敌人。

学生甲：哦。——认可了只要是敌人，死的再多也不应该吃惊。

因为两个孩子坐在最后一排，老师没有听到他俩的对话，不知听到会作何反应。我相信我们绝大多数人都会认为两个孩子的对话很正常。学生乙对死了那么多人漠不关心，学生甲先是吃惊，接着马上改变态度，原因只有一个：死的是敌人。不言而喻，只要是敌人，无论死多少都是不值得同情和宽恕的。的确，在我们的文化中，生命只要贴上“敌人”、“坏人”、“罪人”、“仇人”等标签，便如同草芥，一文不值，即使他们已经为自己的罪过受到惩罚甚至付出生命的代价也不能得到原谅和宽恕。那么，在西方文化中又是怎样对待“敌人”、“坏人”、“罪人”、“仇人”的呢？

我们来对比两个例子：

马加爵，云南大学学生，2004 年 2 月残忍杀死 4 名同学。同年 6 月 17 日，依法被执行死刑。

赵承熙，韩裔美国青年，2007 年 4 月 16 日当地时间 7 点 15 分(北京时间 19 点 15 分)，在弗吉尼亚理工大学制造了美国历史上最严重的校园枪击案，造成 32 人死亡，赵承熙本人饮弹自尽。

赵承熙的身后事：

发生校园枪击案的弗吉尼亚理工大学停课一周，学校举办了多场悼念活动。据报道，在4月20日中午举行的遇难者悼念仪式上，放飞的气球是33个，敲响的丧钟是33声，其中包括32名遇难者和自杀的枪手赵承熙。21日，33块半圆的石灰岩悼念碑被安放在校园中心广场的草坪上，其中一块悼念碑上写着“2007年4月16日赵承熙”，旁边放着鲜花和蜡烛，还有一些人留下的纸条：

希望你知道我并没有太生你的气，不憎恨你。你没有得到任何帮助和安慰，对此我感到非常心痛。所有的爱都包含在这里。——劳拉

赵，你大大低估了我们的力量、勇气与关爱。你已伤了我们的心，但你并未伤了我们的灵魂。我们变得比从前更坚强更骄傲。我从未如此因身为弗吉尼亚理工学生而感到骄傲。最后，爱，是永远流传的。——艾琳

你没能得到必要的帮助，知道这个事实的时候，感到非常悲哀。希望你家人能尽快得到安慰并恢复平静。上帝的恩宠……——巴贝拉

今后如果看到像你一样的孩子，我会对他伸出双手，给予他勇气和力量，把他的人生变得更好。——大卫

他也是我们学校的学生，一共有33名学生死亡。应该公平地为所有人的死亡哀悼。——克里斯·车巴克

……

另据报道，弗吉尼亚大学枪杀案发生多日，美国媒体从多角度对此进行了充分的报道，但关于凶手赵承熙父母的信息几乎没有(除了有报道说赵的父母企图自杀外)。密苏里新闻学院的一位教师认为，这是美国新闻界自律的表现。如果在这个时候，再去采访

处于深度内疚的凶手家人，就显得“出格”了。直到赵承熙的姐姐赵善敬在事发后第5天主动出面道歉，人们才有机会了解赵家人的想法。一位网民在赵善敬道歉信后回帖说：“这不是你或你家人的错误。你也失去了你心爱的人。”

马加爵的身后事：

据6月18日的《中国青年报》报道，云南高校师生17日听闻马加爵被执行死刑的消息后，大都异常高兴，有的鼓掌，有的唱歌，还有人相约晚上喝酒不醉不归。

另据报道，马加爵的姐姐马春泉在得知弟弟被枪决后，失声痛哭着说：“我们会接受事实，但有一个请求：请善待我们！”

据2007年4月27日的《潇湘晨报》报道，马加爵杀人事件过去了近三年，阴影仍留在他的家人和受害者家属心中。马加爵被枪决、火化后，马家人因“怕再被人指脊梁骨”，放弃去领取马加爵的骨灰，骨灰至今仍留在殡仪馆。

对比马加爵和赵承熙的生前身后事，不知国人作何感想。

美国人为什么能对赵承熙如此宽容？因为在美国人看来，赵承熙是一个病人，而不是一个坏人，他们把凶手及其家人都当成了受害者。赵8岁随父母从韩国移民到美国，由于文化冲突，未能融入美国社会，最终抑郁成疾，而且很早就被发现有极端的暴力幻想，但社会乃至学校没能及时采取措施帮助他，最终使他走上不归路，美国人认为，社会是有责任的。从上面的纸条中我们可以看出普通美国人乃至美国社会的自省和自责。

我们为什么不能宽恕马加爵，因为我们把他当作一个坏人，十恶不赦的坏人。

专家分析，马加爵犯罪是因为穷困、歧视而心理畸变、人格分裂发展的结果，是强烈、压抑的情绪和扭曲的人生观所致，是自以为是、惟我独尊、极端自私心理的恶性发展。实质上，马加爵犯罪是他受到周围环境的歧视和不公平对待的结果。而他自己又不会调整心态去适应并正确面对现实、难以排解痛苦，终于有一天在一点小事的刺激下积郁爆发、心理崩溃并铤而走险，报复杀人，犯下弥天大罪。马加爵也是这个充满歧视的社会的直接受害者。当然，处于像他这样境况和地位的人很多，采取像他这样极端手段的人却极少，无疑是他个人的性格、品质和心理缺陷起了重要作用，但我们的社会没有责任吗？马加爵事件发生后，国人不仅痛斥和声讨马加爵，而且直到马加爵被枪决，他的父母也未能被允许见其一面。这让一直想知道自己儿子为何如此没有人性如此残忍的父母伤心不已。国内的媒体还纷至沓来，打破了马加爵父母平静的生活，马的父母被置于舆论的漩涡中。后来，他们几乎闭门不出，他们的儿子犯下的错，成了他们的一生的包袱，一辈子的痛苦和悲伤。而人们对社会应负的责任，几乎没有任何反思。

在这里，不能不让人想起 18 年前发生在美国的另一起恶性校园枪击案。1991 年 11 月 1 日，就读于美国爱荷华大学的中国博士留学生卢刚开枪射杀了三位教授，一位和他同时获得博士学位的中国留学生山林华，还有这所学校的副校长安妮・克黎利，最后饮弹自尽。安妮・克黎利，爱荷华大学最有权威的女性之一。她的父亲早年在中国传教，她出生在上海。对于中国人，终身未婚的她有着特殊的感情，就像对待自己的孩子，无微不至的予以关照与呵护，每年的感恩节和圣诞节，她总是邀请中国学生到她家中做客。

1991 年 11 月 4 日，爱荷华大学的 28 000 名师生全体停课一天，为安妮・克黎利举行了葬礼。也就是这一天，她的兄弟们强忍无限悲痛，以极大的爱心宣读了一封致卢刚家人的书信。

这是一封中国人写不出来的信，全文如下：

致卢刚的家人：

我们经历了突发的巨痛，我们在姐姐一生中最光辉的时候失去了她。我们深以姐姐为荣，她有很大的影响力，受到每一个接触她的人的尊敬和热爱——她的家庭、邻居，她遍及各国学术界的同事、学生和亲属。我们一家从很远的地方来到这里，不但和姐姐的许多朋友一同承担悲痛，也一起分享姐姐在世时所留下的美好回忆。

当我们在悲伤和回忆中相聚一起的时候，也想到了你们一家人，并为你们祈祷。因为这个周末你们肯定是十分悲痛和震惊的。

安最相信爱和宽恕。我们在你们悲痛时写这封信，为的是要分担你们的悲伤，也盼你们和我们一起祈祷彼此相爱。在这痛苦的时候，安是会希望我们大家的心都充满同情、宽容和爱的。我们知道，在此时比我们更感悲痛的，只有你们一家。请你们理解，我们愿和你们共同承受这悲伤。这样，我们就能一起从中得到安慰和支持。安也会这样希望的。

面对这样的胸襟，我们除了低下头颅肃然起敬外，别无选择。

还有一个故事，除了让我们领略到什么是宽恕之外，还能进一步体悟什么是自省，什么是担当。

美国新泽西州春藤市的一个圣诞节，一个饥饿的儿子拽着妈妈的衣角，停留在酒店门前不肯离开。贫穷的母亲最终没能抗拒儿子的乞求。她选择进入一家餐馆，趁人不备偷走了面包。可是没等溜出门，侍者就把她扭送到老板面前。接着，母子俩被送上法庭。

面对衣衫褴褛的母子，法官最后宣判：这位母亲偷盗面包应该判罚一美元。但造成盗窃行为的根源是无法选择的饥饿，面对饥饿的母亲和孩子，我们每个有良知的人都应该感到羞愧，因为这是全社会的过错。作为公正的代言人，我首先接受惩罚。

说完，法官走到那名母亲面前，掏出一美元递到她手里。法庭上顿时鸦雀无声。观众席上一位老者默默起身把一美元放到被告席上，一位妇女也拿出一美元放到母亲的面前，一个孩子也把一美元交到那名七岁儿子的手里……这时，法庭内所有观众都站了起来，雷鸣般的掌声，经久不息。

我们不妨逐句分析一下法官的宣判：

“这位母亲偷盗面包应该判罚一美元。”——这是偷盗者应得的惩罚，也是文明社会、法制社会应该尊重并遵循的规则。

“但造成盗窃行为的根源是无法选择的饥饿，面对饥饿的母亲和孩子，我们每个有良知的人都应该感到羞愧，因为这是全社会的过错。”——对弱者的同情和体谅，对良心的追问和反省，对全社会的拷问和提醒。

“作为公正的代言人，我首先接受惩罚。”——主动接受惩罚，敢于承担责任。何谓“公正”？“公正”并不只意味着对“坏人”的惩罚，也应该包括有良知的人对“坏人”之所以变“坏”的审视。

德国哲学家叔本华说：“对于一切有生命之物的同情是对品行端正的最牢固和最可靠的保证。谁满怀这种同情，谁就肯定不会伤害人、损害人，使人痛苦，而是只要他能够，就宽容地对待任何人、宽恕任何人、帮助任何人，并且他的行动会带有公正和博爱的印记。”

面对活着的马加爵和死后的马加爵，我们有这种同情心吗？我们的行动带有“公正和博爱的印记”吗？

想想中国文化中的“父债子还”、“杀人偿命”、“不共戴天”、

“斩草除根”、“以牙还牙,以血还血”、“君子报仇,十年不晚”、“仇人相见,分外眼红”,“以其人之道,还治其人之身”、“千年的冤要伸,万年的仇要报”等成语俗语,我们必须承认,我们的文化是有短板的。

但也有人会说,中国文化也是讲宽恕的。《论语·颜渊》中就有这样一段对话:

子贡问曰:“有一言而可以终身行之者乎?”子曰:“其恕乎?己所不欲,勿施于人。”

孔子在这里把“恕”摆在很高的位置。但孔子之“恕”有很大的局限性,甚至是有条件的。“己所不欲,勿施于人”简单讲就是自己不愿意的不要施加给别人,这一点当然非常可贵。但孔子的“己所不欲,勿施于人”,没有回答如果别人硬把自己不愿意的强加给自己,即“己所不欲,人施于己”该怎么办;也没有回答自己想要的别人偏偏不给自己,即“己之所欲,不施于己”该怎么办。

实际上孔子对这类问题是有回答的。

《论语·宪问》中有这样一段对话:

或曰:“以德报怨,何如?”子曰:“何以报德?以直报怨,以德报德。”

“怨”即说明别人做了对不起自己的事,即“己所不欲,人施于己”。孔子在这里否定了“以德报怨”,主张“以直报怨,以德报德”,对“直”的解释可能有很多种,但“宽恕”是不在其中的,因为“宽恕”必然属于“德”的范畴。

《礼记·檀弓》子夏问于孔子曰:“居父母之仇,如之何?”夫子曰:“寝苫,枕干不仕,弗与共天下也。遇诸市朝,不反兵而斗。”孔子在这里表达的意思是,只要有父母之仇,就要与仇人不共戴天,一生中唯一要做的就是复仇,在任何时间任何地点只要遇到仇人就要与之拼命。

亚圣在《孟子·尽心下》中有这样一段文字:“吾今而后知杀人亲之重也:杀人之父,人亦杀其父;杀人之兄,人亦杀其兄。然则非自杀也?一间耳。”孟子这番话虽然没有直接表明他对复仇的态度。但他的话恰恰反映了当时的社会现状,即以牙还牙,以血还血,而且也传达出他对这种现象的态度——认可。

再来看几段话,也许我们能对儒家占主导地位的传统文化的“短板”有进一步的体会:

《周礼·秋官·朝士》:凡报仇者,书于士,杀之无罪。

《礼记·曲礼》:父之仇,弗与共天;兄弟之仇,不反兵。

班固《白虎通义·诛伐》:父之仇不与共天下,兄之仇不与共国,朋友之仇不与同朝,族人之仇不与共邻。故《春秋》曰:子不复仇非子。

司马迁在《史记》记载了一个很著名的复仇故事“伍员鞭尸”。当伍子胥带着吴国兵马,把自己的祖国打得落花流水,终于有了复仇杀害自己父兄的楚平王的机会时,楚平王已经死了。伍子胥“乃掘楚平王墓,出其尸,鞭之三百,然后已”。司马迁是这样评价伍子胥的:

> “向令伍子胥从奢俱死,何异蝼蚁?弃小义,雪大耻,名垂于后世,悲夫!方子胥窘于江上,道乞食,志岂尝须臾忘郢邪?故隐忍就功名,非烈丈夫孰能致此哉?”

司马迁对伍子胥的评价是何其高啊!

中国古代有一种刑法叫弃市,就是在闹市执行死刑并将犯人暴尸街头。这种刑法在我国古代社会很普遍,秦始皇统治期间就有了。唐朝酷吏来俊臣就是遭弃市而死的。《旧唐书·酷吏传》记载:“(来俊臣)乃弃市。国人无少长皆怨之,竞剐其肉,斯须尽矣。”

《资治通鉴》记载:“(来俊臣)弃市。时人无不快其死。仇家争啖俊臣之肉,斯须而尽,抉眼、剥面、披腹、出心,腾踏成泥。”如果联系上下文,我们会在史家看似客观地记载中,分明感受到字里行间透露出的一种恶有恶报的痛快淋漓的愉悦。

鲁迅笔下的阿Q,复仇意识同样了得。当赵家遭抢,被搬了许多好东西,却没和自己打招呼,没有自己的份,他认为全是假洋鬼子可恶,不准他造反,“禁不住满心痛恨起来,毒毒地点一点头:‘不准我造反,只准你造反?妈妈的假洋鬼子,——好,你造反!造反是杀头的罪名呵,我总要告一状,看你抓进县里去杀头,——满门抄斩,——嚓!嚓!’”阿Q的这番话,从一个侧面反映了复仇意识在中国是多么地深入人心。

当然,我们也不是一点也不讲宽恕。但我们在宽恕的时候,往往会说出这样的话:“大人不计小人过”,或“宰相肚里能撑船”,或“老子不和你一般见识”,等等。这些话的背后是什么?是把自己摆在强者的位置上,视对方为“小人”、“草民”、“孙子”,而自己是“大人”、“宰相”、“老子”。在这里,被宽恕者是那么的可怜和可鄙。宽恕变成了居高临下的施舍,宽恕者不仅增加了自己的威仪,显示了自己的大度,而且还获得了精神上的胜利。一句话,先画出生命不平等的界线,然后再谈“宽恕”。但这是真正的宽恕吗?实际上,孔子在谈“己所不欲,勿施于人”的时候,就是把“己”摆在主动者、强势者的位置上,在这个大前提下,他不可能回答如果“己”处于被动地位、弱势地位时,“己所不欲,人施于己”和“己之所欲,不施于己”该怎么办。

在这样的文化氛围中,我们的教育就开始教导孩子们爱憎分明,看清谁是我们的敌人,谁是我们的朋友。有朋自远方来,不亦乐乎?那么,敌人呢,打倒在地,再踏上一只脚,直至消灭他。消灭之后，还要让他遗臭万年，万劫不复，不能有丝毫的怜悯和同情，更不要奢谈宽恕和反思。于是就有了本文开头学生乙的漠然，有了学生甲随后的淡然。

在美国的一位朋友告诉我了两件关于“9·11”的事情，一是“9·11”之后，美国电视镜头中出现了阿拉伯世界弹冠相庆的镜头，接着就是中国出租车司机在镜头面前大吼“炸得好”的画面。二是“9·11”发生的时候，正有一队中国记者在美国访问，这群中国记者看到“9·11”新闻时，竟然在公众场合几乎全队热烈鼓掌。为什么我们的反应是这样？因为我们把美国当作了对手，当作了敌人。在这个大前提下，无论死多少人无论死得多惨，我们照样开心！

我们来听听来自西方文化的声音：

《新约·马太福音·论爱仇敌》：你们听见有话说：“当爱你的邻居，恨你的仇敌。”只是我告诉你们：要爱你们的仇敌，为逼迫你们的人祷告。这样，就可以作你们天父的儿子。因为他叫日头照好人，也照歹人；降雨给义人也给不义的人。你们若单爱那爱你们的人，有什么赏赐呢？就是税吏不也是这样吗？你们若单请你弟兄的安，比常人有什么长处呢？就是外邦人不也是这样做吗？所以你们要像你们的天父一样。

英国诗人约翰·多思：没有人是座孤岛，独自一人，每个人都是一座大陆的一片，是大地的一部分。如果一小块泥土被海卷走，欧洲就是少了一点，如同一座海岬少一些一样；任何人的死亡都是对我的缩小，因为我是处于人类之中；因此不必去知道丧钟为谁而鸣，它就是为你而鸣。”(多次参与反对极权主义斗争的美国作家海明威，在引用了这段话之后，将“丧钟为谁而鸣”作为他最伟大的一部著作的名字。约翰·多思和海明威一样，都认为生命的每一次

被无情剥夺,都是每个人的悲哀)

这里的对比决非刻意贬损我们自己的传统文化,美化西方文化。东西方文化整体上不存在孰优孰劣的问题,但在对具体问题的看法上是有高下之分的。实际上我们的国人也在对比中反思,在反思中反省。来看两项关于马加爵和赵承熙的网络调查:

你认为中国人为什么不懂宽恕？　投票总数: 41 825

斗争哲学使人失掉了宽恕意识	17 435	41.69%
不,我认为中国人是懂宽恕的	13 402	32.04%
中国的文化传统就不讲宽恕	8 019	19.17%
说不清,不知道	2 969	7.10%

对比中美对马加爵和赵承熙的不同态度,你觉得:　投票总数: 40 873

羞愧,对云南大学师生的表现汗颜	32 500	79.51%
恶人落得如此下场本就该大快人心	8 373	20.49%

这是中国网民在全面对比了马加爵和赵承熙生前身后事之后,经过冷静、理智的思考而做出的回答。悬殊的数据让我们对未来充满信心。

愿我们也能拥有悲天悯人的大情怀大慈悲,以生命的名义,从人类的高度。

最后以两句名言作为结尾:

不宽容本身就是一种暴力——印度圣雄甘地

没有宽恕就没有未来——德斯蒙德·图图大主教(曾被曼德拉总统提名担任南非真相与和解委员会主席,1984 年获贝尔和平奖)

语文教学中诗歌的尴尬与卑微

20世纪末,《星星》诗刊以《下世纪学生读什么诗?》为题目,发起了一次"关于中国诗歌教材的讨论"。在"编者按"中,《星星》诗刊指出:"严重滞后的中国新诗教育,使中国社会失去了与其思想、经济发展同步的审美机遇。这种脱节与错位,已在其公众对新诗的陌生、疏离和它的基础教育中显现出来,且日久天长。"这次讨论虽然在一定程度上影响了中小学语文教材的编写,"更新换代"了一些新诗,并在数量上有了些许增加。但是,新诗教育依然滞后,新诗教学依然备受歧视。

原因很简单,考试不考。从中考到高考,新诗都是弃儿。

说考试不考,也不完全对。不知是不是受《星星》诗刊开始于1998年的"关于中国诗歌教材的讨论"影响,1999年到2001年,连续三年在高考语文试卷(全国卷)上,出现了新诗的影子,均以选择题的面目出现。1999年考了艾青的《我爱这土地》(3分),2000年是郑敏的《金黄的稻束》(6分),2001年是臧克家的《海》(3分)。在这三年里,新诗教学在高中得到了前所未有的重视。笔者那几年一直奋斗在高三,给学生补充了大量精美简短的新诗。笔者和同事都买了《新诗鉴赏辞典》,同时还推荐学生去买。那三年的各级各类的高考语文模拟考卷中均有新诗鉴赏题。那三年,可以说是新诗教育教学的春天,得到了前所未有的重视。但自2002年开始,高考试卷中新诗再次消失。新诗在中学语文教学中的春天戛然而止。教材中本来就不多的新诗再次成了摆设,沦为连鸡肋都不如的残羹冷炙。

从写作角度看,虽然诗歌位列四大文学体裁之首,但在考试中却是被排斥的对象(说明:本文所言诗歌主要指新诗)。自 2004 年以来,更多省市加入了高考单独命题的行列,每年全国有将近 20 份高考试卷,但是,在这些高考试卷的作文命题中,诗歌地位极为尴尬。

以 2014 年高考为例。全国共 18 份高考试卷,其中北京、天津、上海、江苏、浙江、安徽、福建、江西、湖南、山东、重庆等 11 个省市,虽然表述不同,但都明确要求不能写成诗歌。

高考不能写诗歌,那么,平时的作文教学当然避开诗歌写作。其实即便是在没有明令禁止诗歌写作的省市,考生也基本不敢写诗歌。因为大环境歧视甚至排斥诗歌,老师们心知肚明心领神会,谁也不敢让学生去冒险。不让学生冒险的最好办法就是平时根本不允许学生写诗歌,在课堂上,不给诗歌写作以任何空间和时间。

另外,考试作文对字数都有明确要求,仍以高考为例,一般都要求不低于 800 字。但诗歌的字数到底该怎么计算,各地考试部门均没有明确的说法。如果在考场上写诗歌,最保险的办法是写足 800 字。但众所周知,杜甫的名作《自京赴奉先县咏怀五百字》已足够长,也才 500 字!对文章而言,800 字是短文,但不少于 800 字的诗歌属长诗的范畴,谁敢尝试?

至于为什么那么多的省市不允许写诗歌,恐怕和对诗歌的评价有关。2015 年 2 月,《南方周末》对诗人王小妮进行了访谈,王小妮说:“诗不适用‘度量衡’,一个读者的感受不能替代另一个读者。”这话没错。但如果命题者真拿这样的理由来为“体裁不限,诗歌除外”辩护，似乎难以服众，因为面对任何文学作品——散文、小说、戏剧，都不可能以一个读者的感受替代另一个读者，正如鲁迅先生所言，一千个读者眼里有一千个哈姆雷特。

考场作文或明或暗地排斥诗歌，于是在作文教学中，诗歌写作几乎成了空白。仍是《南方周末》，2014 年 3 月 27 日登载了一篇题为《扼杀一个小诗人——一个中学生家庭的教育之困》的文章，记述了一个爱诗的初中女孩儿朱夏妮的事情，读来令人心酸。

行文至此，有必要专门提及一下湖北省和北京市的高考语文试卷。

湖北省自从 2004 年高考单独命题以来，在语文试卷中一直有一道语言文字运用题。在这道题中，湖北省的命题者偶尔会给诗歌留有一席之地。最为典型的是 2012 年和 2014 年的命题：

2012 年：欣赏右边这幅漫画(略)，请为其题诗或配文。要求：① 符合画面情景；② 表达鲜明生动；③ 字数不超过 40 字。(4 分)

2014 年：右边的绘画和书法作品(略)，展现了画家和书法家心中的奔马的神韵。请用诗或文的形式描绘你心中的奔马。要求：① 必须原创；② 运用比喻、比拟两种修辞手法；③ 不超过 60 字。(4 分)

更为难能可贵的是，湖北省虽然专门为诗歌留出了空间，但在作文中仍然对诗歌写作网开一面，不设禁区。比如 2014 年的作文命题是这样的表述：

“请根据你对材料的理解和感悟，自选一个角度，写一篇不少于 800 字的文章，文体自定，标题自拟。”

北京市的高考作文命题一直是不允许写诗歌的，2014 年也不例外。但北京在 2014 年的高考语文试卷中给诗歌留了一道很大的缝隙。北京该年度的作文命题分“微写作”(10 分)和“作文”(50

分)。作文仍延续往年的要求：文体不限，诗歌除外。微写作是这样要求的：

从下面三个题目中任选一题，按要求作答，不超过150字。

① 毕业前，语文老师请同学们把自己学习语文的体会写下来，与下一届同学分享，要求所写的体会具体，切实，易记忆。

② 今天早晨是家长送你来考场的吗？请对“家长送考”现象予以评论，要求观点明确，有理有据。

③ 写一段抒情文字(可写诗歌)，纪念自己的18岁，要求感情真挚，富有文采。

备选题③专门用小括号提示“可写诗歌”。

以上湖北省和北京市的几道命题是迄今为止诗歌写作在高考试卷中发出的最响亮的声音，虽然仍然微弱，但毕竟发出了声音。

这种命题尝试值得尊敬。

由于工作关系，笔者多年来一直参加各种语文命题，一直想给诗歌写作一个机会，但一直没能如愿。受湖北省和北京市的高考语文命题的启示和鼓励，在2015年1月上海市长宁区高三第一次模拟考试语文试卷中，笔者随文命制了一道诗歌创作题。题目如下：

第⑯段中外国女孩说要为结婚照配上诗句。现在请你也来为那张废墟中的结婚照配上诗句(必须是原创)，你的诗句是：(2—4句，不需题目，古诗、新诗皆可)(4分)

________________ ________________

________________ ________________

选文是发表于《文汇报》(2014年10月31日)的文章《为废墟

留影》(作者胡廷楣)。与本题相关的文段如下:

(在废墟中)忽然又见到了一个装着结婚照的镜框,随便扔在屋角……拿来拍照,便可惊喜,那是最亮眼的静物。但作为守旧的老头,便又有一些愤懑,难道结婚照也可以随便丢在废墟里的吗?

细细看着那张照片,女郎很美,稍稍丰满了一点,新郎非常英俊。他们的幸福生活,由男鞋、女鞋和他们孩子的鞋,以及那顶帽子记载着。

远处一个男孩走来,是一个身高约一米九、约二十岁的美国孩子。……

他也发现了那张结婚照,便将它靠在一把破椅子上。在瓦砾中跳来跳去,拍了几张。他走后,我走到椅子前,光线黯淡幽秘,男孩营造的氛围,是对一场婚姻的祭奠?

"你见过一张结婚照吗?"行走于废墟之中的时候,一个女孩,外国的女孩问我。我不禁惊讶来自异乡的男女青年,为什么都会对废墟里的结婚照这样感兴趣,便拿出镜框递给她,她立刻把镜框放在一堆瓦砾之上,转着圈连着拍。拍完,她叹了口气,说:"我会为这张照片配上诗句……"

在阅卷中,笔者怀着忐忑之心,特别留心了学生们的答案——结果令人振奋。在整个阅卷中,这道试题成了阅卷老师关注的焦点。其中当然有一些幼稚的语句令人忍俊不禁,但更多的是一些考生的精美诗句让老师们争相一睹为快。此时此处笔者忍不住想摘录部分考生的答案在下面:

(1) 曾经幸福的甜蜜,
是否也成了废墟上的瓦砾?

(2) 过去的幸福生活,

却被定格在瓦砾中。

(3) 在废墟中残破荒凉着的，
竟是当年明亮炫目的幸福！

(4) 镜框，镜框，
框住的是照片，
却框不住一场婚姻。

(5) 废墟中的结婚照，
在美丽中显得陈旧；
废墟中的结婚照，
在陈旧中凸显美丽。

(6) 废墟中被遗忘的爱，
还会否被他们记起？
那块块废旧的砖石，
是祭奠婚姻的墓碑。

(7) 从前的幸福生活，
如今只剩下一张结婚照；
从前的幸福住所，
如今只剩下一片回忆。

(8) 瓦砾之上，谁人弃之？
昨日繁华，如今谁知？

(9) 小小镜框七寸长，深深情意绘中央。
可怜弃之瓦砾中，不知旧主在何方。

(10) 昔为连理枝，今遗在残垣。
残垣自荒芜，姻缘岂可迁？

(11) 前尘往事成云烟，几抹残笑两颊间。
可惜沦为废墟地，岁月流逝境变迁。

(12) **昨日红妆画中人,谁知今朝风中尘。**

可怜镜框不能语,独留瓦砾凝泪痕。

这就是部分考生面对同样的语境同样的材料在考场上呈现出的答案,令人回味,令人叹赏。老师们惊讶于学生无师自通的诗歌创作。

在阅卷期间,上海市天山中学的一位班主任老师发给笔者两张照片,如下:

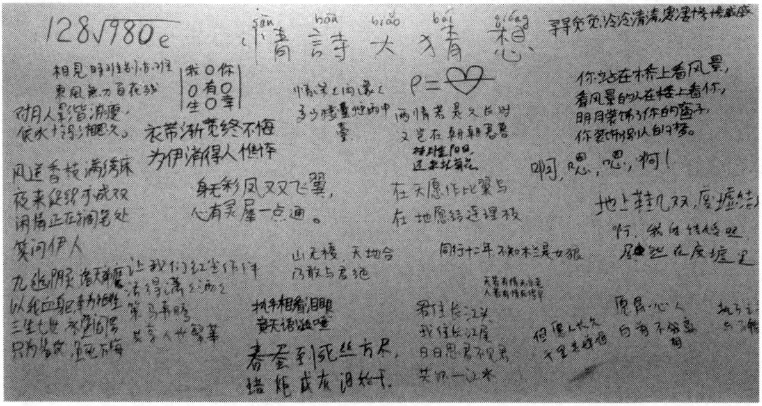

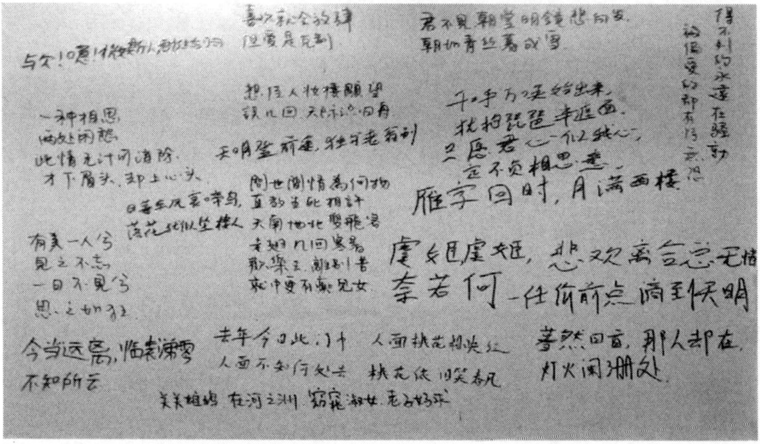

照片记录了一段动人的场景。当天上午语文考试结束后，学生的诗情被这道诗歌创作题点燃，在下午面临数学考试的紧张压力下，仍意犹未尽，中午众多同学在黑板上(准确地说是白板)写诗默诗，虽然不是郑重的创作，但学生被长期压抑的诗情陡然被激发确是不争的事实。

无论诗歌在语文教学中的地位如何尴尬与卑微，都不能否认学生们对诗歌有难以遏制的天然热情的事实。目前在不少学校里，还有学生自发创办的诗社，虽然自娱自乐自生自灭，但仍有一些学生乐此不疲。

对诗歌创作，笔者是门外汉。但笔者一直有一个很主观的也许根本经不住追问的观点：每个人天生都是诗人，或者每个人天生都能作诗人。这绝不是对诗人的贬低。

2015 年 3 月 20 日，在当今诗坛异军突起的农妇余秀华到中国的最高学府北京大学讲学，引起了广泛关注。余的诗集《月光落在左手上》印数已突破 10 万册，创下了当下国内在世诗人诗集出版的“奇观”，据说加印到 20 万册应该不成问题。虽然无师自通的余秀华的成功只是诗坛个案，但带给人的启示，尤其是给诗歌爱好者、创作者带来的启示却不容忽视。

纵观世界各国的文学发展史，虽然发展历程千差万别，但有一点惊人的相似，那就是都起源于诗歌，而且无一例外地都起源于民歌。这似乎也可以证明，不识字的人也可以成为一个诗人。

2005 年，笔者的老母亲来到上海。进门之后的一番话惊到了我做高中语文教师的太太。母亲说(笔者刻意分了行)：

进了门
我既高兴又伤心
高兴的是

你们在上海能住上这么好的房子
伤心的是
这么贵的房子我没能帮你们一分钱

我太太说，你老娘真行，一进门就做了一首诗。我母亲是一个连自己名字都不会写的文盲，也许她所说的话远不能称上诗，但也足令人惊讶。

2015年2月26日《文学报》登载了一篇题为《男诗人的"酸味儿"》(作者石华鹏)的评论，有这样几句话说得很好："这世间有很多好的诗歌，它们躲在某部不受关注的诗集里，或者干脆被锁在某个角落的抽屉里，它们不是不够好，只是缺少某个进入人们视野的途径，一旦有了某种偶然或必然的机会，比如像余秀华一样，人们依然会被那些诗歌打动，会给予那些诗歌掌声。但是，只有极少数的诗人是幸运的，他们走进了人们视野，与读者一起享受诗歌的美味，更多的好诗人和好诗歌逃不出被淹没的命运——这是无法主宰的事实。"

如果这确是"无法主宰的事实"，那么我们的校园里又压制、埋没、扼杀了多少潜在的诗人呢？

2002年，高考全国卷的作文题目是给材料的话题作文，话题是"心灵的选择"。当年笔者参加河南省的高考阅卷，遇到了一首诗歌，如下：

心灵的选择——跪

河南一考生

有感于德国战后表现的高尚的认罪态度作此篇并借以自省：
历史也许可以原谅，但却不容忘却。

——题记

坚定地
他选择了下跪

那一跪,朝着庄严肃穆的纪念碑
合十的双手　虔诚
饱藏着自尊的德意志
刻骨的羞愧
搀扶的犹太人　感动
“历史的责任谁还会理会?!”

毅然地
他选择了下跪
那一跪,祭奠着法西斯刀下的冤鬼
成行的眼泪　潸然
洗清了自立的德意志
曾经的原罪
全场的官员们　沉默
深刻的忏悔人人体味。

那一跪
坚定　深沉　饱含忏悔
那一跪
伟大　高尚　催人垂泪
那一跪
让我们听到德意志民族的心声:
“让法西斯去见鬼!”

那是多么有意义的一跪
它深情的敲开了犹太人　紧闭的心扉

那是多么纯挚的一跪
它终于换来了欧洲人民　和平的盛会

男子汉也许不该下跪
男子汉也许不该流泪
可为什么那眼泪培育了德意志
挺直的脊背
为什么跪着的德国总理
比站着的日本首相
高大万倍

——原来
是那心灵的选择，是那一跪
让全世界听到这坚定的声音：
“愿忏悔永存
更愿和平万岁！”

这首诗歌在河南省当年的几十万份语文考卷中脱颖而出，虽然因为字数，该诗在打分时略有争议，但专家组最终判了满分 60。专家组的解释是，本诗绝对字数虽然刚过 400，离 800 字的最低字数要求还有很远，但绝对行数超过了 800 字所应达到的行。也许，这一“判例”可以为解决考场诗歌的字数问题提供参考。面对这样一首考场诗歌，我们必须承认的现实是，考生可以在考场上写出绝妙的诗歌。我们的语文教学和评价不能忽视漠视更不能无视诗歌的存在。

透过“遣词”看文章[①]

——《卖油翁》及其他

鉴赏古典诗歌的时候，有一个问题经常会碰到——炼字。炼字也为古今文坛增添了不少佳话。赏析古典诗歌，谈炼字大家都觉得很正常，但如果在赏析散文尤其是当代散文时，如果说把注意力放在作者(或译者)的遣词上，似乎都有剑走偏锋之嫌。

古典诗歌之所以特别讲究炼字，是因为古典诗歌特别讲究精练，往往要求在规定字数内表达尽可能丰富的内涵。所以卢延让“吟安一个字，拈断数茎须”，所以贾岛“两句三年得，一吟双泪流”。散文往往比较宽松，因而作家们似乎不像写诗歌那样“语不惊人死不休”。但一篇优秀的文章，不可能不在遣词造句上下功夫。

著名特级教师陈日亮说：“现在主张不论教什么课文，都先‘整体感知’，但整体感知却并不一定非从‘整体’入手不可，有时从一个字词，一截短语，一个句子，也可以感知通篇文章，甚至把握全文的主旨。”[②]的确，抓住独具作者匠心的一些字词，或许会获得解读文章的新的灵感，甚至看到别人看不到的风景，品出别人品不出的味道。

---

① 本文被选入《教者有其道》(上海教育出版社 2012 年 12 月第 1 版)。
② 陈日亮《十如何》，见《我即语文》，福建教育出版社 2007 年版。

一、关于《卖油翁》

欧阳修在文坛上留下了很多炼字佳话，一直为人们津津乐道。有意思的是，其他名家的炼字佳话多是关于诗歌创作的，而欧阳修的很多炼字佳话是关于散文创作的。摘录两例：

《朱子语类》记载，欧阳修《醉翁亭记》原稿“初说‘滁州四面有山’，凡数十字，末后改定，只曰‘环滁皆山也’五字而已”。

《宋稗类钞》记载，北宋名臣韩琦差人请欧阳修为“昼锦堂”写记。欧阳修以“仕宦至将相，锦衣归故乡”起句，一挥而就。差人走后，欧阳修吟诵刚刚写就的《相州昼锦堂记》，感觉首句过于平直，遂将《相州昼锦堂记》重写，差家人快马追赶，交与新稿。新稿首句改为“仕宦而至将相，锦衣而归故乡”。

两则佳话的真伪无从考证，但后人也无意去考证，宁信其有。以后者为例，修改后那两句各加一“而”字，使语气舒缓，音韵和谐，把志得意满的情怀表露无遗，即便是后人杜撰，也杜撰得有理有趣有品位。

以上两则佳话可资证明，欧阳修写文章在遣词造句上似乎更为考究。课文《卖油翁》亦可为证，而在平时的教学中根本没有人去关注该文一些耐人寻味的字词。我们不妨再来读一下该文的第二段，进而品味几处字词运用的妙处：

康肃问曰：“汝亦知射乎？吾射不亦精乎？”翁曰：“无他，但手熟尔。”康肃忿然曰：“尔安敢轻吾射！”翁曰：“以我酌油知之。”乃取一葫芦置于地，以钱覆其口，徐以杓酌油沥之，自钱孔入，而钱不湿。因曰：“我亦无他，惟手熟尔。”康肃笑而遣之。

先看“汝亦知射乎”。平时教学中我们只关注翻译，而这句话的翻译又是小儿科，所以这句话就被轻易丢弃了。我们可以先把其中的“亦”拿掉，再来读这句话：“汝知射乎？”有“亦”和无“亦”味道明显不同。

这里有必要说说射箭。不要小看射箭，《周礼·地官》中说，专门辅导贵族子弟学习六艺的人叫做“保”，“保”的职责是：“掌国子以道，乃教之六艺。一曰五礼，二曰六乐，三曰五射，四曰五御，五曰六书，六曰九数。”礼、乐、射、御、书、数可以说是中国古代贵族培养子弟的六种技艺，称为“六艺”，射箭是“六艺”之一。在冷兵器时代，射是国之大事，说其关乎国家民族盛衰存亡也不过分。独特的军事功能和教育功能，注定射箭会成为一项备受重视并世代传承的技艺，并最终发展成为一门有师承有系统的学问。《论语》和《中庸》都曾提到“射”①。优秀的射手不仅受到国家的重视，还会受到社会上的崇拜。比如传说中的后羿，历史人物养由基②、李广等。总之一句话，射箭不是人人都有资格有条件学的。陈康肃公尧咨出生于官宦世家，其父陈省华官至左谏议大夫，大哥陈尧叟、二哥陈尧佐都曾官至丞相，父子四人皆进士，故称一门四进士。陈省华的女婿傅尧俞是状元，又称陈门四状元（只有次子陈尧佐不是状元）。这是典型的贵族家庭，这样的家庭才有条件习射箭，这有点像当今打高尔夫，但比高尔夫更高贵更高雅更重要。像卖油翁这样的引车卖浆者流是没有条件没有资格去“打高尔夫”的。知道这些之后，我们才会明白陈尧咨为什么在第一句问话中就用了一个“亦”。在他眼中，这样的“糟老头”根本不可能懂得射箭（事实也的

---

① 《论语·八佾》：子曰：君子无所争，必也，射乎。揖让而升，下而饮。其争也，君子。《中庸·右第十四章》：子曰：射有似乎君子，失诸正鹄，反求诸其身。

② 养由基，生卒年不详，姬姓，养氏，名由基，楚国平舆邑（今安徽临泉）人，《战国策·西周策》中记载：“楚有养由基者，善射，去柳叶百步而射之，百发百中。”

确如此)，面对这样高雅的“运动”，卖油翁们只有站着喝彩艳羡的份儿，哪能“但微颔之”呢？(注意，卖油翁还是点了头的，只不过没有频频点头，大声喝彩罢了)所以有身份有地位有本钱的陈尧咨极为不满，语气中充满藐视和愠怒。——这就是“亦”的味道。有意思的是，卖油翁最后一句话中也用了一个“亦”——“我亦无他，惟手熟尔。”这个“亦”字，在自我评价的同时，重申了“无他”的观点，毫不示弱。

有人可能会说，不对，陈尧咨刚开始没有生气恼火，因为后文作者才说“康肃忿然曰”。这恰是欧阳修的细致过人之处。我们完全可以试着把“忿然”提到前面，前文即变成“康肃忿然问曰”，应该说未尝不可。但意义和意味却大相径庭。史载“尧咨性刚戾”①，但作为状元郎的陈尧咨，文武全才，有地位有身份，常言道，大人不计小人过，宰相肚里能撑船，这点道理陈尧咨不会不懂，所以即便很生气，也要表现出不和对方一般见识的姿态，何况对方毕竟是一个老人，因而看到卖油翁“但微颔之”时，他也得强压怒火。故此处使用“忿然”断然不可。陈尧咨压住怒火，追问了一句“吾射不亦精乎?”同样要关注“亦”，用“亦”实际是在给卖油翁台阶，言外之意，即使对方真的懂射箭，即使对方见过箭术更高明的人，只要卖油翁承认陈尧咨箭术也很高明，也就不再计较。但卖油翁“给脸不要脸”，丝毫不给面子的用“无他，但手熟尔”来答复面前的这位大人，把陈尧咨眼里高深高雅的射箭一下子降低到了“手熟”的等级，这才让本来强压火气的陈尧咨忍无可忍，恼羞成怒，并怒形于色，这才有了声色俱厉的“忿然曰”。欧阳修对人物心理的把握可谓精细之至。

---

① 见《宋史·陈尧咨传》。

顺着陈尧咨的以上两句话我们进一步分析。细致的读者会注意到同样是向卖油翁发问,前面一句用“汝”,后面一句用“尔”。这里同样有讲究。虽然两者都是第二人称“你”,但有不同。两者的共同点是都不是尊称,但“汝”往往用于对同辈或对晚辈的比较随意的场合,而“尔”可以用于斥责或责骂的场合,比如杜甫就曾骂人说“尔曹身与名俱灭”①。也就是说,在本文中“汝”比“尔”要客气,如前文所析,刚开始陈尧咨比较克制,而后面是忍无可忍,声色俱厉。欧阳修对词语的精当运用的确令人叹服。

后文描写卖油翁酌油的语句中,同样有可观可品之处,其中的“乃”、“徐”、“而”等词语,把卖油翁的从容淡定、不慌不忙写得如在眼前。不再赘述。

二、现代文遣词赏析两例

文言文我们需关注古人的遣词,现代文我们同样需关注。在分析之前先提供两种有效的赏析炼字、遣词的方法:

一为删除法。就是把赏析对象干脆去掉,把有“之”和无“之”两种情况放在一起品味、比对。比如前文我们分析“汝亦知射乎”中的“亦”就用了这种方法。

二为调换法。调换有两种情况:一是调换位置,把赏析对象由此处调至彼处,二是把“此”换成也可用于此处的“彼”。前文在赏析“忿然”和“汝”、“尔”时运用的就是前者。我们再举例说一下后者。

2002 年上海高考选取了袁枚《随园诗话》中的一段文字,其中有袁枚的“月映竹成千‘个’字,霜高梅孕一身花”两句诗。命题人

---

① 见杜甫《戏为六绝句》。

让仔细品味"孕"的妙处。不少同学觉得无从下手,想当然地从"拟人"入手答题,结果全错了,因为万物皆可"孕",非止人也。此时如果运用调换法,把"孕"换成其他此处可用的词语,比如"开"或"放",就会豁然开朗。"开"也好,"放"也好,都表示梅花已经完全开放,但"孕"就不同,还没有开放,运用"孕"就准确生动地写出了梅花将开未开、含苞待放时的状态。

由上可见,这两种方法可以把抽象的问题具体化,甚至有化难为易的功效。我们就用"删除法"来赏析下面两则例子(注意加点的字词)。

其一,节选自吴刚《罗布泊,消逝的仙湖》

另据史书记载,在四世纪时,罗布泊水面超过 2 万平方公里。到了 20 世纪初还有 1 000 多平方公里水域。斯文·赫定在 20 世纪 30 年代进罗布泊时还乘小舟。

其二,节选自朱自清《荷塘月色》

路上只我一人,背着手踱着。这一片天地好像是我的;我也像超出了平常的自己,到了另一个世界里。我爱热闹,也爱冷静;爱群居,也爱独处。像今晚上,一个人在这苍茫的月下,什么都可以想,什么都可以不想,便觉是个自由的人。白天里一定要做的事,一定要说的话,现在都可以不理。这是独处的妙处;我且受用这无边的荷香月色好了。

以上两段文字中的加点字词大多是副词,基本都是我们平常不甚注意甚至视而不见的字词。

首先去掉第一段文字中的两个"还",再来品味比对,我们就会发现意味大减。没有"还",在"达意"上没问题,同样说清楚了"20 世纪初有 1 000 多平方公里水域"和"斯文·赫定在 20 世纪 30 年代进罗布泊乘小舟"的事实。但语言文字除了"达意",还有一项重要任务，就是“表情”。这里的两个“还”就肩负这样的重任。《罗布泊，消逝的仙湖》一文选自漓江出版社出版的《善待家园——中国地质灾害忧思录》，该书出版于2002年。也就是说该文的成文时间也至多在21世纪初。短短百年，20世纪初还有的1 000多平方公里水域如今荡然无存，短短70年，20世纪30年代还需乘小舟前往的罗布泊，如今因为缺水而成为生命禁区，连鸟都不敢进入。两个“还”字，把“今”托出，使今昔形成强烈对比和撞击，多少沉痛、多少愤懑都在其中。

接着来看第二段文字。还是先去掉加点字，在有“之”和无“之”之间逐一诵读、品味、比对：

——“这一片天地是我的”之与“这一片天地好像是我的”：前者明白无误，是“我”的；后者表明作者很清醒，实际不是“我”的。

——“我也超出了平常的自己”之与“我也像超出了平常的自己”：前者确切认为“超出”；后者表明，实际并没“超出”。

——“便是个自由的人”之与“便觉是个自由的人”：前者断定“是个自由的人”；后者，感觉自由，只是感觉而已，实际不自由。

——“白天里……都可以不理”之与“白天里……现在都可以不理”：前者，语意模糊，似乎从今以后白天里一定要做的事、一定要说的话都可以彻底摆脱；后者，只是现在暂得摆脱而已，过了“现在”，过了今晚上，白天里一定做的事还得做，一定要说的话还得说。

——“我受用这无边的荷香月色好了”之与“我且受用这无边的荷香月色好了”——前者心情愉悦，在尽情地释放自己，毫无挂牵；后者，一个“且”字使意味顿变，几多清醒、几多无奈尽在一个“且”字。

《荷塘月色》是名家名篇，被无数人无数次的解读，但遗憾的是，很多人只在朱自清优美细腻的景物描写上转悠，而忽视对这些关键词语的品味。

三、翻译作品遣词赏析两例

一个负责任的翻译者会为了达到“信达雅”高度而在遣词上殚精竭虑。当然，我们不得不承认，当今负责任的优秀翻译者太少。也许正因为这样，当我们好不容易遇到不多的几篇优秀翻译作品时，更要珍惜，不要辜负了这些负责任的翻译家的心血和汗水。

其一，节选自伊瓦什凯维奇《草莓》(韩逸译)：

> 但是，只须去重读一下青年时代的书信，我们就会相信，这种想法是何其荒诞。从信的字里行间飘散出的青春时代呼吸的空气，与今天我们呼吸的已大不一般。直到那时我们才察觉我们度过的每一天时光，都赋予了我们不同的色彩和形态。每日朝霞变幻，越来越深刻地改变着我们的心性和容颜；似水流年，彻底再造了我们的思想和情感。有所剥夺，也有所增添。

其二，节选自房龙《〈宽容〉序言》(迮卫、靳翠微译)(三个片段，附英语原作)：

> (1) 守旧老人把漫游者抬到集市区，人们毕恭毕敬地站在周围，鸦雀无声。
>
> 漫游者由于饥渴，身体还很衰弱，老者让他坐下。
>
> 他拒绝了。

英语原作：

They carried <u>the wanderer</u> to the Market Place, and the people stood around in respectful silence.

He was still weak from hunger and thirst and the Elders

bade him sit down.

He refused.

(2) 离那个漫游者回来的时间，已经过了很多年，所以要找到他开辟的道路并非易事。

成千上万人死了，人们踏着他们的尸骨，才找到第一座用石子堆起的路标。

此后，旅程中的磨难少了一些。

那个细心的先驱者已经在丛林和无际的荒野乱世中用火烧出了一条宽敞大道。

它一步一步把人们引到新世界的绿色牧场。

英语原作：

It was many years since the Wanderer had returned. It was no easy task to discover the road he had mapped out.

……

The careful Pioneer had blazed a clear trail through the woods and amidst the endless wilderness of rock.

(3) 几年以后，人们建起了一座新大厦，作为智慧老人的住宅，并准备把勇敢先驱者的遗骨埋在里面。

英语原作：

A few years later an attempt was made to bury the brave pioneer in the fine new edifice which had been erected as a home for the Wise Old Men.

先看第一段。笔者不懂波兰语，英语也只是马马虎虎。所以没能列出《草莓》选段的波兰语原文。这段文字是在告诫我们青春一去不返，不要心存幻想，每一天我们的心性和容颜、我们的思想和情感都在变化。来看加点的字，似乎也没什么。仍用调换法来试试：把“改变”换成“改善”，把“再造”换成“优化”。而后来品味比对：为什么译者不用“改善”用“改变”？不用“优化”用“再造”？我们慢慢长大，接受教育，吸收前人的文明成果，不是天天在进步吗？的确，从整体上说，人类是在进步，在“改善”，在“优化”，但具体到个体，则不尽然。我们不得不接受的现实是，随着年龄的增长，随着受教育程度的提升，很多人增长的是知识，而不是品德。我们甚至可以这样讲，小学的整体道德水准高于中学，中学的整体道德水准高于大学，大学的整体道德水准高于社会上的成人。也就是说，教育和教养未必成正比，学问和学识未必相协调。译者清楚地意识到了这一点(笔者不知原作是怎样表述的，故只论译者)，所以在遣词时选择了中性的“改变”和“再造”，至于一个人的人生是走向“善”还是“恶”，是走向“优”还是“劣”，那是译者(我相信作者也是)心存期盼却又无能为力的事了。这两个词语的选用，可谓意味深长。

再看第二则的三个片段。加点的词语是几个名词，在教学过程中几乎没人关注为什么对同一个人前后的翻译用词居然一再发生变化。找出了英语原作对比之后，发现房龙原作中亦是如此。原来作者是按照无知山谷中的村民对人物的认识进程而采用相应的称谓的。解读《〈宽容〉序言》的一扇新的窗子打开了。

文中那个先被称为“漫游者”的男人，历尽千辛万苦，冒着生命危险，外出寻找新的世界。30 年前他的父亲就是那样冒险而死的，但父亲的死并没有吓退他，石崖下的累累白骨也没能阻止他。他找到了更美好的家园，他完全可以在新的家园开始自己新的生活，但他又历尽千辛万苦回来了，而且明知回到无知山谷等待他的是屈辱的死亡。但他回来了，并且在通往新家园的路途上堆起了路标。人们称他是“wanderer”，“wander”的汉语意思是离开正途或迷失方向意思。那么“wanderer”在这里的意思当为“不走正道的人”,或者就是我们平常所说的“游手好闲、不务正业的人”,但这样的翻译过于啰嗦,不像一个称谓,所以聪明的译者在尽可能保留原意的基础上创造性地用“漫游者”来称谓,既精炼,又到位,真正做到了“信达雅”。漫游者回来之后,被以守旧老人为代表的村民根据古老律法,用沉重的石块杀死。漫游者就成了人们嘲讽他的专用名词。

直到灾难降临,无知山谷饿殍遍野。活着的人们才又想起漫游者当年的话,于是发动叛乱,沿着漫游者当年堆起的路标找到了新世界的绿色牧场。得到恩泽的人们才用“先驱者”来称谓当年的漫游者。人们过上了幸福的生活,才怀着内疚之情想起了那个勇敢的先驱者,并建起一座新大厦,把先驱者作为“智慧老人”供奉在里面,但先驱者的尸骨已荡然无存——一直饥饿的豺狗早已享用了他的尸首。

如果我们再细看英语原作(画横线的单词),会发现还有大小写的不同。小写是一般称谓,大写则为特定称谓,甚至有强调的意味,反映出人们微妙的心理变化。小写的“wanderer”在前,说明起初人们只是随意说说而已;之后用大写的“wanderer”,说明漫游者死后,人们用这个带有嘲笑污蔑的词语做了他的专有名称。“pioneer”则相反,先用大写,用在人们逃亡中走投无路时发现漫游者当初堆起的路标的时候,人们命悬一线时找到了生机,用大写表达出人们对先驱者的感激和尊敬;之后用小写,因为几年过去了,获得幸福的人们发现用“先驱者”已经不够充分表达内心的崇敬,所以又用了更庄重更饱含敬意的称谓——“the Wise Old Men”。注意,这里用的是表复数的“Men”而不是表单数的“Man”。那就说明,这座“智慧老人”大厦不仅用来纪念当年的那位先驱者,人们期盼能涌现更多的像先驱者那样的大智大勇者,“向未知世界的黑暗和恐怖势力挑战”。这些人都将作为“智慧老人”在这里得到后代的“感恩朝礼”。这是对先驱者的告慰,也是对后来者的激励。遗憾的是,因为汉语的局限性(这不是在贬低我们的母语,任何语言都有自己的局限性),译者无法在这里体现出这种大小写和单复数的变化。

由“漫游者”到“先驱者”,再到“智慧老人”,一个耐人寻味又发人深省的称谓变化过程。

有必要再说一下《〈宽容〉序言》的结尾。

> 这样的事情发生在过去,也发生在现在,不过将来(我们希望)这样的事不再发生了。

英语原作:

As it was in the beginning — as it is now — and as some day (so we hope) it shall no longer be.

结尾这句话游离于整篇文章之外。前文作者是隐身的,以第三人称叙述无知山谷里的故事,客观冷峻。最后一段作者“跳出”无知山谷,直接出场,直抒胸臆,表达自己的主观愿望。其中还用了小括号,其中的内容 so we hope(“我们希望”,或“正如我们希望的”),也颇值得玩味,说明作者对将来是否还会发生这样的事情并不确定,有期盼,有担心。这对读者,对所有人是一种警示。中国古人云:“时移世易,变法宜矣。”①随着时代的变迁,一些在一定时期具有进步意义的先进思想,也会变成阻碍社会发展的绊脚石。现在的智慧老人也可能会成为新的守旧老人,那么就有可能(希望没有这种可能)会出现新的无知山谷,上演新的漫游者的故事。这

---

① 见《吕氏春秋·察今》。

当然是作者、译者以及所有善良的人们不愿看到的。

以上分析，也许有人会说，不过如此嘛，我也能领会理解。不错，语言这个东西就是这么奇妙，难的不是理解，而是去发现别人发现不了的东西。也就是说，难的不是解决问题，而是发现问题，提出问题。正如一句耳熟能详的老话："这个世界不是缺少美，而是缺少发现美的眼睛。"

关于胡适先生原名“嗣穈”的读音①

人教版初中语文教材八年级(下)第二课是胡适先生的《我的母亲》(选自《四十自述》),文中有这样一句话:

“家乡老辈都说我‘像个先生样子’,遂叫我做‘穈先生’。”

课本对“穈先生”是这样注解的:

〔穈(méi)先生〕胡适小时候的名字叫“嗣穈”,昵称“穈儿”。

此处对“穈”的注音 méi 是错误的,正确的读音应为 mén。

《现代汉语词典》中只列了“穈”的一个读音: méi,而且是放在对“糜”的解释中,如下:

穈(穈) méi 穈子: 穈黍。

与此相反,《汉语大字典》只列了“穈”另一个读音: mén。指出“穈”为“谷的一种”,并举出《诗经·大雅·生民》中的话来佐证:“诞降嘉种,维秬维秠,维穈维芑。”

《辞海》列出了“穈”的两个读音: méi 和 mén。对读 méi 的解释非常简单:“同‘糜’”。对读 mén 的解释基本与《汉语大字典》同,举的例子也是《生民》中的那句话。

胡适兄弟四人(同父异母):

---

① 原载《咬文嚼字》2013 年第 11 期。

老大，嗣稼，字洪骏；

老二，嗣秬，字洪骓；

老三，嗣秠，字洪驱；

老四，嗣穈，字洪骍。

胡适是老四，在《四十自述》里他说："我在学校里用胡洪骍的名字；这回北上应考，我怕考不取为朋友学生所笑，所以临时改用胡适的名字。从此以后，我就叫胡适了。"这一年是1910年。

胡适弟兄四人的名和字都是有讲究有来历的，这从偏旁就可以看出来。名当中的"稼"、"秬"、"秠"、"穈"都是"禾"旁，寄寓了中国传统的耕读传家的思想；字都是"马"旁，寄寓了胡父望子成龙的意愿。从上文《辞海》对"穈"解释可以看出，胡家老二、老三、老四的名来自《诗经·大雅·生民》中这句话："诞降嘉种，维秬维秠，维穈维芑。"所以"嗣穈"中"穈"当读mén无疑。

上面引经据典论证了半天，实际上都是白费功夫，胡适先生《四十自述》(华文出版社2013年1月第1版)第一章《九年的家乡教育》第二部分中第一次出现其名字的地方是这样一句话：

"给我母亲的遗嘱上说穈儿(我的名字叫嗣穈，**穈字音门**)天资颇聪明，应该令他读书。"

必须说明的是，该句话中小括号及其中的内容是胡适先生原文固有的(着重号为笔者所加)。但教材的编者要么根本没看过该书，要么视而不见，于是就把"穈"注音为méi。("穈"与"霉"同音，"嗣"又是"接续、继承"之意，那么"嗣穈"岂不就成了"接着倒霉"！——这是取名的大忌，稍有常识的人断不会取这样的读音于名字之中)

教材编者也许会感委屈，毕竟《现代汉语词典》中"穈"只有一个读音méi。这的确是《现代汉语词典》不严谨甚至疏漏的地方，有传世巨著《诗经》在，有文化名人胡适在，mén 的读音就不该消失。

是时候该改过来了。胡适是名人，是大家，我们的语文教材对其名字的注解错误不仅贻误后人，还会被海内外稍有学问的人(并不仅仅是大方之家)取笑的。

意料之外又意料之中的收获①

——记一次成功的课程资源开发实践

《宋诗四首》(附后)是上海市二期课改新教材高二语文课本(第一学期试验本)中的一篇课文。课文中的四首诗都是理趣诗,编者的目的显然是让学生对中国古典诗歌中的独特风景——理趣诗,有一个初步的认识。

《宋诗四首》是自读课,本打算用一课时。但课堂上学生的两点质疑却使我"不得不"再上一节课。这两点质疑是:

(1) 一般认为理趣诗的源头是魏晋的玄言诗,但有一个学生认为未必可信,因为诗人们不可能只抒情不说理。

(2) 课文所选的四首诗作为理趣诗不够典型,还有很多比这四首诗更好的理趣诗。(两个班均有人提及)

面对学生的质疑,我感觉到了压力,因为要想有说服力地解决这两个问题,不是简单思考整理一下就能达到目的的。至少要做两项工作:

(1) 阅读从《诗经》到魏晋玄言诗之间的有代表性的诗歌篇章,判断其中有没有理趣诗。

(2) 阅读虽说不上浩如烟海但确实为数不少的理趣诗,从中

① 本文 2005 年 5 月被中央教科所评为"新课程优秀教研成果一等奖"。

选择出一部分学生可能会认可也适合作为高中课文的诗篇。(这项工作学生也参与)

面对压力,我当时想到的是:这是一次促使学生对理趣诗进行深入探究,激发学生兴趣,培养学生敢质疑不迷信的精神的绝好机会。

当时我没想到的是,学生的两点质疑为我自己的课程资源开发又添上了鲜亮的一笔。

我马上投入了这两项工作。同时,我让学生,尤其是课堂上提出质疑的学生积极参与第二项工作:选择自己认为更适合作为高中课文的理趣诗,说明理由,并尽快把题目告诉老师,由老师负责整理。

工作是辛苦的,但收获是巨大的。

先说第一项工作的收获。

首先我根据自己的理解,对理趣诗做了一个粗略的分类,如下:

(1) 诗人为说理而写诗,说理直接,有的甚至通篇说理。如杜甫《前出塞九首(其六)》、白居易《放言》、陆游《冬夜读书示子聿》等。

(2) 诗人为说理而写诗,但不直接说出,而是借助某一事物或事件,巧妙引出所要阐发的道理,妙趣横生,令人回味。如苏轼《琴书》、《题西林壁》,杨万里《过松源晨炊漆公店》、《过沙头》,朱熹《偶题(二首)》、《观书有感(二首)》等。

(3) 诗人写诗也许并不为说理,但个别诗句用语精警,富含哲理,让人感慨回味,甚至感同身受。如王维《终南别业》,杜甫《春夜喜雨》、《后游》,白居易《赋得古原草送别》、王之焕《登鹳雀楼》、刘禹锡《酬乐天扬州初逢席上见赠》、常建《题破山寺后禅院》、王安石《江上》、陆游《游山西村》等。

分类之后,我发现,《诗经》到魏晋玄言诗之间的不少诗歌都可以归入以上的某一类别中。以下是几首有代表性的诗歌：

（一）相　鼠

相鼠有皮，人而无仪。人而无仪，不死何为？
相鼠有齿，人而无止。人而无止，不死何俟？
相鼠有体，人而无礼。人而无礼，胡不遄死？

（《诗经·鄘风》）

（二）日 出 入

日出入安穷？
时世不与人同！
故春非我春，
夏非我夏，
秋非我秋，
冬非我冬。
……

（汉乐府《郊祀歌》）

（三）长 歌 行

青青园中葵，朝露待日晞。
阳春布德泽，万物生光辉。
常恐秋节至，焜黄花叶衰。
百川东到海，何时复西归！
少壮不努力，老大徒伤悲。

（汉乐府）

（四）《古诗十九首》之一

回车驾言迈，悠悠涉长道。
四顾何茫茫，东风摇百草。

所遇无故物，焉得不速老？
盛衰各有时，立身苦不早。
人生非金石，岂能长寿考？
奄忽随物化，荣名以为宝。

《诗经》、汉乐府、《古诗十九首》在中国诗歌发展中都可谓彪炳史册。上述诗歌重在说理不言而喻，应该属于理趣诗的范畴。也许有人会说，这些诗“理”虽深刻，但“趣”味不浓。或许还有人会拿钱钟书先生《谈艺录》中对“理趣”和“理语”的解说来告诉我，以上这些诗歌至多够得上“理语”，而不能称得上“理趣”。我对此不能苟同，因为即便以苛刻的眼光来评判，那“有皮”、“有齿”、“有体”的“相鼠”，那非“我”所有的“春”、“夏”、“秋”、“冬”，那“青青园中葵”，那“东到海”的“百川”，那“东风”中摇动的“百草”，无不具体可感，形象逼真，诗味浓郁。虽然还谈不上妙趣横生，但自有趣味在其中。何况，妙趣横生并不是理趣诗的必备条件。

退一步讲，即便以上诗歌仅仅算是“理语”，但作为理趣诗的源头应当之无愧。因为“起源”本身就是发展的最初阶段，最初阶段的相对幼稚本无可厚非。

所以，我认为理趣诗的起源应该是公元前 6 世纪的《诗经》，甚至可以说，理趣诗从诗歌诞生的那一天就已经出现，然后就没有间断过，一直到宋代发展到顶峰，玄言诗也只是理趣诗发展中的一个阶段。毕竟，诗人们不仅需要抒发自己的喜怒哀乐，而且还在思索人类自身的生死祸福。

再来说第二项工作。

学生和我经过精心的挑选，共收集整理了约 50 首理趣诗，我们又一起进行了第二轮的筛选，最后确定把其中的 28 首作为备选篇目，先行印发给大家，让大家自己斟酌哪一首更适合作为课文。

28首诗如下(限于篇幅,只列作者和题目):

王维:《终南别业》

杜甫:《春夜喜雨》、《望岳》、《后游》、《前出塞九首》(其六)

白居易:《赋得古原草送别》、《放言》(二首)

元稹:《离思五首》(其四)

王之焕:《登鹳雀楼》

刘禹锡:《酬乐天扬州初逢席上见赠》、《竹枝词九首》(之七)

李商隐:《登乐游原》

王湾:《次北固山下》

常建:《题破山寺后禅院》

孟郊:《游子吟》

苏轼:《琴诗》、《惠崇春江晓景》、《题西林壁》、《和子由渑池怀旧》、《东坡》

王安石:《江上》

朱熹:《观书有感》(二首)、《春日》

杨万里:《小池》、《过松源晨炊漆公店》、《过沙头》

陆游:《游山西村》

两项工作历时两周。小结收获如下:

(1)在早期的中国诗歌中发现并整理了一些理趣诗,重新论证了理趣诗的起源问题。并撰写了一篇论文——《理趣诗的起源是玄言诗吗?》,该论文已在《语文知识》(2005年5月)杂志发表。

(2)收集整理了一批颇有价值的理趣诗,并开创性地首次为理趣诗做了分类。在收集整理的过程中,我还发现,作为中国古典诗歌中一道亮丽风景的理趣诗,居然还没有一本完整的集子。这不能说不是一个很大的遗憾。我打算在现有基础上,进一步努力，来弥补这一缺憾，从而为课程资源开发再添上厚重的一笔。

我欣喜地意识到，上述收获已经成为自己课程资源库中弥足珍贵的一部分了！但是，收获还没有结束——

在第二节课中，一个学生的见解又让我对理趣诗有了新的认识：

在讨论过程中，一同学说她推荐的作为课文的理趣诗是杜牧的《山行》。一时全班哗然。我也有点意外。大家没等她再说话就开始七嘴八舌的议论：有人说这首诗是小儿科，放在高中教材中简直是开玩笑；有人说这首诗根本就不是理趣诗……不一而足。但该同学固执地站着，镇定自若，神定气闲。似乎大家的议论本在她意料之中。她略带得意的"反常"神情让我感觉其中必有缘由。我示意大家安静，让其说明理由。但她偏偏要卖关子，要先给大家讲个故事：

一个年轻人和一个老先生在争论人是年轻好还是年老好。年轻人非常雄辩的举出大量事例和名言来说明年轻人的优势，说得滔滔不绝，头头是道。老先生却一言不发，只是认真地听着。年轻人说完之后得意地对老先生说：

"怎么样，还是年轻好吧？"

老先生这才慢悠悠地说："年轻人，别忘了，'霜叶红于二月花'啊！"

听了老先生的话，刚才还在得意的年轻人开始了一言不发。

故事讲完后，我发现所有的同学都陷入了深思。每个人都被深深打动，包括我自己。

大家还没回过神，该同学又开始了新的"演说"：

"'霜叶红于二月花'的道理我不用多说了。但大家可以进一步思考一下,为什么杜牧说'霜叶红于二月花'而不是'枫叶红于二月花'?因为枫叶只有经霜才能变红,也就是说,枫叶要想达到'红于二月花'的境界,必须要经历霜的打击,风的洗礼。那么,我们人呢?"

说到这里戛然而止,她坐回了凳子上。

教室里鸦雀无声,静得可怕。

我不知不觉鼓起了掌,孤单的掌声在寂静的教室中显得分外清脆,但随即,从沉思中清醒过来的教室中爆发出了热烈的掌声,居然还有几个学生站了起来,面向该同学忘情鼓掌。很久,很久,掌声才在我的示意下停了下来。

该同学对《山行》的重新解读让我豁然开朗,为我进一步收集整理理趣诗开辟了一条新路。

两点意想不到的质疑,一次值得回味的实践。回顾这次课程资源开发的过程,以下体会很值得回味,正确与否,请方家指正:

(1) 学生不仅是课程资源的享用者,也是课程资源的开发者。提升学生主体性,注重学生的经验是新课程的基本理念之一。从这次开发实践中,我更深刻地体会到学生身上所蕴藏的巨大能量。他们头脑中没有条条框框,敢想能想。所以,在课程资源的开发中应鼓励学生积极参与,学生也会在其中大有作为。

(2) 课堂不仅是利用课程资源的地方,也是课程资源生成的地方。在这次实践中,课堂上学生的两点质疑是课程资源开发的出发点,也是开发的原动力。作为教师,应该时刻关注课堂上发生的点点滴滴,于无声处听惊雷(鲁迅语),于细微处见知著,把课程资源开发融入自己的日常教学行为。

(3) 开发课程资源的主要目的是应用于课堂。在这次实践中，如果说前期所做的两项工作是课程资源开发的话，那么第二课时就是课程资源的利用了。没有开发，利用就无从谈起；但没有了利用，开发也就失去了价值。不回归或不能回归课堂的课程资源很难具有广阔的推广空间，毕竟课堂是素质教育的主渠道。而且，缺少课堂检验的课程资源，已经失去了一次完善的机会。

参考书目：

《新课程师资培训精要》（钟启泉主编，北京大学出版社 2002 年 6 月第 1 版）

《中国古代文学史》（郭预衡主编，上海古籍出版社 1998 年 7 月第 1 版）

《诗经译注》（程俊英译注，上海辞书出版社 1985 年 2 月第1 版）

《汉魏六朝诗鉴赏辞典》（上海辞书出版社 1992 年 9 月第 1 版）

【附】

秋夜读书每以二鼓尽为节

陆　游

腐儒碌碌叹无奇，
独喜遗篇不我欺。
白发无情侵老境，
青灯有味似儿时。
高梧策策传寒意，
叠鼓冬冬迫睡期。
秋夜渐长饥作祟，
一杯山药进琼糜。

鹅湖寺和陆子寿

朱　熹

德义风流夙所钦，
别离三载更关心。
偶扶藜杖出寒谷，
又枉篮舆度远岑。
旧学商量加邃密，
新知培养转深沉。
却愁说到无言处，
不信人间有古今。

冬夜读书示子聿

陆　游

古人学问无遗力，
少壮功夫老始成。
纸上得来终觉浅，
绝知此事要躬行。

偶　题

朱　熹

步随流水觅溪源，
行到源头却惘然。
始信真源行不到，
倚筇随处弄潺湲。

意象——鉴赏古典诗歌的必经之路①

不少人都有这样的体验，见到一首好诗，也知道好，甚至拍案叫绝，但如果问他好在哪里，却说不清楚。正所谓“妙”不可言。但是，现在的语文高考，不仅要求考生探寻其妙，而且还要叙述其妙，并且要言之有理，言之有据，言之可信。怎么办呢？笔者觉得，当从意象入手。

首先，什么是意象？

意象——通过一定的组合关系，表达某种特定意念，而让读者得之言外的语言形象。

我们来看两组诗句：

细雨鱼儿出，微风燕子斜。——杜甫
落花人独立，微雨燕双飞。——翁宏

风中黄叶树，灯下白头人。——司空曙
落叶他乡树，寒灯独夜人。——马戴

品味这两组诗句，我们会发现，虽然第一组诗句中都有“雨”“燕”，但味道却截然不同，“细雨”句洋溢着欢乐，而“落花”句却饱含孤独与落寞。第二组中，虽然都有“树”和“灯”，但“风中”句给人的感觉是壮志未酬人先老的伤痛，而“落叶”句给人的感觉却是久

① 原载《阅读与鉴赏》2002年第6期。

居他乡,无人相伴的孤独伤感。在这两组诗句中"雨""燕""树""灯"等就是意象,看来,同样的意象在不同的意境中意蕴是不一样的。那么,同样的意蕴是否需要同样的意象呢?

我们再来看几句诗:

问君能有几多愁?恰似一江春水向东流!——李煜

只恐双溪舴艋舟,载不动,许多愁。——李清照

试问闲愁都几许?一川烟草,满城风絮,梅子黄时雨。——贺铸

三句诗都写愁,但选择的意象却截然不同,而且同样的"愁"却带给了我们不一样的感觉。"一江春水向东流",使我们感受到愁思汹涌,难以阻抑,深广而又无尽;这是一种因遭逢大故而伴随终生的哀怨,这是一种家国之痛,绝不是什么花草闲愁。李清照把看不见摸不着的"愁"搬到船上,小船载不动之愁,既见愁之多,更有沉重压抑苦闷之感。贺铸迭下三个意象,遍地滋生的春草,满城飘飞的柳絮,下下停停、没完没了的江南梅雨,渲染出的是"闲愁"撩人心绪,让人心乱如麻,无法排遣。上述三种不同的愁,虽然没有直说愁的内容,我们却从不同的意象中,感知了它们的情感性质、强度、情味,乃至产生的环境氛围来。意象的"威力"竟是如此之大!

解读诗的意境和意蕴,应从意象开始。

我们来看一个例子:

杂　诗

王　维

君自故乡来,应知故乡事。

来日绮窗前,寒梅著花未?

《杂诗》是一首思乡诗,思乡诗在古典诗歌中比比皆是,这首小

诗在众多的思乡诗中别具一格，令人称道，一个很重要的原因就是它选择了一个独特的意象——寒梅。故乡的亲朋故旧、山川景物、风土人情都值得去问，但作者却独问“寒梅”，匠心独具。试想，“一剪寒梅”尚且让人如此牵肠挂肚，作者对故乡的深深思念之情还用多说吗？在鉴赏这首诗，如果忽略了“寒梅”这个意象，就很难真正读透这首诗。

《杂诗》选择了一个意象，但更多的诗歌都不止一个意象，就像前面所举的几个例子。多个意象就有了一个意象的组合问题。在意象的组合中，有以下几个方面必须引起我们的注意：

(1) 意象之间可能有主次之分。如

旅夜书怀

杜　甫

细草微风岸，危樯独夜舟。星垂平野阔，月涌大江流。

名岂文章著，官应老病休。飘飘何所似，天地一沙鸥。

明星低垂，平野广阔，月随波涌，大江奔流，何等雄阔的境界和胸襟。但只注意到这一点就会错误地理解这首诗。我们必须看到，天是如此大，地是如此阔，一只沙鸥，却在孤独地飞翔，无处落脚，无处栖身。这个虚拟的“沙鸥”的出现，才真正揭示了作者四海为家家何处，天涯荡孤舟的痛苦寂寞的内心世界。“沙鸥”才是主意象，不可忽略。

(2) 意象之间可能存在有对比关系（包括动与静的对比）。如：

陇西行

陈　陶

誓扫匈奴不顾身，五千貂锦丧胡尘。

可怜无定河边骨，犹是春闺梦里人。

战场白骨和梦里归人，是如此明显的对立，却又是如此无情的统一，意象的对比产生了撼人心魄的感染力。亲人死去，固然令人悲伤，但确知亲人的下落，毕竟是一种告慰，但在这首诗中，当所思念的亲人已经变成了一堆白骨，自己还在做着团圆的美梦，灾难已经降临在身上，不但毫不知晓，反而满怀着热切的希望，这才是真正的悲剧！通过对立的意象，撞击出的愤怒之火更加令人震撼，撞击出的同情之泪也更加令人心碎。这样的手法在古诗中并不少见，如“朱门酒肉臭，路有冻死骨”。

(3) 同样的意象，不同的组合，意蕴可能迥异。如：

虞美人

蒋捷

少年听雨歌楼上，红烛昏罗帐。壮年听雨客船中。江阔云低断雁叫西风。

而今听雨僧庐下，鬓已星星也。悲欢离合总无情，一任阶前点滴到天明。

少年不识愁滋味，歌楼听雨，罗帐灯昏，雨声当是清脆悦耳；壮年漂泊四方，饱经忧患，凄风苦雨，入耳惊心；晚年一事无成，万念俱灰，既埋葬了少年时的欢乐，也埋葬了壮年时的忧愁，触觉已麻木，内心已绝望。同样是雨，同一人听，同一首词，给人的感觉却截然不同。

(4) 没有任何中介的意象组合，要注意把握其内在的情感逻辑。如：

秋思

马致远

枯藤老树昏鸦，小桥流水人家，古道西风瘦马。夕阳西下，断肠人在天涯。

全诗五句,前四句纯是意象的排列。看似无联系的意象,其实内在有一种相关性,相互推移,逐层递进,逼近“断肠人”。我们来追踪一下意象的内在相关性和演进轨迹:“枯藤”绕树,“昏鸦”栖树,人宿何处?(昏鸦又与下文“夕阳西下”相关)继黯淡的起调之后,忽然弹出几个明快的音符,意象的跌宕流程,正反映了作者情绪的波动,“小桥”就在眼前,“流水”耳边潺潺,过了小桥,即是幽静温馨的“人家”,这在一个日暮尚在旅途的人眼里,是何等的叫人依恋!又怎能不勾起心底的乡思呢?“古道西风瘦马”,“古道”遥遥,“西风”猎猎,“瘦马”颤颤,“夕阳”坠坠,此景此物,此时此刻,叫人如何不断肠?(读者在期待,人呢?)断肠人,在天涯!——不点“秋”,但觉凉气袭人,未言“思”,却让人肝肠寸断!

(5) 要知道一些意象的固定文化内涵。

“杨柳”、“月”、“酒”、“落日”、“浮云”、“长亭”、“孤帆”、“杜鹃”、“雁”、“秋”、“流水”、“落花”等等,在古典诗歌中经常出现,且意蕴较为固定,常用来表达离别、思乡等伤感情绪。有些流传千古的名句往往兼而用之,如“今宵酒醒何处,杨柳岸晓风残月”、“举杯邀明月,对影成三人”、“人生如梦,一樽还酹江月”等等。

利用意象品味意境,解读意蕴需要注意哪些问题呢?

(1) 关注意象,也要关注非意象词语。如:

出　塞

王昌龄

秦时明月汉时关,万里长征人未还。
但使龙城飞将在,不教胡马度阴山。

古代以“关”与“月”为意象的诗歌可谓比比皆是,单是以“关山月”为题目的诗作就不在少数。但《出塞》何以独步千古,被誉为“唐人七绝的压卷之作”呢？原因就在它在“关”、“月”前面增加了“秦”、“汉”两个时间性的限定词,作者从千年以前、万里之外下笔,形成一种雄浑苍茫的独特意境。使读者思接千载,视通万里。这样,“万里长征人未还”就不只是当时人们,而且是自秦汉以来世世代代的人们的共同悲剧;希望边境有“不教胡马度阴山”的“龙城飞将”也不只是汉代,也是世世代代的人们的共同愿望。忽略“秦时”和“汉时”两个非意象词语的话,就难以领会到这首诗的精妙之处。

(2) 关注具体语境,注意乐景中的愁苦之音。如:

绝　句

杜　甫

江碧鸟愈白,山青花欲燃。
今春看又过,何日是归年?

这首诗前两句景色宜人,四景四色,鲜艳夺目,但他乡的美景也难以抹去思乡之情。他乡如此迷人的景色,尚且难以抚平诗人思乡的心情,越透出作者乡情之浓之烈。这是反衬。

有一点需要特别说明,高考所考的古典诗歌往往是愁苦之音。因为流传千古的好诗往往是愁苦之音。正如韩愈所说:“和平之音淡薄,而愁思之声要妙;欢娱之辞难工,而穷苦之言易好也。是故文章之作,恒发于羁旅草野。”法国诗人缪塞也有一句名言可以印证:“最美丽的诗歌是最绝望的诗歌,有些不朽的篇章是纯粹的眼泪。”屈原、李白、杜甫、陆游、辛弃疾等诗人的许多伟大作品都是如此。

(3) 要善于捕捉点睛之笔。

王国维《人间词话》云:“‘红杏枝头春意闹’,着一‘闹’字而境界全出。‘云破月来花弄影’，着一‘弄’字而境界出矣。”这里所说的“境界全出”绝不是和盘托出，了无余韵。“境界全出”，从诗人艺术表现的角度来说，是指把客观的物境和主体的情意最大限度地展示出来，做到物态人意兼擅其美，各极其胜。从读者接受的角度来说，是指意境生动含蓄，富于暗示性，能最大限度地诱发读者的想象力并激活其再创造的潜力。以“红杏枝头春意闹”为例，“闹”字至少可以引发下列联想：枝头杏花怒放，繁茂异常；杏花迎风嬉戏，风姿绰约；作者内心兴奋不已……这样的例子不胜枚举，不再赘述。美学老人朱光潜说过：“文学借文字表现思想情感；文字上面有含糊，就显得思想上还没有透彻，情感还没有凝练。咬文嚼字，在表面上像只是斟酌文字的分量，在实际上就是调整思想和情感。”那么，作为读者的我们，抓住点睛之笔，就是抓住了作者所要表达的思想或情感的内核。

(4) 要“知人论世”。

关于这一点，建议重读高中语文第五册（人教版）课文朱光潜先生的《谈白居易和辛弃疾的词四首》，该文对这一点有精辟的论述。

(5) 要注意解读意境的多重意蕴。

以杜牧的《山行》为例。“霜叶红于二月花”是该诗的主旨所在。从该句中我们至少可以解读出以下几重深层意蕴：

一是不说“红如”而说“红于”，作者欣赏一种饱经风霜的成熟之美。

二是联系人生，虽然人无再少时，但“夕阳是晚开的花，夕阳是陈年的酒”，“但得夕阳无限好，何须惆怅近黄昏？”老年自有老年的美好之处。

三是枫叶经霜才会“红于二月花”，由此我们可以联想到不经历风雨，怎能见彩虹，不经一番寒彻骨，哪得梅花扑鼻香。从而感悟到应以积极的姿态，昂扬的斗志，去迎接人生的挑战。——以上解读当然也不是全部。

我们在鉴赏诗歌时要敢于提出自己的创见，有创新的见解会得到相应的奖励。

诗文中四种常见的“起伏线”

常言道文无定法,不同的作家、不同的内容、不同的体裁等等都决定了诗文的独特性和个性化。但是,我们总是能在千差万别、千姿百态中找到某些共同点,正所谓异曲同工。当然找共同点不是最终目的,更不是唯一目的。很多时候,找到共同点能有助于更好地捕捉、体悟诗文的个性和特性。关于“异曲同工”的话题很多人已经谈过,这里以课文为例,从一个新的角度——“起伏线”来谈谈“异曲”中的“同工”。需要说明的是,“起伏线”是笔者斗胆杜撰的一个名词。

何谓“起伏线”呢? 就是诗文中情节发展或情感抒发的起伏轨迹。

常见的“起伏线”有四种,用以下示意图来表示(用 0 表示最低点,100 表示最高点):

第一种,逐步推向高潮(见图 1):

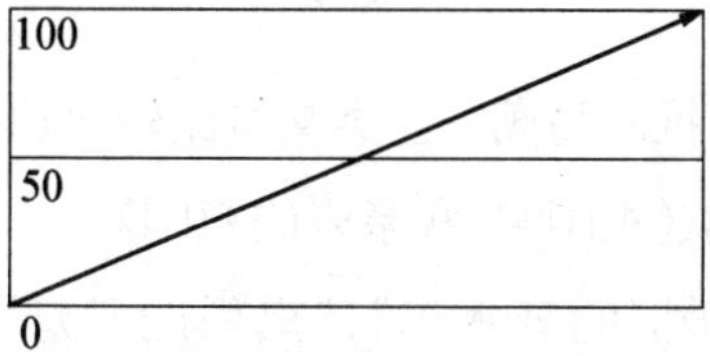

图 1

第二种，平稳升到高潮，再缓缓回到原点(见图2)：

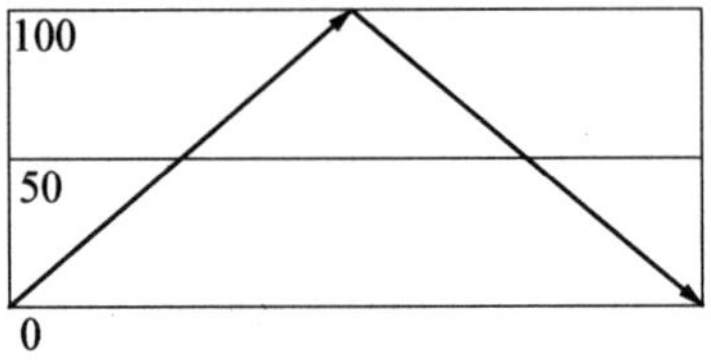

图2

第三种，升到高潮，陡然落下(见图3)：

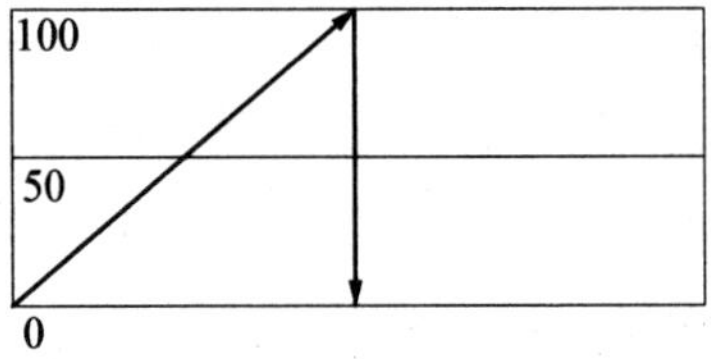

图3

第四种，慢升至一定高度，陡然落下，骤升至顶点，戛然而止(见图4)：

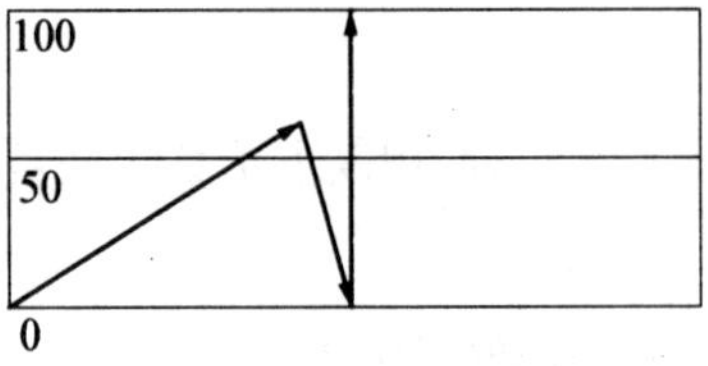

图4

第一种，逐步推向高潮。这类文章比较普遍，在课文中比较典型的是舒婷的诗歌《祖国啊，我亲爱的祖国》。

第一段，以“破旧的老水车”、“熏黑的矿灯”、“干瘪的稻穗”、“失修的路基”、“淤滩上的驳船”等意象，呈现出祖国昔日落后、贫困、苦难的一面，格调低徊沉闷，如泣如诉，流露出的是深深地叹息。

第二段，仍以“贫困”、“悲哀”切入，但在追寻“痛苦的希望”，期盼“飞天”袖间的花朵飘落大地。在第一段低沉格调的基础上稍稍振起。

第三段，“簇新的理想”从“蛛网里挣脱”；虽然雪被重压，但古莲在发芽，虽然有眼泪，但笑容在绽放；“新刷出的起跑线”，喷薄的黎明——希望在涌动，生机在焕发，语言节奏加快，格调逐步高亢。

第四段，是全诗的最高潮。一种为祖国献身的激情充溢其中，气势激昂豪迈，如大江奔流，不可遏止，读来令人热血沸腾，豪情万丈。

整首诗，旋律由低沉缓慢逐步走向高亢迅疾，并最终在结尾达到高潮。

第二种，平稳升到高潮，再缓缓回到原点。典型文章如《再别康桥》、《滕王阁序》。

《再别康桥》共七段。

第一段，在康桥告别，以“轻轻地”为基调，舒缓轻柔。第二、三、四段，感情的涟漪慢慢荡开。“河畔的金柳”在“心头荡漾”，“软泥上的青荇”让作者甚至甘心投身康河“作一条水草”，感情变得激动起来，“榆荫下的一潭”，让作者感觉那里沉淀着“彩虹似的梦”，也让作者的感情感觉进入半梦半醒之间，说“意乱情迷”也不过分。但这还不是感情的最高潮，而是走向最高潮的前奏。第五段中的如下几句话把感情推向最高潮：

寻梦？撑一支长篙，
向青草更青处漫溯，
满载一船星辉，
在星辉斑斓里放歌。

犹如庄周梦蝶，作者在虚实交错乃至物我两忘中撑长篙去“寻梦”，“满载一船星辉”的浪漫让人如同置身仙境，忍不住要在星辉闪耀的天地间“放歌”。在第五段，“寻梦”和“放歌”把全诗感情推向最高潮。

第六段劈空来一个“但”字，感情发生转折。就在要放声高歌的时候，作者意识到“悄悄是别离的笙箫”，离别的愁绪重上心头，静谧安详的康河，沉默不语的康桥，作者也不忍心去惊扰，于是把刚想放开的歌喉关闭。作者收回纷繁的思绪和驰骋的想象，回到现实，回到康桥。

第七段，作者重回感情起点，深情但不失清醒，缠绵而不失理智，节奏又变回第一段的舒缓轻柔。

整首诗的感情“起伏线”可图5表示(数字为段落序号)

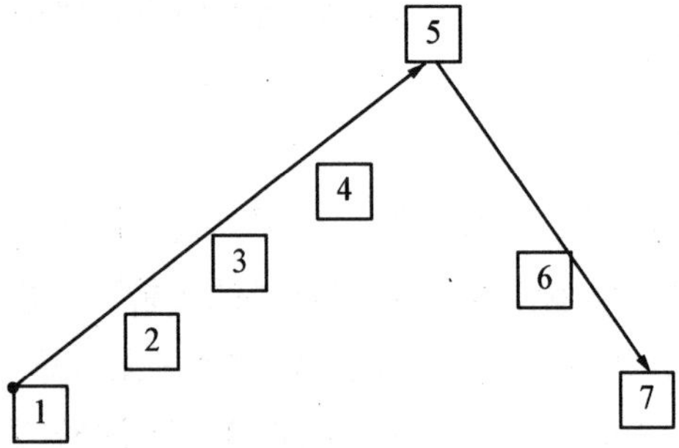

图5

《滕王阁序》也是这样的“起伏线”。但与《再别康桥》不同的是，感情至高点两边的情感性质不一样。《再别康桥》的情感虽然其中有变化，但基本格调还是惜别。而《滕王阁序》感情至高点的两边是“兴”“悲”两重天。开篇写滕王阁盛会，高朋满座，胜友如云，王勃躬逢胜饯——此为起点。而后写在滕王阁所览美景，极尽铺陈，把登临滕王阁之“兴”推向高潮，“兴”之顶点当为以下几句：

遥襟甫畅，逸兴遄飞。爽籁发而清风生，纤歌凝而白云遏。睢园绿竹，气凌彭泽之樽；邺水朱华，光照临川之笔。四美具，二难并。穷睇眄于中天，极娱游于暇日。

但正所谓物盛则衰，乐极生悲。"兴"的至高点，恰是"悲"的最顶峰。紧接上文，作者痛呼：

天高地迥，觉宇宙之无穷；兴尽悲来，识盈虚之有数。

"兴"的至高点和"悲"的最顶峰在此处形成紧密相连而又双峰并峙的奇观。但王勃并没有沉浸在"悲"中不能自拔，他从"君子见机，达人知命"始，消解、稀释"悲"慨。并最终归于平静，接受"胜地不常，盛筵难再"的古今皆然的现实，回到滕王阁当日的盛宴和写作该文的最初意图(为当日聚会众人所做诗歌作序)上来：

临别赠言，幸承恩于伟饯；登高作赋，是所望于群公。敢竭鄙怀，恭疏短引；一言均赋，四韵俱成。请洒潘江，各倾陆海云尔。

开头"逢"，结尾"别"，相呼相应，收放自如。见图 6(竖线为"兴"与"悲"的分界。下同)：

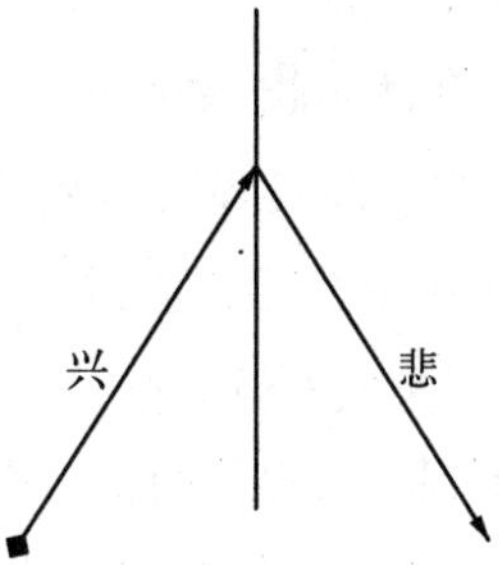

图 6

这种"兴""悲"两重天的感情"起伏线"在不少古诗文中都能见到，比如李白《苏台览古》、杜甫《绝句》(江碧鸟逾白)、王粲《登楼赋》

等。需指出的是，这种“起伏线”也有变种，比如有些文章写“悲”未必回到原点，而且“兴”和“悲”着墨的比例未必像《滕王阁序》这样大体相当。比如王粲的《登楼赋》，开头写“兴”，着墨不多，感情酝酿到一定程度（不是顶点），以“虽信美而非吾土兮，曾何足以少留”一句话，急转至“悲”。全文四分之三的笔墨用在了“悲”上，而且“悲”不仅没有稀释消解，反而有增无减，直至感情的顶峰。见图 7：

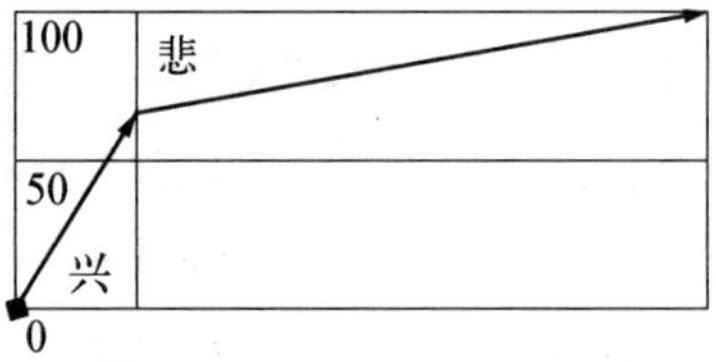

图 7

第三种，升到高潮，陡然落下。如李白《越中览古》、《梦游天姥吟留别》（局部）以及辛弃疾《破阵子》（醉里挑灯）。

《越中览古》前三句“越王勾践破吴归，战士还家尽锦衣。宫女如花满春殿”浓墨重彩写昔日的得意和繁华，把感情一步步推向最高峰，最后一句“只今惟有鹧鸪飞”，急转直下，跌入最低谷。《梦游天姥吟留别》的第二段也是如此，梦中虚幻的繁华热闹达到顶峰时，“忽魂悸以魄动，怳惊起而长嗟”，只剩下“枕席”在侧，令人扼腕。《破阵子》前面一直在蓄势，到“赢得生前身后名”情感达到顶峰，而一句“可怜白发生”又跌入最低谷。

第四种，慢升，陡落，骤升，戛然而止。最典型的是《琵琶行》第二段琵琶女的弹奏。有意思的是，《口技》和《明湖居听书》这两篇文章在情节的安排上也是如此。更有意思的是，《明湖居听书》不仅全文情节安排是这样的“起伏线”，白妞演唱的过程也“遵循”了这一轨迹。我们通过一个表格来分析对比一下。

课文	开始(低)	发展(小高潮)	陡落(无声)	骤升(高潮)	结局(戛然而止)
琵琶行(第二段)	转轴拨弦三两声	大珠小珠落玉盘	凝绝不通声渐歇	银瓶乍破水浆迸,铁骑突出刀枪鸣	四弦一声如裂帛
口技	遥闻深巷中犬吠……	……一地齐发,众妙毕备	夫齁声起,妇拍儿亦渐拍渐止……	忽一人大呼“火起”……凡所应有,无所不有……	忽然抚尺一下,群响毕绝
明湖居听书	(一男人弹三弦)入耳动心	(黑妞演唱)以为观止矣	(白妞出场)就这一眼,满园子里便鸦雀无声	(白妞演唱)叫好之声,轰然雷动	忽听霍然一声,人弦俱寂
明湖居听书(白妞演唱)	声音初不甚大	越唱越高……节节高起……唱到极高的三四叠	陡然一落……愈唱愈低,愈低愈细,那声音渐渐的就听不见了	忽又扬起……这一声飞起,即有无限声音俱来并发	霍然一声,人弦俱寂

喜欢民乐的朋友也许知道,不少民族乐曲的旋律起伏也是这样,比如《十面埋伏》《红色娘子军》等等。也许这种“起伏线”比较符合国人的欣赏习惯,所以在比较复杂曲折的情节表述或情感抒发中,作者往往对它比较青睐。

温故知新是学生学习语文的动力所在

现在不少语文老师在抱怨语文课难教，原因是学生对语文根本没有兴趣。学生对语文没有兴趣是不争的事实，但这不应该成为语文难教的原因，恰恰相反，这是语文课造成的直接结果。

母语成为学生不愿学甚至讨厌学的科目，实在是一种悲哀。作为语文老师必须正视这个问题，并想办法解决问题，而不应该怨天尤人，甚至回避问题。

学生为什么不喜欢语文？因为学生在语文课上接受的往往是单调的说教，是死板的知识，是机械的做题技巧，而未能感受到母语的芬芳，未能领略到语文的美丽，未能感悟到母语的魅力。

说句极端的话，不少语文课不仅没能让学生喜欢自己的母语，相反，却让学生厌倦自己的母语。这当然不能不分青红皂白把板子全打在语文老师身上，但语文老师也难辞其咎。语文老师有责任有义务也应该想办法尽可能地改变这种情况。

诚然，语文不是糖果，一尝就能感觉到甜蜜的味道。语文老师也不应追求把语文课上成“糖果”，因为粗浅苍白是语文的大忌，初尝即品到的“甘甜”，过后即逝。好的语文课应该像浓茶，初尝不仅没有甜味，也许还带点苦涩，但细细品来，却满口余香，沁人心脾，而且越品越有味，余味无穷。

这里的“品”用孔子的话来讲，就是“温故”，“品”出味道，就是让学生能"知新"。子曰:"温故而知新,可以为师矣。"我要说:"温故能知新,可知语文魅力也。"虽然温故知新不是领略语文魅力的唯一途径,但也是一条重要却屡屡被人忽视的途径。如果学生能在语文课上领略到语文的魅力,他们学习语文的兴趣自然陡长,学习的动力也必然随之而来。

这里所说的"温故知新"不是一般意义上的学到新知识,不是一般意义上的触类旁通,举一反三。因为语文是关乎学生内心的学科,是关乎学生终生的学科,如果语文老师能从学生熟知的语文领域挖掘出学生不曾领略到的绝妙风景,就会给学生的内心带来冲击和震撼。而这样鲜活的教学内容在语文教材中虽然不敢说俯拾皆是,但也可以说得上是屡见不鲜。下面略举几例以作佐证。

一、一个小儿科的寓言故事——《小马过河》

我们有必要先重温这个故事:

> 马妈妈要小马驮小麦到磨坊去。到磨坊要经过一条小河。小马来到小河边,但不知河的深浅,不敢过河,于是问老牛河有多深,老牛说水很浅可以过,小马刚把脚伸到河里准备过河,小松鼠跑过来警告小马说,河水很深,几天前自己的几个伙伴就被河水淹死了。小马害怕了,它回去问妈妈该怎么办,马妈妈让它自己想一想,试一试,小马想了想,并且试了试,河水不深也不浅,正好可以过去。

这个故事学生可谓耳熟能详。他们几乎能不假思索地说出这个故事的寓意是告诉人们做事情不可轻信盲从,要多思多想多尝试,要敢于实践,绝知此事要躬行等等。这样的见解很正确,这样的"见解"就不能称得上"见识"更不能上升到"见地",因为"见识"需要宽广的视野,"见地"需要独到的发现,而他们只是看到了小马，而没有看到老牛、松鼠和小马妈妈，他们的见解不新鲜，没创意。所以，学生当然就没有达到“知新”的高度。

此时可以引导学生，从老牛和小松鼠的角度来思考，进而学生就会有新的发现：

——自己的经验（老牛）无论多么成功，自己的教训（小松鼠）无论多么惨痛，都不一定适合别人。同样，别人的经验无论多么成功，别人的教训无论多么惨痛，都不一定适合自己。

——指导别人要具体情况具体分析。

——教育应因人而异。

再从小马妈妈的角度来思考：

小马妈妈在小马面对两种意见无所适从时，没有批评，更没有责骂，也没有把现成的答案告诉小马，更没有怕小马出事亲自去做，而是让小马自己“想一想，试一试”。学生甚至会从中好像看到自己，想到自己的父母，进而引导学生发现新的风景：

——放手让孩子自己去实践。

——打骂和责备不是教育的良方。

——教育孩子不能越俎代庖。

二、历史故事《诸葛亮挥泪斩马谡》

这个故事学生同样很熟悉。

通常我们解读这个故事，看到的往往只是如下两点：

(1) 马谡不听王平劝告，一意孤行，失去战略要地街亭，终铸大错——刚愎自用、自以为是不可取，要善于听取别人的意见。[从马谡角度来看(1)]

(2) 马谡说：“素读兵书，熟谙战法，丞相诸事尚问于我……”——理论应该和实践相结合，纸上得来终觉浅，绝知此事要躬行。[从马谡

角度来看(2)]

但我们变换思维，从“温故知新”的角度，还会有如下新的发现来让学生领略语文的美丽：

(1) 从马谡角度来看(3)

马谡曾立下军令状，明知失街亭是死罪，但他不变节、不投降、不逃跑、不推卸责任，而是“自缚跪于帐前”——敢于承担责任，无论代价有多大。

(2) 从诸葛亮角度来看(1)

诸葛亮是一个运筹帷幄之中，决胜千里之外的人物，但用马谡守街亭，确属用人不当——智者千虑，必有一失；金无足赤，人无完人。

(3) 从诸葛亮角度来看(2)

马谡说“丞相视某如子，某以丞相为父”，诸葛亮对马谡说“吾与汝义同手足”，面对众将求情，诸葛亮完全可以顺水推舟，免除马谡死罪，但诸葛亮依然严惩不贷——执法者应该不徇私情，执法必严；法大于情。

(4) 从诸葛亮角度来看(3)

马谡在军令状中说“若有差失，乞斩全家”，临刑前马谡求诸葛亮“愿丞相思舜帝殛鲧用禹之义……”，诸葛亮说“汝之子即吾之子，不必多嘱”——法律无情人却有情，或者说人有情但法律无情。

(5) 从诸葛亮角度来看(4)

马谡被处决后，诸葛亮大哭不已，当着文臣武将的面，坦陈先帝当年白帝托孤时的遗言“马谡言过其实，不可大用”——敢于承认自已的过失，敢于承担责任；敢于承认错误，敢于承担责任不仅无损个人尊严，反倒增加人格魅力。

(6) 从诸葛亮角度来看(5)

挥泪斩马谡后,孔明上书请求自贬三等——以身作则律己从严,依法治国率先垂范。

(7) 从诸葛亮和马谡两人的角度看

马谡作为一个谋士,素读兵书,熟谙战法,可谓足智多谋,正如他自己所言"丞相诸事尚问于我",攻打孟获时他的"攻心为上,攻城为下;心战为上,兵战为下"的见解,的确出语惊人,说明马谡并非一个酒囊饭袋。但他却错误地估量自己,不惜以身家性命为担保去争取当一个冲锋陷阵的将军,不仅害了自己,也害了自己的国和家。诸葛亮作为手中掌握生杀予夺大权的上司,没有全面权衡,甚至忘了先帝的告诫,使本来应该在二线出谋划策的马谡穿上铠甲,走上前线,最终造成了失街亭的重大损失。——人才放错位置可能就是废物! 每一个人都应该尽可能清醒地认识自己,正确定位。

三、一篇古文《烛之武退秦师》(原文略)

这篇文章,学生可以只从中了解到烛之武机智过人,能言善辩,其他方面可能都不甚了了。这当然不能消除学生对古文的隔膜。

如果能引导学生回头再看这篇文章,引导他们领略郑伯面对一介草民,敢于认错的勇气;品味晋侯冷静克制、不感情用事且能怀感恩之心的胸怀;进一步再从秦晋两国的微妙关系中体会"没有永远的朋友,也没有永远的敌人,只有永远的利益"的博弈等等,学生必然会大呼过瘾。

在此基础上,如果抓住文中"夜缒而出"这一细节,学生会有更加令人震撼的发现。比如可以漫不经心地追问学生:烛之武如果游说不成，能"夜缒"而上吗？引导学生分析当时兵临城下的严峻形势，再结合烛之武的人生遭遇以及年龄——一个老人，一个曾遭受不公平待遇并且满腹牢骚老人，学生就可以体会当自己的祖国遭遇外敌入侵，濒临灭亡的时候烛之武的勇气和大义凛然。一个"风萧萧兮易水寒，壮士一去兮不复还"的勇士形象，一个"位卑未敢忘忧国"、一个"苟利国家生死以，岂因祸福避趋之"的爱国者形象就会跃然纸上，闪现在学生眼前。感奋之情，景仰之意必然油然而生。

四、一首古诗《寻隐者不遇》(贾岛)

松下问童子，言师采药去。
只在此山中，云深不知处。

这首诗明白如话，简短扼要，我们不妨先来重温诗歌的内容：

寻者一路奔波去寻找隐者，费尽脚力终于来到隐者居处，看到了松下童子，隐者近在咫尺，寻者心中的喜悦不言而喻，但刚刚在心里涌出的喜悦马上被童子的"言师采药去"的失望抵消；不死心的寻者，继续问童子隐者到哪里采药，童子的回答"只在此山中"让寻者又燃起了希望；当寻者满怀希望问隐者在山的什么地方采药、什么时候回来的时候，童子的一句"云深不知处"又让寻者刚刚燃起的希望再次熄灭。寻者内心的怅惘可想而知。

以上理解只是停留在字面上的粗浅的理解，如此理解古诗当然不能激起学生的热情，更不能激起学生的共鸣。如果在此基础上稍作点拨，学生就会有柳暗花明又一村的愉悦。

诗歌中的心理变化——"希望，失望，再希望，再失望"是人类的一种普遍的人生境遇！学生会从中看到自己的影子。

但这首诗读到这里还远远不够。诗中的"隐者"只是一个符号，可以代指一切我们所向往的美好事物。诗中的“寻者”也只是一个符号，可以借指你我中的任何一个。我们在人生的道路上都是“寻者”，我们都在寻找我们期待的“隐者”，当我们费尽周折，胜利近在咫尺，好像伸手可及，但往往失之交臂，让人扼腕，让人叹息——这恰恰是人生的一个普遍困境。

在旅游胜地发现美景并不让人惊喜，但在熟悉的地方发现以前没有发现的风景总会给人意料之外的喜悦。语文是美丽的，只是我们缺少发现美的眼睛。想让学生发现，语文老师自身必须首先做一个有心人。这样的有心人，需要有“横看成岭侧成峰”的眼光，需要有“入乎其内，出乎其外”睿智，需要有“于无声处听惊雷”的敏锐，还需要有“行到水穷处，坐看云起时”的胸怀。只有这样，老师才能温故而知新，进而引导学生温故而知新，从而从心灵深处冲击学生的意识，激起他们的共鸣，诱发他们的兴趣，摇撼他们的心智。倘能如此，学生必然会从内心中升腾起学习母语的无尽动力。

校名——一道独特的文化景观

《论语》有语:“名不正,则言不顺;言不顺,则事不成。”“名正”是中国人一种追求,取名也就成为一种讲究。人名如此,物名如此,学校命名也如此。

论校名,沪上名气大、意义深的学校当首推复旦大学。

复旦大学创建于1905年,原名复旦公学,创办于1905年(光绪三十一年),是第一所由中国人通过民间集资自主创办的高等学校。“复旦”二字由创始人、中国近代知名教育家马相伯先生选定,选自《尚书大传·虞夏传》中《卿云歌》“日月光华,旦复旦兮”的名句,意在自强不息,寄托当时中国知识分子自主办学、教育强国的愿望。历经百年沧桑,“复旦”二字已深深地镌刻进一代又一代中国人的心中。复旦校训“博学而笃志,切问而近思”(《论语·子张》)也成为无数学子的治学信条。面对复旦校名和校训,我们感受到了历史的厚重,我们触摸到了文化的质感。

在当今中国,大中小学不计其数,但取名却十分单一单调。以中学为例,基本有两种,一是排行式,往往是“地名+序号”式的命名;二是傍大款式,往往是“某某某某附属中学”式。当然,在这方面,上海虽不能完全免俗,但上海却有不少学校的校名源远流长,令人回味,形成了一道独特的文化景观,这在全国绝无仅有。下面笔者以创办先后为序,略举几例。

（一）上海市敬业中学

敬业中学位于黄浦区，创建于1748年（清乾隆十三年），距今已有260多年历史。清嘉庆《上海县志》记载："敬业书院初名申江书院。"1770年（乾隆三十五年），巡道杨魁集资大兴土木重建书院，改名为敬业书院。

"敬业"出自《礼记·学记》。原句是："一年视离经辨志，三年视敬业乐群，五年视博习亲师，七年视论学取友，谓之小成；九年知类通达，强立而不反，谓之大成。"朱熹解说："敬业者，专心致志以事其业也；乐群者，乐于取益以辅其仁也。"如今敬业中学的校训即为"敬业乐群"。

（二）上海市格致中学

格致中学前身为格致书院，创建于1874年，由清朝重臣李鸿章提议并题写校匾，由中国近代化学家徐寿、数学家华衡芳和英国著名学者弗兰雅等人合作创办。它是近代中国最早系统传播自然科学知识、培养科技人才的新型学堂，也是近代上海第一所中外合作创办的学堂。

"格致"出自《礼记·大学》："古之欲明明德于天下者，先治其国；欲治其国者，先齐其家；欲齐其家者，先修其身；欲修其身者，先正其心；欲正其心者，先诚其意；欲诚其意者，先致其知；致知在格物。物格而后知至，知至而后意诚，意诚而后心正，心正而后身修，身修而后家齐，家齐而后国治，国治而后天下平。"这段话包含着《大学》的八大条目，即"格物"、"致知"、"诚意"、"正心"、"修身"、"齐家"、"治国"、"平天下"。这段话共两句，前句以"致知在格物"终，后句以"物格而后知至"始，形成循环，"格致"是"格物致知"的提炼，也就是说，"格致"是八大条目的根基和出发点。"格致"的主要意思是"穷究事理，获得真知"，体现的是严谨的治学精神和高远的教育追求。

（三）上海市马桥强恕学校

强恕学校位于闵行区马桥镇，是一所九年一贯制学校。其前身是由国民党元老钮永建先生于1899年创办的吴会书院，1900年更名为强恕学堂。“强恕”源于《孟子·尽心上》：“万物皆备于我矣，反身而诚，乐莫大焉；强恕而行，求仁莫近焉。”儒家所言之“恕”不同于现在所说的“宽恕”。朱熹注曰：“强，勉强也。恕，推己以及人也。”意思是，凡事要竭尽全力，推己及人，行之以恕。钮永建先生对此释之为“不强人谓之恕，不恕己谓之强”，“不强人”意即“不强人所难”，“不恕己”意即“不宽恕自己的过错”。如今强恕学校又赋予了“强恕”新的含义，即“强己恕人”。如今，“强己恕人”是强恕学校的校训。

（四）上海市大同中学

大同中学位于黄浦区，其前身是创办于1912年的大同学院，首任校长胡敦复曾任清华学堂（清华大学前身）第一任教务长。大同学院是中华民国临时政府成立后我国最早成立的一所高等学校。

“大同”出自《礼记·礼运》：“大道之行也，天下为公。选贤与能，讲信修睦，故人不独亲其亲，不独子其子，使老有所终，壮有所用，幼有所长，矜寡孤独废疾者，皆有所养。男有分，女有归。货，恶其弃于地也，不必藏于己；力，恶其不出于身也，不必为己。是故谋闭而不兴，盗窃乱贼而不作，故外户而不闭，是谓大同。”

选择“大同”，彰显了大同创办者的教育理想。

（五）上海市松江区教师进修学院附属立达中学

1925年1月，浙江上虞白马湖私立春晖中学（创立于1908年）教务主任匡互生向作风有些专制的校长建议改革，被校长断然拒绝了。匡互生愤而辞去教务主任职。匡互生的行动得到了教师朱光潜、丰子恺、夏丏尊等的支持和一批学生的同情，他们随着匡互生到了上海。并于当年创办“立达学园”。何谓立达?《论语》说:“已欲达而达人,已欲立而立人。”朱光潜解释说:“立”是指站得稳,信仰要坚定;“达”是指通情达理,要行得通。1952年底,学校由松江县人民政府接管,更名松江县第三中学。2002年7月,松江三中实行改制(学校性质由国有改为国有民办),由区教师进修学院承办,易名为“上海市松江区教师进修学院附属立达中学”。

(六)上海市培明中学

培明中学位于静安区新闸路。1925年,由许君衡女士在麦根路(原恒丰路桥东)创办私立女子学校,取名“培明”。“培明”二字源出《礼记·中庸》。但“培”和“明”原本不在一起。“培”出自《礼记·中庸》第16章:“天之生物,必因其材而笃焉。故栽者培之,倾者覆之。”“明”出自《礼记·中庸》第19章:“人一能之,己百之;人十能之,己千之。果能此道矣,虽愚必明,虽柔必强。”

前者强调的是教者要因材施教,后者强调的是学者要勤学苦练。创办者独具慧眼,择取“培”、“明”两字,妙手撮合,可谓珠联璧合,浑然天成。

(七)上海市位育中学

位育中学位于徐汇区。1943年,著名教育家李楚材应上海位育学校校董会的聘请,在位育小学的基础上创办位育中学,并将“位育”二字诠释为“生长创造”。“位育”也出自《礼记·中庸》:“喜怒哀乐之未发,谓之中;发而皆中节,谓之和;中也者,天下之大本也;和也者,天下之达道也。致中和,天地位焉,万物育焉。”朱熹注曰:“位者,安其所也;育者,遂其生也。”“中”为天下大本,“和”为天下达道,达到“中和”,天地万物就会各得其所,发育成长,生生不息。“位育”体现了祖先的智慧,选取“位育”为名,显示了“位育”创办者的睿智和抱负。

（八）上海市省吾中学

省吾中学位于长宁区，是1945年由上海地下党组织创办的革命据点学校。著名教育家陈鹤琴曾任该校校长，并为其制定了“服务创造”的校训。“省吾”出自《论语·学而》：“曾子曰：吾日三省吾身：为人谋而不忠乎？与朋友交而不信乎？传不习乎？”

“复旦”、“敬业”、“格致”、“强恕”、“大同”、“培明”、“位育”、“省吾”，历经几千年的古老文明竟如此鲜明、如此具体、如此实在地呈现在眼前，那么厚重，又如此恰切；那么遥远，又如此切近。

另外，还有一所学校，上海市育才中学，其名字的来历笔者虽不敢断言，但总觉该名大有来头，“育才”两字绝非平常意义上的“培育人才”的缩写。该校成立于1901年（清光绪二十七年），前身是英籍犹太人埃丽斯·嘉道理（Ellis Kaddoorie）在上海白克路（今凤阳路）创办的育才书社。1912，育才书社迁至山海关路和卡德路（今石门二路）交界处，并交工部局管理，取名工部局立育才公学。1941年，更名为上海特别市立育才中学。1945年，更名为上海市立育才中学。

如果细看一下会发现，以上所列学校，都成立于建国以前，换句话说，建国以前成立的学校在取名上往往比较考究。那么，成立于1901年的“育才中学”在取名上肯定也有讲究。笔者认为，“育才”两字取自于《孟子·尽心上》：

> 君子有三乐，而王天下不与存焉。父母俱存，兄弟无故，一乐也；仰不愧于天，俯不怍于人，二乐也；得天下英才而教育之，三乐也。

上海还有一所学校的名字虽然不是来自古典，但同样大有来头，这所学校是位于黄浦区的上海市储能中学。“储能”两字渊源于严复所译赫胥黎名著《天演论》“储能也，效实也，合而言之天演也”一语。储能中学诞生于战火纷飞的抗日战争年代，她的前身是1938年创办的宁波效实中学上海分校，1942年更名为“储能中学”。抗日烽火与解放战争的硝烟赋予储能中学特殊的历史积淀和文化底蕴，一大批宿儒名流，如叶圣陶、段力佩、周建人、楼适夷、王元化等均曾执教于此。叶圣陶先生说：“自学的本领是用之不竭的能，储能就要储这样的能。”

宝山区的行知中学也值得一提。这所学校由“伟大的人民教育家”(毛泽东语)陶行知先生于1939年创办于重庆北郊温泉，原名育才学校(“育才”出处见前文)。抗战胜利后，陶行知先生为争取和平民主，1947年将学校迁至宝山大场赵家花园。1953年，为永久纪念陶行知先生，学校正式更名为上海市行知中学。“知”与“行”是中国哲学史上一对重要概念，也是中国教育史上的一对孪生兄弟。

知行问题，是中国哲学史上特有的一对范畴。古代的哲学家、教育家大都十分关注知行问题，比如，孔子说“讷于言而敏于行”，荀子说“知之不若行之”，程朱理学认为“知先行后”，王夫之说“行可以兼知，知可以兼行”，革命家孙中山也说的“知难行易”等等。而“知行合一”是明代著名哲学家、教育家王阳明提出来的。陶行知原名“文濬”，他推崇王阳明的“知行合一”说。1934年，他在《生活教育》上发表《行知行》一文，认为“行是知之始，知是行之成”，并改名陶行知，终生以此自勉。行知中学以“行知”为名，既表达了对陶行知的景仰，也表达了对教育的理解和追求。

提到学校的名字，就不能不提起1952年。这一年取消了所有的民办学校(包括大学)，出现了一批学校更名的热潮，很多学校都变成了“地方＋序号”的命名方式。比如前面提到的“立达”就曾更名为“松江县第三中学”，后又改回“立达”，虽然前面加了不少定语,但好在最有文化的“立达”两字得以保留,实在是一件幸事。但有的学校就没那么幸运了,比如上海市第二中学。

上海二中成立于1902年10月24日(清光绪二十八年壬寅之岁),创办人是吴馨(字怀久),因目睹当时妇女“习于脂粉华服,金莲三寸,弱不禁风”,创办“务本女塾”,这是国人创办的第一所女子学校。“务本”出自《论语·学而》:“君子务本,本立而道生。孝弟也者,其为仁之本与?”

1937年,学校改名怀久女子中学。1945年,抗战胜利后,务本女中复校,仍定名为上海市市立务本女子中学。1952年7月12日,学校改名为上海市第二女子中学。1967年11月,学校改名为上海市第二中学,开始男女生兼收。该名沿用至今。

上海市第四中学,也是一所百年老校。在该校的官网上,有一张校史图,鲜明地展现了该校校名的变迁,如下:

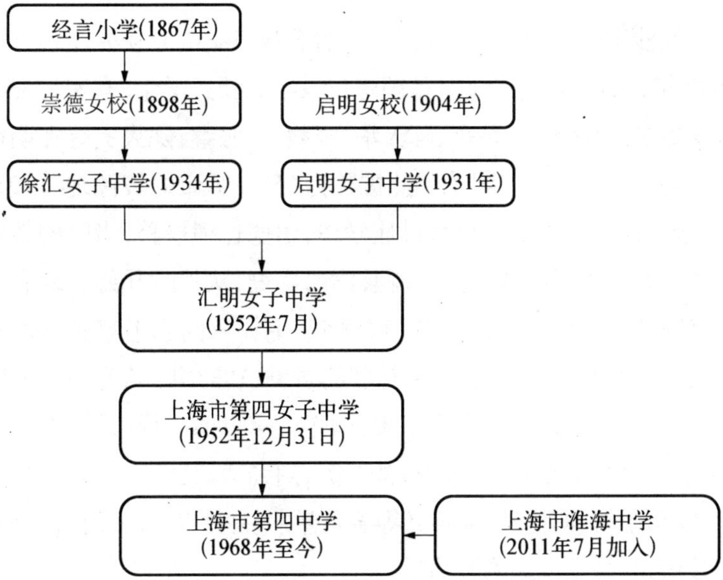

无论是“经言”，还是“崇德”，抑或是“启明”，甚至是后来1952年两校合并后并称的“汇明”，都是很值得称道的名字。“启明”语出《书·尧典》：“放齐曰：‘胤子朱，启明。’”孔传：“启，开也。”孔颖达疏：“其人心志开达，性识明悟。”

把目光转离上海，我们来看看外地几所学校的名字沿革。

无锡市辅仁高级中学：钱锺书先生的母校。1918年7月31日，由上海圣约翰大学无锡同学会唐纪云、杨四箴等人提议，众会友集资四千银圆创办私立辅仁中学，于当年9月14日开学。建校伊始，辅仁中学即定“明道进德”为中文校训，定“LIVE TO LEARN, LEARN TO LIVE”为英文校训。辅仁中学的首任校长是美国圣公会传教士、无锡圣公会会长慕高文。1953年初，无锡辅仁中学由私立改制为公办，更名为无锡市第二中学。2003年3月，恢复“辅仁”老校名。“辅仁”取自《论语》：“君子以文会友，以友辅仁。”

长沙市明德中学：由中国近代著名教育家胡元倓先生创办于1903年，初名“明德学堂”，是湖南省最早的新式学堂，有着辉煌的办学历史。1904年，黄兴、陈天华、宋教仁、张继、陈果夫等在明德学堂创立“华兴会”，明德因此被称为“辛亥革命的策源地”；1917年，全国评定十所基础教育最佳学校，明德位列榜首，当时的教育总长范源濂手书“成德达材”制匾赠给明德，从那时开始，“北有南开，南有明德”便享誉海内外；1918年，毛泽东同志考察长沙教育时留下了“时务虽倒，而明德方兴”的赞誉；1932年，蒋介石视察明德，和师生合影，题写“止于至善”四个大字以赠。周谷城、金岳霖等文化大师，丁夏畦、俞大光、肖纪美、刘经南、艾国祥等著名科学家，欧阳予倩、苏曼殊、吴祖光等著名艺术家，黄兴、任弼时、周小舟等政治家，都是曾经的明德学子。

1952年,明德中学更名为“长沙市第三中学”,1983年恢复“明德中学”之校名。“明德”出自《大学》:“大学之道,在明明德,在亲民,在止于至善。”成立于1912年的河南大学,目前仍完整地保存了很多民国时代的老建筑,河南大学大门背面,中间是四个大字:“止于至善”,两边也各有两个字,分别是:“明德”和“新民”。这八个字的出处也是《大学》中的这句话。

湖南师范大学附中:该校创办于1905年,初名“惟一学堂”。“惟一”是精纯专一之意,语出《书·大禹谟》:“人心惟危,道心惟微,惟精惟一,允执厥中。”明代王守仁《传习录》卷上:“问:‘惟精惟一是如何用功?’先生曰:‘惟一是惟精主意,惟精是惟一工夫。’”1907年更名为“广益中学堂”,“广益”当是出自诸葛亮《前出师表》:“裨补阙漏,有所广益。”1924年更名为“执中中学”,“执中”同样出自《书·大禹谟》中的“允执厥中”,“允执厥中”意思是“言行符合不偏不倚的中正之道”。《论语·尧曰》也有“天之历数在尔躬,允执其中”之句。明代方孝孺在《夷齐》中说:“圣人之道,中而已矣,尧、舜、禹三圣人为万世法,一‘允执厥中’也。”从中可以窥见“执中”的重要性。

1952年10月,该校更名为“湖南省长沙是第四中学”,后又几经易名,最终与1984年定名为“湖南师范大学附属中学”,沿用至今。

广东有一所著名中学——广雅中学,创办于1888年,其前身是由清朝两广总督张之洞创办的广雅书院,张之洞解释说:“广者,大也;雅者,正也。”因为他深知“中国不贫于财,而贫于人才;不弱于兵,而弱于志气”,他更知“经国以自强为本,自强以储才为先”(张之洞《请颁广雅书院扁额折》)。“广”而“雅”的学子,正是张之洞期盼的经国之才。

河南大学大门(正面)

河南大学大门(背面)

广东还有一所学校，名气虽没有广雅中学大，但校名也值得一说——广州市执信中学。这所学校是孙中山先生于 1921 年为纪念朱执信而亲手创办的一所纪念性学校。朱执信是中国近代杰出的民主革命家，是民主革命时期孙中山先生最赏识、最器重的支柱人物之一，与廖仲恺一起被称为孙中山的左右手。1920 年 9 月，他不顾个人安危，冒死前往广东军事要塞虎门调停桂系两部军队的纷争，不幸被流弹击中，壮烈牺牲，年仅 35 岁。为了纪念朱执信对革命的卓越贡献，孙中山决定建立执信学校，指派廖仲恺、胡汉民、孙科三人负责筹建工作。1921 年 10 月 1 日，学校举行隆重的开学典礼，孙中山偕夫人宋庆龄亲临大会并致辞。学校创办初期为私立性质，校名“执信学校”，当时实行校董会负责制，廖仲恺、胡汉民、蔡元培、汪精卫、戴季陶、林森、李大钊、李济深、陈公博等人都是校董会的董事，著名留法教育家曾醒女士担任首任校长。30 年代学校转为省立公办，1928—1968 年曾为女子中学，历经执信女子中学、广东省立执信女子中学、广州市第一女子中学、广州市第五十五中学，1978 年定为现名。

“执信”二字，当然包含有纪念朱执信烈士之意，但“执信”本身就固有浓重的价值追求。换句话说，朱执信烈士的名字本身就很有学问。这也难怪，其父朱启连，是浙江萧山的有名学者，精通琴律，人称“琴王”，曾任张之洞幕僚。“执信”意为“秉持信义”，语出《左传·襄公二十二年》：“君人执信，臣人执共，忠信笃敬，上下同之，天之道也。”嵇康《家诫》有这样一句话：“若夫申胥之长吟，夷叔之全洁，展季之执信，苏武之守节，可谓固矣。”可见“执信”是从古至今先贤们都看重并追求的品格，以此为校名，一语双关，堪称经典。

学者邓云乡在其著作《文化古城旧事》中提到了不少老北京的

学校名字,读来颇有味道:

弘达、志成、笃志女中、华光女中、春明女中、惠中女中、崇慈女中、崇实、四存(清初著名教育家颜元著《存性》《存学》《存治》《存人》四编,合称“四存”。主张力学致知,习事见理,反对程朱派理学的理在事先、知先行后,提倡经世致用)、汇文、育英、慕贞、艺文、辅仁、首善……

只是这些名字都已淹没在历史的风尘中。如今的北京,有文化有味道的校名几乎没有,令人扼腕。北京中心城区原有四个区,分别是东城区、西城区、崇文区、宣武区。2010 年,北京经国务院批准,撤销了崇文区和宣武区,所属区域并入东城区和西城区。几百年古都所剩下的不多的标志性名称说没就没了!无怪乎有人沉痛地说:“弃文去武,剩下什么东西!”

与北京相比,我们应该感谢上海,在汹涌的现代化大潮中,在传统文化日益被疏远的岁月里,留住了那么多足以让后人回味铭记的校名。它们,几乎可以说是上海百年教育的活化石,也是上海教育宝贵的文化遗产,从中能让人感受到上海百年教育的光荣和梦想。

读书有得

跟孔子学当教师

最近读了几本书，其中一本是华东师大一位青年学者周勇著的《跟孔子学当教师》。这本书促使我又认真地阅读了司马迁《史记》中的《孔子世家》和《仲尼弟子列传》。同时又认认真真地把《论语》翻阅了好几遍。这一次阅读，不是拜读，更不是跪读，也不敢像贾平凹说得那样"拉到脚下来读"，换句话说，不是仰视，不是俯视，而是好好平视了一下孔子——把孔子作为我的同行——一名语文教师，拉到了眼前。有时把一个人套上太多的光环，你就不容易看清其真面目，毕竟光环一多就过于耀眼夺目，刺得人睁不开眼睛。

还别说，这一番阅读让旧感新悟涌上心头，于是斗胆提笔，写了一篇同题短文《跟孔子学当老师》。

平常我看孔子，往往只看到那个循循善诱、因材施教、有教无类、诲人不倦的师者孔子，而没有看到作为"学生"的孔子。

《论语》二十篇，以"子曰"为开头的语录中就有 28 条直接谈学习的重要性或怎样学习。开篇即是"学而时习之，不亦说乎"，如雷贯耳。

孔子是一个追求生活精致化的人，有"食不厌精，脍不厌细"为证，但为了学习，孔子可以"食无求饱，居无求安"，可以"发愤忘食，乐以忘忧"，他"默而识之，学而不厌"，达到"不知老之将至"的境界，尚且担心"学如不及，犹恐失之"。读《易》而韦编三绝，而且还感慨说“加我数年，五十以学《易》，可以无大过矣”。孔子能“见贤思齐，见不贤而内自省”，能“敏而好学，不耻下问”，认为“三人行则必有我师”。孔子发自肺腑地说：“吾尝终日不食，终夜不寝，以思，无益，不如学也。”孔子把学习放在了第一位，“学而不思则罔，思而不学则殆”。甚至说“朝闻道，夕死可矣”，对学习的重视甚至超过了生命！当然，孔子对自己的好学也非常自信，他说：“十室之邑，必有忠信如丘者，不如丘之好学也。”(以上引语全出自《论语》)

当今的教师，能有几人好学如孔子？虽然说“一碗水”和“一桶水”的理论已经过时，但能拥有“一桶水”的教师已经不多了，拥有源头活水的教师更是少之又少，为什么呢？没时间学习。为什么没时间？不是因为太忙，而是因为根本就不爱学习。一个真正爱学习的人是不会没有时间学习的。

我们经常说孔子是教育家，一般只看到了其“言传”，毕竟“言传”有一部《论语》可鉴，但却忽略了孔子的“身教”，我们透过孔子言语可以想见孔子是怎样在身体力行着“学”之道。一个好学的教师，让学生耳濡目染，学生之受益不言而喻，可想而知。

作为教师，我应当向爱学习的孔老师学习。

如果从目前的学科划分来看，孔子当是一个语文教师。我也是。

孔子是一个很会教语文的语文教师，我断然不敢说自己是。

孔子的教学，可以称之为情景谈话法。《论语》中记录了不少孔子的教学场景，往往都是即事即景地进行。既入情，又入理；既入乎其内，又出乎其外。涉及格物、致知、诚意、正心、修身、齐家、治国、平天下等诸多方面。

当今的语文课恰恰缺少这样的课型。教师在课堂上指点江山，激扬文字，学生在台下点头称是，附和呼应。无论变出多少“花招”，都缺少一种推心置腹的坦诚，缺少一种身临其境的真实，教师在台上讲得头头是道，学生在台下听得昏昏欲睡。语文课为什么不受学生欢迎，恐怕就因为我们没有像孔子那样把语文和生活真正地切实地恰当地紧密地联系起来。

需要说明的是，孔子的这种谈话式教学法，不全是娓娓道来、循循善诱的。孔子的可贵之处在于，该轻松时让人如沐春风，该严肃时让人如坐针毡。

《子路、曾皙、冉有、公西华侍坐》中的孔子，面对弟子，笑容可掬：“以吾一日长乎尔，毋吾以也。居则曰‘不吾知也’，如或知之，则何以哉？”孔子的循循善诱跃然纸上，面对弟子们的不同回答，无论同意与否，都认真倾听，或微笑，或颌首，或感叹，或惋惜，令人感动。

而《季氏将伐颛臾》中的孔子，同样是面对弟子冉有和子路，声色俱厉，严辞呵斥：“求！无乃尔是过与？”“陈力就列，不能者止，……且尔言过矣！虎兕出于柙，龟玉毁于椟中，是谁之过与？”斥责之无情，语气之严厉，令人咋舌。

孔子的教学不仅有训斥，甚至还有责骂，而且骂得很难听。

《公冶长》提到孔子的弟子宰予白天睡觉，不好好学习，孔子忍无可忍，责骂道：“朽木不可雕也，粪土之墙不可杇也！”孔子之率真坦诚，令人景仰。

提到作为教师的孔子，就有一幅画面萦绕脑海，挥之不去。

画面是《子路、曾皙、冉有、公西华侍坐》中，当孔子问到曾皙时，“鼓瑟希，铿尔，舍瑟而作，对曰……”的场景。稍微深入地想一下就会豁然领悟，孔子的这节课一直有瑟声在伴奏！在曾皙轻柔的瑟声伴奏下，孔子与弟子们一问一答，那是何等的温馨，何等的宽松，何等的浪漫，何等的有情趣。而且，当孔子提问到曾皙时，曾皙并没有马上停止鼓瑟,“鼓瑟希”,说明声音由高到低,“铿尔”,说明戛然而止,而后“舍瑟而作”。曾皙的雍容淡定,胸有成竹,一下跃然纸上。但让我们感动的不是曾皙,而是作为教师的孔子,温和、从容、有情趣、有品位的语文教师——孔子。此曲只应天上有,人间能得几回闻!

作为语文教师,我应当向很会教语文的孔老师学习。

孔子的学生,除了鲁国的之外,还有来自齐、楚、卫、晋、秦、陈、吴、宋等国的求学者。在口耳相传的时代,竟有如此广大的地方的如此多的学子投奔到孔子门下,可见孔子作为教师的声望是何等的远播。在不多的记载中,我们可以“触摸”到孔子与弟子们之间的亲密融洽的关系。《论语·雍也》记载:“伯牛有疾。子问之,自牖执其手,曰:‘亡之,命矣夫!斯人也,而有斯疾也!斯人也,而有斯疾也?’”弟子生病,孔子亲自探望,执手叹息,关切之情发于肺腑,溢于言表。《先进篇》写道:“颜渊死,子曰:‘噫!天丧予!天丧予!’”孔子痛呼:“老天啊,杀了我吧,杀了我吧!”可见弟子之死让孔子肝肠寸断,痛不欲生。对学生的爱之切,令人动容。

爱学生的孔子同样得到了学生们的衷心爱戴。同样有《论语》记载为证。

《论语·子张》记载:“叔孙武叔毁仲尼。子贡曰:‘无以为也!仲尼不可毁也。他人之贤者,丘陵也,犹可逾也;仲尼,日月也,无得而逾焉。人虽欲自绝,其何伤于日月乎?多见其不知量也。’”这是有人诋毁孔子时,作为学生的子贡挺身而出,为老师辩护。同样是子贡,同样是在《子张》中,“陈子禽谓子贡曰:‘子为恭也,仲尼岂贤于子乎?’子贡曰:‘……夫子之不可及也,犹天不可阶而升也……如之何其可及也?”对老师的尊敬让作为老师的我很是羡慕。

孔子另一个得意弟子颜回曾高度称赞自己的老师。《论语·子罕》中，“颜渊喟然叹曰：‘仰之弥高，钻之弥坚；瞻之在前，忽焉在后。’”这样的评价，千年以下，只有孔子一人当之无愧。

孔子死后，被葬于曲阜城北的泗水岸边，弟子们以对父亲之礼仪对待孔子，为其服丧3年。子贡在孔子的坟前盖了一间小屋，为孔子守坟6年。这样的“待遇”，千年以下，几人可以“享用”得到？

无怪乎司马迁把布衣孔子“破格”列入“世家”，并且高度赞扬：“诗有之：‘高山仰止，景行行止。’虽不能至，然心乡往之。……天下君王至于贤人众矣，当时则荣，没则已焉。孔子布衣，传十余世，学者宗之。自天子王侯，中国言六艺者折中于夫子，可谓至圣矣！”一介布衣，当此评论，千载一人而已。

很嫉妒孔子，作为一个教师，他没有职称，没有学历，没有教师资格证书，没有政府颁发的荣誉称号，这些我有的，他都没有。但是，他却留下了千古美名，影响了一个民族两千多年，而且毫无疑问还会继续影响不知多少个两千年。这些他有的，我没有，而且连想都不敢想(当然不敢想的不止我一个)。但正如司马迁所说：“虽不能至，然心乡往之。”看淡荣誉、职称、证书等，踏踏实实，认认真真，兢兢业业作一个爱学习，爱学生，会教书，受学生欢迎的老师。如此，足矣。

我当努力，跟孔子学当老师。

一座不可轻视的教堂

——刘震云《一句顶一万句》读后

刘震云的小说《一句顶一万句》问世以来，引起了评论家们的广泛关注，也难倒了一向指点江山、激扬文字的评论家们。他们都觉得这篇小说情节简单、故事单纯，但却让人欲罢不能。雷达就认为刘震云的叙述是富有魔力的，始终让人沉浸在阅读快感中，拿起放不下。语句简洁，洗练，却是连环套式的，否定之否定式的，像螺丝扣一样越拧越紧的句法。白烨觉得，刘震云的语言不断生出很多东西，《一句顶一万句》是典型的语言小说，是集大成之作，关于语言和言语的百科全书式的著作。评论家摩罗说《一句顶一万句》是刘震云迄今为止最成熟最大气的作品。但是，评论家们都或多或少地承认，这本情节简单的书他们没有完全看懂，有很多也许可以意会但不可言传的东西让他们这些牛人牛不起来。

在众多的解读中，雷达的解读颇有见地。雷达认为这是一本奇书，奇就奇在，这是一部用极端形而下的写实笔墨来传达极端形而上的精神存在状态的作品。形而下不但表现在写了大量小人物，吃和住的繁琐，亲和疏的烦恼，爱与恨的缠绕，写了杀猪的，打铁的，剃头的，卖馒头的，耍猴的，喊丧的，卖豆腐的，传教的，形形色色人物，而且直面众生。像杨百顺，他不断地改名为杨摩西，吴摩西，直到罗长礼，这其中包含的辛酸和无奈，几乎可以看作北中国农民的一部流浪史，悲怆命运的缩影。但它更是形而上的，它写了无言的憋闷，人与人的难以“过心”，写了寻找寄托，寻找朋友，寻找友爱，挣脱困境的千古难题。我们也可以说，它写了中国人的集体无意识，像“面子”是中国人的性命般要紧的东西一样，能否说得上话，能否说得着，也是带根本性的一大发现。在经验的无物之阵中，虽看不见，摸不着，却无处不在的威压下，人为了寻找说得着的人而活着。

但包括雷达在内的评论者都轻视了书中一个人物，来自意大利的传教士老詹，轻视甚至忽视了书中一座教堂的变迁。而我认为，这是不能被轻视，更不能被忽视的。

老詹，意大利人，本名叫希门尼斯·歇尔·本斯普马基，中国名字叫詹善仆，延津人叫他“老詹”，26 岁来到中国，在延津传教四十多年，最终死在延津，一生只发展了八个教徒，如果算上杨百顺的话，发展了九个教徒。老詹的叔叔在中国传教，先在北平，后来去过福建，去过云南，去过西藏，五十六岁那年，从西藏回到内地，在河南开封落了脚，任开封天主教会会长。老詹是追随叔叔来到中国传教的。

教堂与老詹——

老詹来延津时，延津还无人信主，他叔叔对侄子寄予厚望，便拨款在县城建教堂。本欲修个小教堂，开封天主教会拨款买的砖瓦木料，够建两面十六扇窗户的房子，能容百十来人。懂建筑的老詹精打细算，巧妙设计，用十六扇窗户的房屋材料，盖成了三十二扇窗户的教堂，能容三百来人。

教堂被小韩县长霸占后，老詹住在破庙里传教，先后多次想要回教堂，但都被警告：“不要还好，一要，说不定连在延津待下去都难了。"当行伍出身的老窦当县长之后，老詹深知"秀才见了兵"的道理，彻底绝望，没再去理论教堂的事儿。

老詹继续住在破庙里，继续满延津县跑着传教。最终因为破庙四处透风，在 73 岁那年的夏天，夜里伤风感冒，仍带病传教，遇雨，又染上风寒，高烧五天，一命呜呼。死后有 11 个人来吊丧，九个信徒，经常骑着自行车送老詹传教的小赵（由老詹开工资，老詹传自己的教，小赵卖自己的葱）。外加老詹在延津的唯一好友，竹业社掌柜老鲁。

老詹死后，吴摩西也即是杨百顺，在整理老詹的遗物时，发现一卷纸头，是老詹新画的一幅教堂图纸，画得工整，标着尺寸——八层高的哥特式建筑，中央穹隆，直径 40.6 米；穹顶离地，60.8 米；钟塔高 160 米，塔顶上有座大钟，直径 6 米；教堂标明用大理石墙面，72 扇窗户，窗上的玻璃是彩绘的，门头上竖一根十字架，直插云霄。连教堂的摆设也画得清清楚楚，件件讲究，件件精美。用精金做的圣牌上刻着："归耶和华为圣。"图纸背面刻着五个字：恶魔的私语。

——住在破庙里、70 多岁的老詹到死还想着教堂，不是被几任县长霸占的教堂，而是一座更大的教堂。

教堂变迁——

延津新来一个县长叫小韩，喜欢当众讲话，于是就想办一所学校满足自己的讲话欲望，没有地方，就把老詹从教堂赶出来，把教堂改成了"延津新学"。老詹只好到一个破庙里继续传教——庙里传教这样的咄咄怪事恐怕只能发生在我们这片神奇的土地上。

接任小韩的新县长老史。老詹找老史想要回教堂，但老史，以"子不语怪力乱神"为依据，并以老詹"要挟政府"为罪名威胁老詹要取缔教会，老詹知难而退。老史喜欢听戏，解散“延津新学”，把教堂改成了戏院，从外省引进一个戏班子，天天来院听戏。

老史之后，来了新县长老窦，老窦是行伍出身，喜欢打枪，把戏班子从教堂赶了出来，改成一座兵营。

——这当是解放前的事儿。

当杨百顺的外孙牛爱国七十年后回到延津，在延津县城转悠，作者看似不经意的点到，“意大利神父老詹的教堂，现在成了‘金盆洗脚屋’”。

——这当是解放后，准确地讲是改革开放后的事儿。

杨百顺与教堂——

书中有一句话：“杨百顺七十岁时想起来，他十九岁那年认识延津天主教牧师老詹，是件大事。”这句颇有马尔克斯风格的话，足以突出牧师老詹的重要性。

杨百顺，因为信教被老詹改名摩西，因为入赘吴香香改姓为吴，后从延津出走，把姓名改为罗长礼，罗长礼是一个喊丧的，杨百顺从小就崇拜他。

杨百顺原本与教堂没任何关系，他自己此前做梦也想不到会成为老詹的第九个弟子。杨摩西成为老詹的弟子，原因只有一个，走投无路，希望老詹能给自己找个活干。老詹为了完成发展第九个信徒的计划，给杨摩西介绍了一个在竹业社劈竹子的活。杨摩西白天上班，晚上听老詹讲经传教，但每一次都是昏昏欲睡。老詹两个月辛勤教诲，杨摩西油盐不浸。后杨摩西丢了工作，离开老詹。

老詹去世后吴摩西参与了老詹后事的料理。老詹被埋后，吴摩西后悔在安葬老詹时，没把贾家庄的瞎老贾叫来弹一曲三弦。老詹在中国近五十年,除了传教,最喜欢的就是听瞎老贾弹三弦。这一后悔,足见吴摩西是唯一把老詹心事放在心上的人。

吴摩西看到老詹的教堂图纸后,心里似"开了一扇窗",虽然以前老詹布道讲经吴摩西一句都没听进去,此时却"觉得老詹是世上最好的牧师",书中写道:"老詹在时,吴摩西并不信主;现在老詹死了,吴摩西也不想信主,但老詹这个人,让他信了。吴摩西心里那道亮,并不来自主,而是来自老詹。"

吴摩西怀揣老詹的图纸回家,半夜醒来突然产生一个想法,按老詹的图纸,用竹篾扎一座教堂。作者在此又写道:"世上无人拿老詹的心思当回事,吴摩西这次准备拿老詹的教堂当回事;当回事不是为了纪念老詹,而是为了自个儿心里开的那扇窗。"从此吴摩西白天干活,晚上点灯熬油用竹篾扎教堂,后因老婆跟人私奔,与自己最能说上话的养女巧玲被人拐走而终止这项对他来说并不轻松的工程。

七十多年后,当杨百顺的养女的儿子牛爱国来到陕西找到杨百顺(此时名叫罗长礼)的孙媳妇,孙媳妇"从墙根柜子里,拿出一沓破纸,说吴摩西也就是罗长礼生前,把这沓破纸,当了一辈子宝贝";临死时,把它交给了孙子罗安江,罗安江"也把它当个宝贝,一直放到柜子里,不让人看"。这张发黄且已有虫蛀的破纸,就是当年老詹的教堂图纸。不同的是,罗长礼在背面多加了一行字:不杀人,我就放火。这一行字与老詹的"恶魔的私语"同样费解,此处不做讨论。

老詹是一个虔诚的天主教徒,但不是一个优秀的传教者,因为他不善言谈,不善传教。他常说的一句话就是,你信主就知道"你是谁,从哪里来,到哪里去"。不妨列举一下老詹传教的一个片段:

(老詹动员以杀猪为业的老曾信教)

"跟他一袋烟的交情都没有,为啥信他呢?"

老詹"吭吭"着鼻子:

"信了他,你就知道你是谁,从哪儿来,到哪儿去。"

老曾:

"我本来就知道呀,我是一杀猪的,从曾家庄来,到各村去杀猪。"

……

接着半晌不说话,与老曾干坐着。突然又说:

"你总不能说,你心里没忧愁。"

这话倒撞到了老曾心坎上。当时老曾正犯愁自个儿续弦不续弦,与两个儿子谁先谁后的事,便说:

"那倒是,凡人都有难处。"

老詹拍着巴掌:

"有忧愁不找主,你找谁呢?"

老曾:

"主能帮我做甚哩?"

老詹:

"主马上让你知道,你是个罪人。"

老曾立马急了:

"这叫啥话?面都没见过,咋知道错就在我哩?"

面对这样的中国人,老詹的传教当然不会顺利。

著名出版人安波舜说:"阅读本书是沉重和痛苦的,它使我们不断地在《论语》和《圣经》之间徜徉,在与神对话还是与人对话的千年思考中徘徊:与神对话的西方文化因为神的无处不在而愉悦;与人对话的农耕文化却因为人心难测,而使我们陷入真正的

‘百年孤独’。”小说主人公，至少可以说是全书主线人物的杨百顺，是最最普通的中国人的代表，无论父亲、兄弟，还是师傅、妻子、朋友，都是各怀心事，难以交心。正如雷达所言：“亲情、友情、爱情，支撑着一个人的精神，自古而然。但它历来难求，至今尤甚……有时，你把别人当朋友，别人并不拿你当朋友，何其痛哉！刘震云就是这样探索着中国人的精神存在方式，尤其是探究平民，黔首，苍生们的精神存在方式，更深层地揭示乡土之魂。”小说中最有学问的人当属私塾老师老汪，他对“有朋自远方来，不亦乐乎？”有一句异乎寻常的解读，学生认为这句话说的是因有朋友从远方来而高兴，“老汪说高兴个啥呀，恰恰是圣人伤了心，如果身边有朋友，心里的话都说完了，远道来个人，不是添堵吗？恰恰是身边没朋友，才把这个远道来的人当朋友呢；这个远道来的人，是不是朋友，还两说着呢；只不过借着这话儿，拐着弯骂人罢了”。这句话，也许是全书纲领性的一句话。因为从全书看，主人公杨百顺唯一信得过的人，唯一他到死都尊敬的人，是不远万里来到中国的传教士——老詹。

中国人的孤独和忧愁，何以排解，何以寄托？尤其是在经济大潮汹涌澎湃的时候，金钱的威力无处不在无坚不摧，天不怕地不怕的国人更是无恶不作无所不为。我们何以安放我们的灵魂？何以抚慰我们的心灵？

刘震云刻画至死珍藏老詹教堂图纸的杨百顺，正是在探究中国人的精神存在方式。也许，刘震云是用老詹和杨百顺给我们指出了孤独和忧愁的原因——没有宗教信仰；并且隐隐给我们指出了一条出路。

但是，刘震云冷峻地写出了教堂因三任县长不同喜好的三次功能变迁，用教堂最终变成“金盆洗脚屋”的事实，辛辣又不失辛酸地道出了他的担忧和无奈。

写在后面

一定要说的感谢①

说实话，曾经很不想当老师，阴差阳错当了老师后，连我本人都没想到的是，居然会干得无怨无悔，干得有模有样，而且干得有滋有味。

多年之后，成了一个所谓的好老师后，我一直觉得应该感谢三个人。

一位是我的堂叔。堂叔是一个民办教师，当年看到我不得不当教师的沮丧模样，对我说，真不想当老师，今后可以改行，但前提是一定要先当一个好老师，那样，你走的时候可以走得堂堂正正，因为你不是干不好，而是你不想干。于是，一走上讲台就发誓发狠地告诉自己，一定要做一个好老师。

一位是我初登讲台时学校为我安排的师傅——郜嘉陵老师。我任职的第一个单位是河南省的著名中学郑州一中。郜老师当时带三个徒弟，我是其中之一。郜老师当师傅，给了我们很大压力。每一个教学内容她都要把我们召集在一起集体备课，我们的每一篇教案都要提前交给她看。她本人担任两个班的语文课，她主动要求学校把自己的课和三个徒弟的课错开，我们的每节课她都要

① 本文是笔者被选入为纪念第三十个教师节而出版的《教育人生》(上海文化出版社，2014 年 8 月第一版)所写的感言。

听。从备课、讲课，一直到课后反馈，她都一丝不苟，严格得近乎苛刻。这样的日子持续了三年！说实话，当时也曾对郜老师有过怨言。但三年之后，当我成了郑州一中有史以来最年轻的教研组长，成了郑州市最年轻的十佳语文教师后，我为我曾经的怨言而羞愧。顺便说一下，郜老师当年的另两个徒弟，一个现在是河南省高考阅卷质检组组长，另一个现在是河南省教研室中学语文教研员、学科组组长、特级教师。

一位是我母亲。我母亲是文盲。我上班的第二年，也就是1995年，我年仅22岁的妹妹因车祸去世。母亲悲痛欲绝。我匆忙赶回老家为妹奔丧。因担心母亲经受不住丧女的打击，我打算在家多陪她几天。但刚处理完妹妹的事情，母亲就把我叫到身边，擦干眼泪告诉我，老三，你走吧，我没事儿，你现在是教学，不是上学，上学你请假，只耽误你一个人，教学你请假，就耽误很多人。很多年过去了，母亲的话一直清晰地刻在我的心上，让我牢记当一名教师的责任。